독일 공법상 국가임무론과 보장국가론

독일 공법상
국가임무론과 보장국가론

박 재 윤

景仁文化社

머리말

본서는 필자가 2010년 서울대학교 박사학위논문으로 제출한 "독일 공법상 국가임무론에 관한 연구-우리나라 전력산업과 관련하여-"라는 글을 기반으로 수정·보완한 것이다. 사실 박사학위 취득 직후 해당 논문이 서울대학교 『법학연구총서』에 선정되어 출간을 준비하고 있었으나, 박사 논문을 그대로 출간하기에는 학문적으로 미흡한 점이 많다고 생각되어 나태함과 더불어 차일피일 미루던 것이 어느덧 8년의 시간이 지나게 되었다.

그러던 중 더는 본서의 출간을 미루지 못할 만한 사정들이 생기게 되었는데, 그 하나는 최근 학계에서 이른바 보장국가론이 광범위하게 논의의 대상이 되었다는 사정과 관련이 있다. 보장국가론은 필자의 박사학위논문에서 다루었던 행정임무의 수행방식으로서의 보장책임을 일종의 이념형적인 국가론으로서 발전시킨 논의로서 사인과의 협력과 민영화라는 현대행정의 변화된 활동방식과 깊은 관련이 있다. 가령, 2014년 한국행정법학회에서는 민영화와 관련된 주제로 학술대회를 개최하였고, 2015년 한국규제법학회 창립대회에서는 바로 보장국가론을 주제로 국제 학술대회가 열린 바 있다. 다행스럽게도 필자도 이 학술대회에 참여할 수 있는 기회를 가질 수 있었다. 더 나아가 필자가 박사논문을 발표한 이후에도 한국공법학회 신진학술대회를 통하여 보장책임 내지 보장국가론과 관련된 신진학자들의 박사논문이 상당 수 발표되고 있다는 점은 앞으로의 공법학의 발전방향을 가늠해 볼 수 있는 매우 의미있는 현상이라고 하겠다.

한편, 그 사이에 필자도 후속연구라고 할 수 있는 몇 가지 단행논문을 학술지에 게재할 수 있게 되었다. 필자는 국가임무론에서 시작된 관심을 그 배경이 되는 독일의 논의들을 중심으로 구체화하면서, 행정조직법, 공기업의 임무와 비용부담, 국영산업의 민영화, 사인과의 협력적 임무수행방식으로 사인의 규범정립, 임무의 조종수단으로서 행정입법의 역할 등에 관한 연구를 수행하였다. 그 중 박사논문과 가장 밀접한 관련이 있다고 생각되는 두 편의 논문을 본서의 보론(補論)으로 제6장에 추가하였다. 제1절은 2015년 한국규제법학회에서 발표하고 행정법연구에 게재한 "보장국가론의 비판적 수용과 규제법의 문제"라는 논문으로 보장국가론 갖는 의미와 기능을 국내의 상황에 맞추어 수용하는 문제를 다룬 것이다. 이 글이 일종의 보장국가론의 총론적 소개에 해당한다면, 제2절은 2014년 한국행정법학회에서 발표하고 행정법학에 투고한 "철도산업에서의 국가책임 – 철도민영화의 공법적 문제와 관련하여 –"라는 논문으로, 국가임무론과 보장국가론의 논의를 철도산업의 私化(민영화)와 관련하여 적용해 본 일종의 각론에 해당할 것이다.

당초 박사논문의 주제인 국가임무론을 통하여 보장국가론을 포함한 최신의 연구성과와 논의를 반영하여 수정하는 것이 본서의 의도에 가장 부합하는 것이겠으나, 미흡하나마 그간의 연구성과를 반영한 두 편의 논문을 추가하는 것으로 그동안 가졌던 부채감을 조금이라도 덜어보고자 한다. 본서를 작성하면서 각주의 내용을 본문에 반영하는 형태로 가독성을 높이는 것과 더불어 박사논문의 내용에서 가능한 현재의 법령이나 현실상황과 모순되는 부분이 없는지 살펴보고 이를 반영하고자 노력하였다. 그러나 본서는 여전히 체계적으로 국가임무론을 다루기에는 부족한 글이라는 점을 고백할 수밖에 없다. 다만, 지금까지의 국내에 소개된 논의를 빠르게 일별하기를 원하는 독자들이라면, 제6장의 내용을 먼저 읽어보는 것이 방편이 되리라 생각한다.

실무가 생활을 하던 중 박사논문을 작성하고 학자의 길에 들어서기까지 평생 갚지 못할 스승의 은혜를 크게 입었다. 지도교수이신 박정훈 선생님께 깊은 감사의 뜻을 전한다. 석사 지도교수이신 김동희 선생님, 박사논문을 심사해 주신 최송화, 선정원, 이원우, 김종보 교수님의 지도와 조언도 감사할 따름이다. 필자의 박사논문에 많은 관심을 보여주신 선후배·동료 학자 분들의 조언도 후속연구의 밑바탕이 되었다. 이미 시기가 지나버린 글을 출판할 수 있는 기회를 주신 서울대학교 법학연구소 및 경인문화사 관계자 분들, 마지막까지 교정을 도와준 충북대학교 법학전문대학원을 졸업한 정다희 변호사에게도 고마운 마음을 전한다. 마지막으로 주변에서 든든하게 지원해 준 가족들과 아내, 새로이 태어난 내 딸 지안에게 이 책을 바친다.

2018년 4월
박 재 윤

〈목 차〉

약어표(Abkü rzungsverzeichnis)

a.a.O.	am angegebenen Ort (전게서·전게논문)
Aufl.	Auflage (판)
Bd.	Band (권)
BVerfGE	Entscheidungen des Bundesverfassungsgerichts (연방헌법재판소 판결집)
DÖV	Die Öffentliche Verwaltung (법학잡지)
f.	folgende Seite (바로 이하 면)
ff.	folgende Seiten (이하 계속되는 면)
Fn. (FN)	Fuβnote (각주)
GG	Grundgesetz (기본법: 독일 헌법)
HdbStR Bd. IV	Josef Isensee, Paul Kirchhof(Hrsg.), Handbuch der Staatsrecht der Bundesrepublik Deutschland, Band IV Aufgaben des Staates
H.54	Heft 54 (제54권)
Hrsg.	Herausgeber (편집자)
KritV	Kritische Vierteljahresschrift für Gesetzgebung und Rechtswissenschaft (법학잡지)
S.	Seite (면)
u. a.	und andere(그 외·기타)
VerwArch	Verwaltungsarchiv (법학잡지)
VVDStRL	Veröffentlichungen der Vereinigung der Deutschen Staatsrechtslehrer (독일 공법학자협회 학술지)
VwVfG	Verwaltungsverfahrensgesetz (행정절차법)

출처

■ 제1장 ~ 제5장

박재윤, "독일 공법상 국가임무론에 관한 연구-우리나라 전력산업과 관련하여-", 서울대학교 박사학위논문, 2010. 2.

■ 제6장 제1절

박재윤, "보장국가론의 비판적 수용과 규제법의 문제", 『행정법연구』 제41호(행정법이론실무학회), 2015. 2.

■ 제6장 제2절

박재윤, "철도산업에서의 국가책임-철도민영화의 공법적 문제와 관련하여-", 『행정법학』 제7호(한국행정법학회), 2014. 9.

서 론

연구의 목적

정부는 2008. 8.부터 5차에 걸친 『공기업 선진화 추진계획안』을 발표하였는데, 여기에는 정부가 운영하는 108개 공기업 중 민영화(38개), 통합(38개→17개), 폐지(5개) 등의 안이 포함되어 있다.[1] 이 중 민영화(私化)[2]가 예정되어 있는 공기업에는 산업은행, 인천국제공항공사 등이 포함되어 있으며, 현재 주택공사와 토지공사의 통합이 이루어져 2009. 10. 1. 한국토지주택공사가 출범되었다. 그런데 이러한 현상을 바라보는 사회 각층의 시선은 극명하게 나뉘고 있다. 가령, 인천공항공사의 지분매각추진의 경우, 한편에서는 인천공항이 이미 흑자로 경영되고 있어서 私化를 추진하더라도 효율성의 증진을 기대

---

1) 기획재정부, 공공기관 선진화 추진계획안(5차), 2009. 1. 15. 참조; 이하 본서에서 법제, 현실상황 등에 대한 기술은 필자의 박사논문 작성시기인 2010. 2.경을 기준으로 하되, 2017. 9. 현재 상황을 가능한 반영하였다. 박사논문 작성 이후 새롭게 나타난 최근의 논의와 변화에 대하여는 제6장 補論에서 추가로 언급한다. 2017년 현재 공공기관의 운영에 관한 법률에 따라 기획재정부에 의하여 지정된 공기업은 시장형 14개, 준시장형 21개 기관이다. 기획재정부, "보도자료: 2017년도 공공기관 지정", 2017. 1. 25. 참조.

2) 학계에서 논의되는 민영화의 형태에는 기업의 소유나 운영을 민간에 넘긴다는 한정된 의미를 넘어서 국가의 공적인 임무에 私人이나 私法적인 형식 등, 다양한 사적요소가 관여되어 국가의 책임이 변화하는 과정이 포함되어 있다. 따라서 이러한 포괄적인 변화현상을 법적으로 파악한다는 의미에서, 본서에서는 실무상 널리 사용되는 민영화라는 용어가 아닌 사화(私化)라는 용어를 사용하고자 한다. 민영화는 행정법학의 핵심주제인 공법과 사법의 구별이 완화되어 상호보완적으로 적용되어야 한다는 논의와 관련되어 있는바, 이러한 관점에서 私(法)化라는 용어를 사용한 견해로는, 박정훈, "공·사법 구별의 방법론적 의의와 한계 - 프랑스와 독일에서의 발전과정을 참고하여 - ", 『공법연구』 제37집 제3호, 2009. 2., 95면 이하 참조.

할 수 없으며, 오히려 요금인상 등의 부작용이 예상됨은 물론 심지어는 외국계 자본에 대한 '국부유출'이 있을 것이라면서 정부정책을 비난하는가 하면, 다른 한편에서는 인천공항을 국제적인 허브공항으로 만들기 위해서는 필연적인 선택이라며 私化의 필요성을 역설하고 있는 실정이다.[3]

이러한 갈등은 자산규모 약 67조원[4]에 이르는 거대 공기업 한국전력공사(이하 '한전'이라 한다)를 두고도 재현되고 있다. 정부는 1999. 1. 한전에 의한 독점체제 하에 있던 전력산업을 3단계에 걸쳐 私化를 통해 경쟁을 도입하기 위한 『전력산업구조개편 기본계획』을 마련하여 그 첫 번째 단계로 한전에서 발전자회사를 분리하였다. 그러나 2004. 6. 참여정부에서 노사정위원회의 권고를 받아들임으로써 전력산업은 추가적 구조개편없이 현재에 이르고 있다.[5] 그 후 현 정부에 들어와 지식경제부는 2008. 10. 제3차 공기업 선진화 방안으로서 "현재로서는 제반 여건이 성숙하지 않아 당장 전력산업을 분할하여 민영화하지는 않을 것이지만, 장기적으로 민영화(私化)를 추진할 계획"이라고 발표하였다.[6] 그러자 기업 및 학계 등에서는 이 기회에 새롭게 私化를 더 적극적으로 추진하자는 견해[7]와 오히려 분리되었

---

3) 인천공항 민영화 "필연적 선택 VS 국부유출", 『이코노미세계』, 2008. 9. 26. 〈http://ehub.segye.com/Articles/view.html?aid=20080926000518&cid〉 (2010. 1. 31. 최종방문) 참조.
4) 공공기관 경영공시 공개시스템 〈http://www.alio.go.kr/main/main.jsp〉 (2010. 1. 31. 최종방문) 참조.
5) 전력산업의 민영화추진과정은 제4장 제1절 1항에서 다시 상술한다.
6) 유제민, "전력산업 경쟁력 제고를 위한 구조개편 방안−송전망의 분리와 규제제도 개선을 중심으로−", 『경제규제와 법』 제2권 제1호, 2009. 5, 175면 참조.
7) "전력산업 구조개편방안 재추진 돼야", 『헤럴드경제』 2009. 10. 27. 〈http://www.heraldbiz.com/SITE/data/html_dir/2009/10/27/200910270437.asp〉 (2010. 1. 31. 최종방문) 참조.

던 발전자회사를 다시 통합해야 한다는 견해[8]와 같이 극단적인 주장들이 난립하고 있는 실정이다.

　이러한 사례에서 나타나는 현상을 학문적인 관점에서 유심히 살펴보면, 이는 단순히 국민간의 이해관계 차이에서 오는 대립과 갈등이라기보다는 국가를 바라보는 시각의 차이에서 나오는 보다 근본적인 대립이라는 성격을 갖고 있음을 알 수 있다. 즉, '국가가 과연 어떤 역할을 하여야 하는가', '국가의 활동은 어디까지 미치는가', 더 나아가 '국가는 과연 무엇을 할 수 있고, 무엇을 해야만 하는가'라는 문제의식에서 출발하여 나타나는 정치·경제적인 사상을 그 배경에 깔고 있는 본질적인 차이인 것이다. 이러한 문제와 관련하여 전통적인 공법학의 시각에서 보면, 국가의 역할은 계속 확대되는 경향이 있었다는 당연한 결론을 얻을 수 있다. 즉, 행정법학이 급부행정 활동양식의 도입으로 발전한 것과 같이 국가도 "요람에서 무덤까지"라는 구호처럼 그 개입과 후견이 국민생활 전반에 미치는 이른바 이상적인 福祉國家로 점차 변해가야 한다고 여겨졌다.[9] 그러나 20세기 후반부터 이러한 입장에 변화가 일어났다. 이는 전세계적으로 불어닥친 신자유주의의 영향에 따른 소위 '私化', '작은 정부', '탈규제화' 등의 경향에서 비롯된 것이다. 즉, 국가가 무엇이든지 다 할 수 있는 만능의 '레비아탄'(Leviathan)이 아니라 실은 그 능력이 제한됨은 물론이고 매우 열악한 재정적인 상태에 빠져있는 존재라는 자각에서 국가가 자신의 역할을 축소해야 한다는 요청이 광범위하게 지지를 받게 되었던 것이다.

---

8) 안현효, "전력산업 구조개편 수직통합으로", 『경향신문』 2009. 11. 15. 〈http://news.khan.co.kr/kh_news/khan_art_view.html?artid=200911151854045&code=990402〉 (2010. 1. 31. 최종방문) 참조.

9) 국가역할의 변화과정에 대해서는 송석윤, 『헌법과 정치』, 2007, 10면 이하; Franz-Xaver Kaufmann, "Diskurse über Staatsaufgaben", in: Dieter Grimm(Hrsg.), *Staatsaufgaben*, 1994, S.15-41 참조.

私化는 학문적인 논의 이전에 이른바 "私化의 열광(Privatisierungs-begeisterung)"이라는 표현을 붙여야 할 만큼 먼저 실무면에서 광범위하고 급격하게 이루어졌다.[10] 이와 관련하여 독일에서는 1959년부터 자산민영화(예, 폭스바겐)를 시작으로 1982년 이후에는 우편, 철도, 직업중개, 항공안전 등 국가의 기간시설 분야에서 이루어졌으며, 현재는 주와 지방자치단체 차원에서의 私化의 가능성이 개척되고 있다.[11] 한편, 한국에서는 1968년 일제하 일본인의 소유였다가 국유화되었던 공기업들을 시작으로 하여 대체로 6단계의 시기를 거쳐 私化가 추진되었다고 한다.[12] 반면, 탈규제화란 국가규제의 반대개념으로, 국가의 규제를 회피하고, 규제를 축소하며, 규제를 완화하고, 규제에 기한을 정하며, 국가독점을 해체하고 경쟁에서 다른 개입(예를 들면 일반적인 시장진입장벽)을 없애는 것을 의미한다.[13]

이러한 배경하에서 본서는 우선 다음과 같은 세 가지 핵심과제에 답하는 것을 연구의 기본목표로 삼는다.

첫째, 국가활동 중 국가가 할 수 있는 것의 한계는 무엇인가 혹은 국가가 해야만 하는 것은 무엇인가.

둘째, 국가가 수행하는 활동 중 포기할 수 없는 활동은 무엇인가, 즉 국가가 직접 이행해야만 하는 것은 무엇인가.

셋째, 국가의 활동은 어떻게 이행되어야만 하는가.

위 과제들은 실은 우리의 공법학에 많은 영향을 미친 독일 공법학에서 국가임무론이라는 주제로 논의되어 온 것이고, 국내에서도

---

10) Christof Gramm, *Privatisierung und notwendige Staatsaufgaben*, 2001, S.17ff. 참조.

11) Schulze-Fielitz, Helmuth, § 12 Grundmodi der Aufgabenwahrnehmung, in: Hoffmann-Riem/Schmidt-Aβmann/Voβkuhle(Hrsg.), *Grundlagen des Verwaltungsrechts Bd. I*, 2006, S.803. 참조.

12) 이원우, "공기업 민영화 정책의 전략과 과제 - 법 및 법정책의 역할을 중심으로-", 『재정법연구』, 2008. 8., 140면 이하 참조..

13) Rolf Stober, *Rückzug des Staates im Wirtschaftsverwaltungsrecht*, 1997, S.1 참조.

여러 가지 방향에서 유사한 논의들이 전개되어왔다. 국내의 논의들을 유형별로 개관해보면, 먼저 私化와 관련한 논의들과[14] 私化와 밀접한 관련을 가지면서 '행정이 자신의 과제를 어떻게 수행하는가'하는 협력적 행정과 관련된 논의들이 있으며,[15] 또한 이러한 현상들을 행정법상의 구조변화라는 관점에서 파악한 연구 등이 있다.[16] 이러한 국내의 논의들은 私化나 협력적 행정이라는 관점에서 논의를 진행하고 있을 뿐 私化의 근저에 있는 국가의 임무에 관한 문제의식을 직접 다루고 있는 경우는 드물다.[17] 다만, 국내에도 극소수 문헌이

14) 私化와 관련된 대표적인 연구성과로는 이원우, "민영화에 대한 법적 논의의 기초", 『한림법학포럼』 7권, 1998; "정부기능의 민영화를 위한 법적 수단에 대한 고찰-사인에 의한 공행정의 법적 수단에 대한 체계적 연구-", 행정법 연구 (1998. 하반기); "공기업 민영화와 공공성 확보를 위한 제도개혁의 과제", 『공법연구』 제31집 제1호, 2002. 11.; "공기업 민영화 정책의 전략과 과제-법 및 법정책의 역할을 중심으로-", 『재정법연구』, 2008. 8.가 있다. 그밖에 김민호, "공공서비스의 민간위탁과 공기업의 민영화", 『토지공법연구』 25집, 2005. 2.; 서원우, "행정과제 민간화의 법적문제-행정개혁논의와 관련하여-", 『고시계』 제33권 7호(통권377호), 1988. 6.; 조인성, "독일 지방자치행정에 있어서 지방임무의 민영화에 대한 법적 한계", 『지방자치법연구』 제5권 1호(통권 제9호), 2005.; 최송화, "한국에 있어서 민영화·규제완화와 행정법", 『동아시아행정법학회 제6회 국제학술대회 자료집』, 2002. 11., 1-18면 등 참조.

15) 김남진, "사인에 의한 행정과제의 수행", 『월간고시』 제21권 4호(통권243호), 1994. 3.; 김대인, "행정기능의 민영화와 관련된 행정계약 : 민관협력계약과 민간위탁계약을 중심으로", 『행정법연구』 14호, 2005. 10.; 김동은, "민관공동출자방식에 의한 민자유치사업의 절차와 문제점 : 민자유치촉진법상의 대상사업을 중심으로", 『법조』 제46권 9호(통권492호), 1997. 9.; 이원우, "컴퓨터프로그램 불법복제 단속활동에 있어서 민간참여를 위한 법제개선방안", 『행정법연구』 10호, 2003. 10. 등 참조.

16) 행정법의 기본적인 구조가 '참여'와 '협력'이라는 두 가지 화두에 의하여 근본적인 구조변화를 겪게 되었다는 견해로는, 박정훈, "행정법의 구조변화로서의 '참여'와 '협력'", 『행정법의 체계와 방법론』, 2005, 243면 이하 참조.

17) 가장 보편적인 국가의 목표로서, 국가임무의 지도이념인 공공복리 혹은 공익에 관한 문제를 심도깊게 다루었다는 점에서 최송화 교수의 『공익론,

독일의 국가임무론의 논의를 소개하거나 독일학자의 글을 번역하고 있는 실정이다.[18] 따라서 본서는 독일의 국가임무론을 중심으로 위와 같은 과제를 해결하려는 목적을 가지고 있다.

한편, 본서는 실제 사안과 관련하여 밀도있게 논의를 진행하기 위에서 서두에 소개한 한전의 私化와 전력산업 구조개편문제를 연구사례로 택하였으며, 이와 관련된 에너지법 중 특히 전력산업에 관련된 분야에서 국가임무론을 구체적으로 적용하여 결론을 도출한다. 이러한 사례는 지금까지 행정학, 경제학 등의 인접학문에서는 다양한 논의가 전개되고 있으나[19] 이와 관련된 법학적인 연구는 거의 찾아보기 어려운 실정이다. 위 한전사례를 앞서 언급한 세 가지 핵심 과제와 연결시키면, 과연 '한전이 수행하고 있는 전기공급이라는 임무를 私化할 수 있는가', 한다면 '구체적으로 어떠한 범위에서 私化할 수 있는가'라는 문제의식이 도출된다. 이와 같은 문제의식에 기초하여, 본서의 목적은 인접학문에 기초한 각 주장들을 분석하고 이에 대한 찬, 반의 의견을 제시하는데에 있지 않고, 국가임무론의 관점에서 각 주장들의 배경을 법학적으로 분석하고 논거를 마련하는데 있다.

마지막으로 본서는 우리 행정법의 체계에서 국가임무론이 가질

- 공법적 탐구-』, 2002는 국내 국가임무에 관한 연구의 시초라고 볼 수 있다.
18) 송석윤, 『헌법과 정치』, 2007, 10면 이하; 클라우스 균터, "국가임무의 변화와 조종법의 위기", 『대화이론과 법』, 2003, 119-146면 참조.
19) 박노영, 「전력산업 구조개편 및 사유화에 관한 비판적 고찰」, 『한국사회학』 제37집 제5호, 2003.; 윤인하, "최근 미국 동부지역의 정전사태와 미국 전력산업의 문제점", 『월간아태지역동향』 vol.140, 2003.; 남일총 외, "전력산업 구조개편 이후 규제체계에 관한 연구", 한국개발연구원, 2000. 12.; 손양훈, "전력산업의 경쟁도입과 민영화", 자유기업원, 2008. 2. 15. 등이 있다. 관련된 학위논문으로도 유근환, "전력산업 구조개편에 관한 연구-한국전력을 중심으로", 연세대학교 석사학위논문, 2003; 송하식, "전력산업 구조개편의 경제적 효과 분석", 연세대학교 석사학위논문, 2001. 등이 있다.

수 있는 객관적인 효용성에 관한 논의를 전개한다. 본서는 국내에서 거의 소개되지 않던 독일의 국가임무론을 본격적으로 다루는 것이므로, 법학적인 관점에서 그 이론의 실천적 가치를 발견하는 것이 중요한 학문적 과제라고 보기 때문이다. 국가임무론의 효용성에 대해서는 결론에서 다시 상론하였으며, 논의의 도중에도 여러 곳에서 거론하였다.

연구의 방법 및 범위

앞서 언급한 세 가지 핵심과제를 검토하기 위해서 본서는 독일의 국가임무 및 행정임무에 관한 논의들을 중심으로 비교법적인 연구를 시도한다. 20세기 후반에 들어와 私化의 광범위한 추진과 이로 인한 국가기능의 변화는 독일 이외에도 전세계적으로 공통된 문제상황으로 인식되고 있다. 가령, 미국에서도 군대와 같은 주권적 권한의 私化에 대한 문제점과 그 통제가 논의되고 있다. 그러나 많은 부분 경제학적인 논의나 실무적인 특수한 상황을 주로 다뤄지고 있어서 국가임무와 관련된 미국법제의 관점을 전체적으로 파악하기에는 어려움이 있다.[20] 국내에서도 私化를 비롯한 국가의 역할에 관한 시각차에 대하여 다루고 있는 논의들이 있으나, 대부분 경제학이나 행정학과 같은 인접 학문에서 비롯된 것들이고, 주로 영미권의 신자유주의적인 영향 하에서 私化의 당위성을 당연히 전제로 한 채 이루어지는 것이 대부분으로 파악된다.

이에 비하여 규범학으로서의 법학이 가진 본연의 과제는 사회현상을 단순히 현상 자체로 보지 않고 규범과의 관련성에서 그 조건과 한계를 파악하는 것이다. 또한 어떻게 私化의 현상을 이해하고 통제할 것인가에 국한되지 않고, 근본적으로 국가에 어떠한 임무가 부여되는가의 시각으로 문제를 분석하는 것은 국법학의 전통과 연결된 독일만의 독특한 경향이다. 私化의 논의를 단순한 경제적 분석에 의존하지 않고, 규범과의 관련에서 파악할 수 있게 하는 독일의 위와 같은 접근법으로 인해 私化에 관한 진정한 법학적인 논의는 독일에

---

20) Paul R. Verkuil, *Outsourcing Sovereignty*, 2007 참조.

서 시작된다고 할 수 있다. 그러므로 법학적인 문제의식에서 출발한 본서에서는 우선 독일로 논의의 범위를 한정하고자 한다.

본서의 제1장에서는 우선 독일의 국가임무론에 대한 역사적인 고찰을 시도하였다. 다른 사회과학의 경우도 마찬가지지만, 법학적인 용어는 역사적인 배경 하에서 관찰할 때 다양한 각도에서 그 개념적 의의를 확인할 수 있다는 특징이 있다. 국가임무라는 개념은 정치적, 경제적 배경 하에서 이데올로기적인 영향을 받으며 변화되었으며, 임무의 내용도 광범위하게 확대되어 왔고, 현재도 계속 발전하고 있다. 따라서 역사적인 고찰을 통하여 국가임무의 개념과 내용이 어떠한 배경 하에서 생겨나게 되었고, 발전하게 되었는지를 살펴보는 것은 매우 중요한 의의를 갖는다고 할 것이다.

제2장에서는 본격적으로 국가임무의 내용을 조망해볼 수 있도록 국가임무에 관한 이론적 기초와 함께 국가임무의 도출근거에 대하여 검토하였다. 이와 더불어 국가임무의 핵심적인 체계를 이루는 필수적 국가임무에 관한 이론적인 내용을 검토함으로써 국가임무와 私化와의 관련성을 이해하고, 국가임무의 수행방법에 대한 지침을 얻고자 하였다.

제3장은 본서의 핵심적인 주제인 행정임무의 구조와 그 임무수행방식의 체계를 밝히는데 주력하였다. 여기에는 행정임무에 관한 도그마틱, 행정임무의 수행강도 및 발현형태에 대한 고찰이 따르며 임무유형별로 세분화하여 분석하는 작업을 병행하였다. 또한 임무의 수행방식으로서 책임의 분배라는 개념에 주목하여 그 도그마틱적 특징과 법정책적인 모델을 연구하였다. 私化에 대해서도 책임분배와의 관련성 속에서 개괄적인 검토를 하였다.

제4장은 제2장과 제3장에서 발견한 국가 및 행정임무의 도그마틱적 특징과 임무수행방식에 관한 검토를 기초로 하여 전력산업 분야에서 국가의 구체적인 임무를 발견하고, 에너지법의 제도적인 특징

에 맞추어 임무수행방식이 어떻게 이루어질 수 있는지에 대한 분석적 예증을 시도하였다. 특히, 전력산업의 구조개편이라는 구체적인 사안에 초점을 두고 법정책적인 제안을 시도하였다.

　제5장에서는 지금까지의 논의를 정리하면서 독일의 국가임무론이 우리나라 법학 및 실무적 문제를 해결하는 데 있어서도 중요한 역할을 할 수 있다는 점을 강조하였다. 본서는 국가임무론을 단순히 이론적 흥미에서 독일의 역사학이나 철학적 내용을 정리하는 차원이 아니라, 궁극적으로 우리의 현실 문제를 법학적인 관점에서 접근하고 해결하는데 어떻게 도움이 될 수 있는가에 중점을 두고 다루었다. 따라서 오늘날 행정법학의 관점에서 독일 국가임무론만이 가질 수 있는 독특한 의미를 파악하고 한국의 현실에서 국가임무론이 가지는 가치와 과제를 도출하는 것을 결론으로 삼았다.

　제6장은 박사논문 이후 필자가 학술지에 발표한 두 편의 논문을 補論으로 추가하였다. 위 논문들은 국가임무론에 대한 주제의식을 심화하면서 박사논문에서 미흡하게 다룬 부분을 보완하는 성격을 가지고 있다. 먼저, 제1절에서는 박사논문에서 보장책임이라는 관점에서 소개하였던 보장국가론에 대하여 지금까지의 논의를 정리하여 국내에 수용하는 문제와 규제의 문제를 비판적으로 다루었다. 이어서 제2절에서는 대표적인 국영산업인 철도의 私化에 있어서 보장국가론이 갖는 의미와 국내의 상황에서의 적용가능성을 검토하였다. 필자는 가능한 독일의 논의를 최대한 한국적 관점에서 평가하면서, 이른바 한국적 국가임무론의 기초가 될 수 있도록 노력하였다. 박사논문이 국가임무론의 총론에 해당한다면, 이 논문들은 이를 구체화한 일종의 각론의 성격을 갖는다. 여전히 부족한 논의는 앞으로 계속 천착해야 할 과제로 남겨둔다.

제1장 국가임무론의 역사적 고찰

국가임무에 대한 역사적 고찰은 크게 두 가지 차원에서 이루어질 수 있다. 하나는 국가가 실제로 어떠한 기능을 가지고 활동하여 왔는가를 살펴보는 방식이고, 다른 하나는 국가가 어떠한 목적을 추구해야 하는가에 관한 사상가나 학자들의 견해를 추적하는 방식이다. 국가의 실제적인 활동을 역사적으로 고찰해보면, 국가의 본질적인 활동과 기능은 고대국가에서도 오늘날의 국가와 마찬가지로 존재하였던 것으로 파악된다. 유목민족과 농경민족의 대립을 통한 고대국가의 성립과정에서 외부 민족의 침입을 방어하기 위한 위험방지의 임무, 부족한 물을 공급하고 분배하기 위한 생존배려의 임무는 고대국가에서도 순수한 국가임무에 해당하였다. 타민족을 침략하고 정복하는 과정에서 국가가 성립한 경우에는 군사지도자로서의 군주의 역할이 강조되었고, 국토확장이나 식민지 건설과 같은 국가목적이 필수적으로 뒤따랐다.[1]

지금과는 형태가 다르지만 국가형성 이전 사회에서 자치적으로 존재하던 사법기능은 후에 국왕의 사법권으로 확립되었다. 도시건설, 물의 공급, 도로의 축조, 제조와 상업, 문화의 보호는 물론 제국의 건설과 국제적인 평화도 이미 세계 고대문명권에서 나타난 국가의 고전적 목적에 해당한다.[2] 이처럼 고대에서부터 국가가 오늘날의 국가와 비견할만한 어떤 본질적인 활동을 수행해온 것은 사실이지만, 이러한 고전적인 국가활동과 기능은 근대국가가 성립된 이후의 국가활동과는 그 형태와 의미가 현저하게 다를 수밖에 없다.[3] 오

---

1) Roman Herzog, § 72 Ziele, Vorbehalte und Grenzen der Staatstätigkeit, in: *HdbStR Bd. IV*, 3.Aufl., 2006, S.84-86.
2) Herzog, a.a.O., S.87-89.

늘날 우리가 전형적으로 생각하는 국가조직을 이용한 체계적인 국가임무의 수행과 이에 대한 법률을 통한 통제와 같은 현상은 절대군주에 의한 군대 및 관료조직의 성립과 그 이후의 입헌주의와 권력분립이라는 근대국가적 요소가 도입된 이후에야 제대로 파악될 수 있기 때문이다. 따라서 본서에서는 근대국가 성립 이후 국가의 기능과 역할 변화에 대한 독일 학자들의 설명에 주목하였는데, 그 예가 바로 과거의 경찰국가, 법치국가, 사회국가를 거쳐 현대의 유도국가 내지 예방국가로 발전하는 경향에 있다는 국가상의 변화를 포착하는 방식이다.[4] 이러한 국가상의 변화는 행정에 관한 학문의 성립 및 발전과정과 맥을 같이한다. 오늘날의 행정법학은 경찰국가시대의 주류적 학문경향을 극복하고 법치국가의 성립과 함께 이루어진 법학적 방법론을 통하여 그 체계를 갖추게 된 것이기 때문이다.

한편, 국가임무라는 개념은 단순한 독일 헌법이나 실정법상의 해석에서 나온 것도 아니고, 오래 전부터 사용방식이 정형화된 도그마틱적 개념도 아니다. 이 개념은 독일 공법학의 역사 속에서, 특히 20세기 후반부터 하나의 이론적 논의인 국가임무론(Staatsaufgabenlehre)으로 발전되어 온 것이고, 그 이전까지는 국가목적(Staatszweck)이라는 개념으로 법철학과 국가학에서 주로 논의되었던 것이다. 독일 기본법상으로는 국가목표규정(Staatszielbestimmung)이라는 용어가 사용되고 있다. 이러한 개념들은 연혁적인 이유 및 개념적인 연관성을 가지고 서로가 깊은 영향을 미치고 있으므로, 국가임무의 내용과 성질을 이해하기 위해서는 이들 개념간의 연관성 속에서 연구가 이루어지는 것이 필수적이다. 즉, 독일 국법학에서부터 행정법학에 이르는 역사적 발전과정에서 이러한 개념들이 어떻게 형성되어 왔고, 어떠한 평가를 받아왔는지를 살펴봄으로써, 국가임무의 개념에 대한

---

3) Herzog, a.a.O., S.89f.
4) 송석윤, 『헌법과 정치』, 2007, 10면 이하 참조.

윤곽을 더 쉽게 그릴 수 있는 것이다.

국가임무의 전제가 되는 국가목적에 관한 논의들은 이상적인 국가나 국가의 정당화에 관한 철학적인 논의에서부터 시작되었다. 플라톤의 이데아나 아리스토텔레스의 행복이나 善과 같은 도덕적 이상,[5] 아우구스티누스나 토마스 아퀴나스의 신학적인 국가관, '고전적 복지'[6] 등과 같이 국가는 윤리적이고 절대적인 목적을 추구해야 한다는 철학적 논의들이 전통적인 국가목적론으로서 전해지고 있었다. 이와 함께 절대군주의 통치를 정당화하는 왕권신수설이나 근대국가의 성립이론으로서의 사회계약설도 국가목적론과 밀접한 관련을 갖는 것으로 설명된다.[7]

이러한 고전적인 국가목적에 관한 논의는 독일에서 18세기 이후 법철학적인 논의를 거치면서 국가에 관하여 법학적으로 체계적인 설명을 할 수 있는 근본적 토대가 마련되었다. 더 이상 국가목적론은 이상적인 이데아의 세계를 탐구하는 것이 아니라, 통치자와 臣民의 관계를 통하여 정치현실을 설명하고, 오히려 통치자의 행위를 구속하거나 정당화하는데 실제적 영향력을 확보할 수 있는 단계에 이르게 된 것이다. 다만, 이러한 사상사적인 발전과 실제의 국가기능의 변화가 시기상 반드시 일치하는 것은 아니라고 보아야 할 것이다. 가령, 법치국가의 이념은 18세기경 칸트에서 비롯되었다고 평가되지만, 실제 법치국가에 걸맞는 국가관이 확립된 것은 19세기 독일의 입헌주의적 정치변동의 결과이다. 법학에서의 사회국가의 이념은 20세기에 완성된 것이지만 이미 19세기 비스마르크의 사회보험실

---

5) 아리스토텔레스, 천병희 옮김, 『정치학』, 2009, 401면 이하; 게오르그 옐리네크, 김효전 옮김, 『일반 국가학』, 2005, 194면 이하 참조.

6) Wolfgang Weiss, *Privatisierung und Staatsaufgaben: Privatisierungsentscheidungen im Lichte einer grundrechtlichen Staatsaufgabenlehre unter dem Grundgesetz*, 2002., S.59 참조.

7) Herzog, a.a.O., S.82 참조.

시와 마르크스주의를 비롯한 사상사적인 변화가 선재하고 있었기 때문이다.

따라서 본서에서는 먼저 현재의 독일 공법학과 직접적인 연결점을 찾을 수 있는 칸트와 헤겔로 대표되는 18세기 후반의 독일의 법철학적 논의에서부터 이를 이어받은 국가학의 논의에 이르기까지 그 과정을 개괄적으로 살펴보려고 한다. 이처럼 국가임무론에 관한 역사적 고찰은 실제적인 국가의 역할의 변화, 행정법학의 성립과 발전과정, 국가의 목적에 관한 국가학자들의 견해 등을 동시에 살펴볼 수 있는 종합적인 연구분야라고 할 것이다.

제1절 독일 국가임무론의 연원

1. 절대주의 시대의 경찰국가론

독일 역사에서 근대국가의 기능, 특히 행정활동과 관련하여 시기적으로 가장 먼저 주목해야 할 것은 경찰국가(Polizeistaat)라는 개념이다. 경찰국가란, 18세기와 19세기 전반에 독일에서 실현된 국가형태를 지칭하는 것으로서, 비헌법적이고 전산업적 국가를 말하며, 주로 그 국가의 행정과 관련된 개념이다.[1] 논자에 따라서는 17-18세기를 경찰국가시기로, 19세기를 법치국가시기로 분류하기도 하지만, 본서에서는 역사의 발전과정의 연속성을 고려할 때 그 시기를 엄격하게 구분하지는 않을 것이다. '경찰'(Policey, Polizey)이란, 국가목적과 국가활동으로서의 '고전적 복지의 보호'(Wohlfahrtspflege)에 대한 절대주의적인 표현이다.[2] 경찰국가는 본질적으로 군주가 절대권력을 행사하는 절대주의 국가를 의미한다. 17세기에 이르러 지방영주는 귀족들과의 투쟁을 통하여 전통적인 신분제적 권리를 해체하고, 공무원제도와 군대에 의해 국가권력을 창설·유지하게 된다. 그 당시 공무원과 군대로 대표되는 군주의 행정권은 별다른 법적 제약없이 그 정도와 강도에 있어서 현저하게 확대되었다.[3]

이 시대의 국가는 臣民의 '복지'와 '행복'을 포괄적으로 돌보는 것을 목표로 삼았는데, '공공복리'(Gemeinwohl), '공익'(öffentliches Wohl)과 같은 국가목적개념은 한편으로 국가권한의 제한에도 사용되었지

---

1) Peter Badura, *Das Verwaltungsrecht des liberalen Rechtsstaates, Methodische Überlegungen zur Entstehung des wissenschaftlichehn Verwaltungsrechts*, 1967, S.15.
2) Badura, a.a.O., S.31.
3) Hartmut Maurer, *Allgemeines Verwaltungsrecht*, 16.Aufl., 2006, S.15 참조.

만, 다른 한편으로 광범위하게 국가활동의 확대와 통치권력의 정당
화를 위하여 사용되어졌다.[4] 이러한 '고전적 복지국가의 경찰개
념'(wohlfahrtsstaatliche Policey)[5]아래서 국가의 활동은 현저하게 확대되
어 국가의 행위는 사실상 내용적인 제한이 없고, 행정활동의 전부가
포함되는 것으로 이해되었다.[6] 이와 관련하여 오토마이어(Otto Mayer)
는 "군주는 국가목적의 추구라는 엄청난 임무의 원천적인 주체이다.
… 臣民에 대하여 군주의 권력은 법적인 제한이 없다. 그가 하려는 것
이 구속을 한다"라고 경찰국가의 상황을 묘사하였다.[7] 실제 法史學적
연구에 의하더라도, 16세기부터 공포된 경찰법령(Polizeiordnung)은 공
사법적인 소재를 구별하지 않고 모든 생활영역을 규율하고 있었다
고 한다. 가령, 복장규정이나 사치금지, 저주나 맹세금지와 같은 기
독교적인 미풍양속과 성실성에 관한 것에서부터, 결혼과 후견에 대
한 규정, 노동제도, 수공업, 시장과 그 입지, 가격과 무게, 특정한 종
류의 계약의 금지, 위조상품제조자·사기꾼·예언자·마술사에 대한 처
벌, 알코올 남용에 대한 대처 등에까지 광범위한 생활영역을 아울렀
다는 것이다.[8]

　이러한 경찰개념의 이해를 바탕으로 계몽적 절대주의 시대의 국
가목표를 살펴보면, 국가의 목적은 결국 고전적 복지국가의 이념을

---

4) Hans Peter Bull, *Die Staatsaufgaben nach dem Grundgesetz*, 1.Aufl., 2.Aufl., Frankfurt
　am Main 1973, 1977, S.20f. 참조.

5) 독일어 Wohlfahrt는 보통 '복지'라는 말로 번역되지만, 북구 유럽이 모델이 된
　복지국가(Wohlfahrtsstaat)라는 표현에서 쓰이는 현대적인 복지개념이 아니라
　경찰(Policey)개념에서 도출된 국가의 평안, 공익, 안전 등을 의미하는 것이
　다. 본서에서는 이러한 의미의 복지국가를 '고전적 복지국가'(Wohlfahrtsstaat)
　라고 표기한다.

6) Gunnar Folke Schuppert, *Verwaltungswissenschaft*, 2000, S.83.

7) Otto Mayer, *Deutsches Verwaltungsrecht* 1.Bd., 3.Aufl., 1924, S.39.

8) Michael Stolleis, *Geschichte des öffentlichen Rechts in Deutschland*, Bd. I 1600-1800,
　1988, S.370 참조.

추구하는 것이 된다. 구체적으로는 절대주의적인 경찰이 '안전경찰'(Sicherheitspolizei)로서 공공의 안전과 질서를 위해 위해를 방지할 뿐만 아니라, '고전적 복지경찰'(Wohlfahrtspolizei)로서 臣民의 외부적 행복을 후원하는 것이 임무가 되었다.9) 그러나 당시의 상황은 군주에게 개인의 복지와 자유를 장려하도록 맡겨져 있었다는 점에서 개인적인 복지와 자유가 비록 강조되기는 하였지만, 그러한 점이 더 많은 개인의 자유로 이끈 것은 아니고, 오직 포괄적인 감시의 정당화로 이끌었을 뿐이라고 평가되고 있다.10)

이 시대의 행정에 관한 학문은 개별적인 행정분야를 분석하고 그와 관련된 규정들을 해석하는 정치학 내지 사회학적인 연구방법을 취하였는데, 이는 소위 관방학(Kameralwissenshaft) 내지 경찰학(Polizeiwissenschaft)이라고 지칭되었다.11) 즉, 이 시기에 오토마이어의 법학적 방법론으로 대표되는 엄밀한 의미의 행정법학은 아직 성립하지 않았다.

2. 국가목적에 관한 철학적 논의의 기초

독일의 정치적 현실에서는 국가는 아직 臣民의 복지를 후견하는 기능을 하는 경찰국가시기에 머물러 있었지만, 18세기 후반부터 이미 사상사적으로 새로운 사조가 도입되게 되었다. 칸트(Immanuel Kant)와 훔볼트(Wilhelm von Humboldt)로 대표되는 자유주의적 사상은 국가의 목적을 개인의 안전보호에 한정하여 국가권력을 법치국가적으로 제한하려고 하였다.12) 반면, 셸링(Friedrich Wilhelm Joseph Schelling)과 헤

---

9) Badura, a.a.O., S.9

10) Wolfgang Weiss, *Privatisierung und Staatsaufgaben,* 2002, S.59.

11) Wolff/Bachof/Stober/Kluth, *Verwaltungsrecht I*, 12.Aufl., 2007, S.100.

12) Bull, a.a.O., S.22f.

겔(Georg Wilhelm Friedrich Hegel)로 대표되는 독일 낭만주의적 사조는 국가목적에서 국가권력에 대한 제한의 문제를 제거하는 대신 국가와 사회의 구별이라는 문제를 다루게 된다.[13] 이하에서 18세기말 자유주의적 사상의 대표자로서 칸트와 19세기 초의 낭만주의적 경향의 대표자로서 헤겔을 간략하게 검토한다.

(1) 자유주의적 사조

독일 철학에 있어서 칸트에 이르러 국가목적에 대한 논의는 그의 법치국가적인 구상과 함께 새로운 전기를 맞는다. 그 이전까지 전개된 국가목적론은 위에서 본 바와 같이 국가가 윤리적이고 절대적인 목적을 추구해야 한다는 철학적 논의들과 관련되어 있었으나 칸트에 이르러 우리의 이성으로 파악할 수 없는 형이상학적인 내용이 아니라 좀 더 형식적인 규범의 문제에 관심을 갖게 된다.

그러나 칸트에게 있어서 국가론은 그의 다른 법철학 이론보다 중요성이 낮게 평가되고 있다.[14] 그는 자연상태와 대비되는 개념으로 법적 상태 내지 시민상태라는 개념을 사용하였는데, "법적 상태란 각각의 모든 사람이 자신의 권리에 도달하는 것을 가능하게 만드는 조건들을 갖추고 있는 유일한 인간관계다"라고 설명한다. 또한 "다수 사람들의 강제법칙 아래로의 통합이 곧 국가(Civitas)다"라고 주장한다.[15] 이처럼 칸트는 행복을 국가의 목적으로 보는 것에 반대하면서, 자유주의적인 사상의 단초로서 법의 실현, 즉 법치국가를 국가목적으로 보는 최초의 구상을 마련하였다고 평가된다. 그러나 그가 단순히 법을 수호하는 것만이 국가의 목적이 되어야 한다고 주장하였

---

13) Bull, a.a.O., S.25.
14) 이충진, 『이성과 권리−칸트 법철학 연구−』, 2000, 170면 참조.
15) 이충진, 위의 책, 173면, 179면.

던 것은 아니고, 빈민구호제도나 양로원, 고아원, 병원과 같은 빈곤한 시민들을 보호하는 것도 국가목적으로 인정하였다고 한다.[16] 이러한 발전은 결국 국가목적에 대한 고려가 이전과는 달리 국가의 활동을 제한하기 위하여 사용되었다는 것을 보여준다.[17] 실제 칸트의 법철학의 논의에는 권력분립과 대의제와 같은 논의들이 중요한 위치를 차지하는 것이다.[18]

(2) 낭만주의적 사조

19세기 국가사상의 경향은 독일 이상주의와 낭만주의에 영향을 받아 국가를 한편으로 자기목적(Selbstzweck)으로, 다른 한편으로 초개인적인 현상으로 이해하는 형태로 발전한다.[19] 헤겔은 국가를 "인륜적 이념의 현실태"(Wirklichkeit der sittlichen Idee)로 정의한다.[20] 헤겔은 국가의 발현형태와 관련하여 국가는 습속을 통하여 직접 모습을 나타내고 개개인의 자기의식, 知와 활동을 통하여 간접적으로 모습을 드러내지만, 반대로 개개인의 자기의식은 국가 안에서 자신의 실체적 자유를 지닌다고 설명한다. 이런 점에서 국가는 구체적인 자유의 현실태라고도 설명된다.[21]

헤겔은 개인과 구별되는 국가의 궁극성과 절대적 우위를 주장한다.[22] 즉, "국가는 특수한 자기의식이 공동성으로까지 고양된 가운데

---

16) Karl-Peter Sommermann, *Staatsziel und Staatszielbestimmungen*, 1997, S.37f.
17) Weiss, a.a.O., S.59f.
18) 이충진, 앞의 책, 178면 이하 참조.
19) Weiss, a.a.O., S. 60.
20) G.W.F.헤겔, 임석진 옮김, 『법철학』, 2008, 441면; G.W.F. Hegel, *Grundlinien der Philosophie des Rechts*, 1986, S. 398.
21) 헤겔, 임석진 옮김, 위의 책, 452면.
22) 헤겔, 임석진 옮김, 위의 책, 442면.

실체적 의지가 현실성을 갖춘 그러한 존재이며, 따라서 절대적으로 이성적이다. 이 실질적인 통일체는 자유를 최고도로 신장시켜 놓는 것을 절대부동의 자기목적으로 하고, 그 궁극목적이 개개인에게 안겨진 최고의 법이다. 개개인의 최고 의무는 국가의 구성원이 되는 데 있다"라는 것이다. 더 나아가 헤겔은 "국가란 본래 그 자체가 인륜적인 전체이며 자유의 실현태이고, 바로 이 자유를 실현하는 것이야말로 이성의 절대적인 목적이다"라고 자신의 입장을 밝히고 있다.[23] 이렇게 국가가 궁극적이고 최고의 자기목적이라는 헤겔의 견해에 의하면 국가를 어떤 목적에 의하여 제한하려는 국가목적의 실천적인 의의는 사라지게 된다.[24] 결국 이러한 자기목적개념은 국가가 모든 생각 가능한 목적들에 봉사한다는 것과 다르지 않은 것이므로 자기목적으로서 국가의 명제는 국가목적론의 종말로 여겨지게 되고,[25] 국가와 사회의 구별이 촉진되는 결과가 나타났다고 한다.[26]

---

23) 헤겔, 임석진 옮김, 위의 책, 449면.
24) 헤겔에 이르러 공공복리의 도구로서의 국가에서 공공복리의 주체로서의 국가로 관점이 바뀐다는 견해로는, Josef Isensee, § 71 Gemeinwohl im Verfassungsstaat, in: *HdbStR Bd. IV*, 3.Aufl., 2006, S.15 참조.
25) Weiss, a.a.O., S.61.
26) Bull, a.a.O., S.26 참조.

제2절 19세기 법치국가론과 국가학의 논의

1. 법치국가의 이상과 국가역할의 괴리

19세기에 들어서 시민계급이 성장하면서 군주의 자의로부터 개인의 자유를 보호하는 자유주의적·입헌주의적 법치국가를 지향하는 헌법적 움직임이 나타나게 되었다. 이에 따라 19세기 중반 군주와 시민계급과의 타협으로 국가와 행정의 개혁이 광범위하게 추진되었다. 이러한 법치국가적 개혁의 특징은 헌법에 기초한 국가권력의 행사, 권력분립, 시민의 법적 평등, 기본권, 입법에 대한 시민의 참여, 국가 활동의 예측가능성, 법률의 지배 등으로 나타났고, 당시까지 제한없이 행사되던 군주의 권력은 시민계급의 기본권과 입법에의 참여로 인하여 제한되게 되었으며, 군주에게 남아 있는 행정권은 원칙적으로 국민의 대표에 의하여 동의된 법률을 통하여서만 시민의 자유와 재산에 개입할 수 있게 되었다.[1]

이 시기에 이르러 국가가 추구하는 이념적 목적으로서의 '경찰' 내지 '고전적 복지'라는 개념은 분화를 겪게 되어 더 이상 그 개념에서 개인의 행복을 후원하는 내용이 사라지고 단지 공공의 안전과 질서를 위해 위해를 방지하는 안전경찰만을 의미하게 되었다.[2] 이제 적어도 이념적으로는 행정의 활동은 위험방지라는 본질적 영역으로 한정되어야 하며, 사회경제적인 영역에서는 자유로운 경쟁원리에 의

---

1) Hartmut Maurer, *Allgemeines Verwaltungsrecht*, 16.Aufl., 2006, S.16f.; Wolff/Bachof /Stober/Kluth, *Verwaltungsrecht I*, 12.Aufl., 2007, S.75ff. 참조.
2) Peter Badura, *Das Verwaltungsrecht des liberalen Rechtsstaates. Methodische Überlegungen zur Entstehung des wissenschaftlicehn Verwaltungsrechts*, 1967, S.32 참조.

하여 주도되는 시민의 자유에 맡겨져야 한다는 사상이 지배하게 된 것이다. 이 시대의 국가목적의 특징을 잘 드러내는 것은 1869년 공포된 영업법(Gewerbeordnung)으로서, 여기서 영업의 자유와 함께 단지 위험방지를 위한 제약과 개입만이 허용된다고 선언되기에 이르렀다.[3]

이러한 국가목적에 대한 이념적인 파악과는 달리 실제 국가활동은 여전히 시민의 광범위한 생활영역에 걸쳐서 사실상 별다른 제약 없이 개입하곤 하였다. 오히려 19세기의 급속한 산업화와 도시화의 영향으로 계층간의 갈등이 심화되면서 사회주의를 비롯한 다양한 사상적 조류가 분출되었고, 이에 대응하기 위하여 비스마르크가 사회보장제도를 실시한 것과 같이 국가의 개입강도는 한층 심화되어 갔다.[4] 실제 이 시기의 프로이센의 국가활동은 야경국가적으로 한정된 것은 아니며, 오히려 중요한 기간시설적인 급부와 경제에 영향을 미치는 조치들이 취해졌던 것이다.[5]

자유주의적 법치국가 이념 하에서 행정이 법률에 구속된다는 측면에서의 행정법학이 본격적으로 성립하게 되었다는 점도 이 시기의 중요한 특징이다.[6] 학문으로서의 행정법학과 함께 오토 마이어로 대표되는 법학적 방법론(juristische Methode)이 시민적 법치국가를 전제로 생겨나게 되었다. 법학적 방법론은 고유한 법제도의 강조를 통하여 행정법을 이해하고 체계적으로 관철하려는 것으로, 법치국가적인 기초에서 단순한 법률해석을 극복하고 일반적인 개념과 제도를 발전시켜서 행정의 모습을 행정법 판례를 포함하여 법학적으로 파악하려고 노력한다.[7] 결국 이러한 행정법의 성립과 행정법학의 체계속

---

3) Maurer, a.a.O., S.17 참조.

4) Karl-Peter Sommermann, *Staatsziel und Staatszielbestimmungen*, 1997, S.27ff. 참조.

5) Rainer Wahl, Die Aufgabenabhängigkeit von Verwaltung und Verwaltungsrecht, in: Hoffmann-Riem/Schmidt-Aβmann/Schuppert(Hrsg.), *Reform des allgemeinen Verwaltungsrechts Grundfragen*, Baden-Baden 1993, S.188.

6) Badura, a.a.O., S.23.

에서 위험방지(Gefahrenabwehr) 및 조세의 징수(Abgabenerhebung) 등과 같은 임무영역에 대한 강조가 확인될 수 있다. 이제 사회적 상태와 과정을 형성하고 급부를 제공하는 고적전 복지의 임무는 부차적인 국가목적이 된 것이다.[8]

2. 국가목적론의 쇠퇴와 법학적 논의

이상에서 본 바와 같이 독일에서는 칸트와 헤겔로 대표되는 자유주의와 낭만주의 사조는 국가목적에 관한 논의를 국가현실에 별다른 영향력을 미치지 않는 한정적 논의로 만드는 성격이 있었다. 그리고 19세기에 들어서면서 두 가지 법철학적인 사조가 서로 결합되는 경향이 나타났다. 즉, 법치국가의 이론은 광범위한 국가목적을 상정하는 국가의 전권한성이론(Allzuständigkeit des Staates)과 조화되었고, 그에 따라 보충성원칙이 전체주의적 경향의 차단물로서 작용하게 되었던 것이다.[9] 그러나 이러한 법철학적인 국가목적론은 실증주의에 따른 법학적인 논의가 득세함에 따라 쇠퇴하게 된다. 라반트(P. Laband), 게베르(C. F. von Gerber), 슈미트(R. Schmidt), 보른학(C. Bornhak), 몰(R. v. Mohl) 등의 실증주의자들은 목적에 대한 질문을 하는 것에 의미를 두지 않고, 오히려 국가에 부여된 임무에 대하여 논하게 된다.[10] 특히 정치학과 법학의 한계영역에 있는 국가학의 학문적인 체계를 완성하면서 사라져가는 국가목적에 관한 논의를 이어

---

7) Wolff/Bachof/Stober/Kluth, a.a.O., S.100f. 참조.
8) Rainer Wahl, Die Aufgabenabhängigkeit von Verwaltung und Verwaltungsrecht, in: Hoffmann-Riem/Schmidt-Aβmann/Schuppert(Hrsg.), *Reform des allgemeinen Verwaltungsrechts Grundfragen*, 1993, S.188; Badura, a.a.O., S.25 참조.
9) Hans Peter Bull, *Die Staatsaufgaben nach dem Grundgesetz*, 2.Aufl., 1977, S.26f.
10) Wolfgang Weiss, *Privatisierung und Staatsaufgaben*, 2002. S.62f.; Bull, a.a.O., S.28. 참조.

받아 독자적인 국가목적론을 전개한 것은 옐리네크(Georg Jellinek)의
공로이다.[11]

옐리네크는 국가에 대한 형이상학적인 논의를 벗어나서 일반적
인 국가의 성립조건과 활동에 대하여 객관적으로 논의하기 위해서
는 어떤 한 가지 이론에 구애받기 보다는 다양한 이론을 객관적·형
식적으로 분석하고 분류하는 작업이 선행되어야 한다고 주장한다.
이러한 점에서 옐리네크의 연구는 국가목적론의 유형을 체계적으로
구분하여 단순한 역사적인 의의를 넘어 국법학적인 연구에 도입할
수 있는 기초를 마련하였다는 점에 의의가 있다.

그는 국가목적에 관한 이론이 갖는 실천적 의의를 검토하면서,
국가목적 인식의 실천적 의의를 "국가목적의 인식에 의해서 비로소
심리적이며 윤리적으로 필요한 국가의 정당화가 달성된다는 점"에
있다고 보았다. 즉, 순수한 국가정당화의 근거에 관한 이론은 단지
국가라는 제도만을 정당화할 수 있는데 불과하므로, 국가를 그 개별
적 형성에까지 정당화할 수 있기 위해서 국가목적론이 등장한다는
것이다. 이러한 정당화의 문제는 오늘날의 국가학에서도 중요한 국
가임무론의 과제중의 하나이다.[12] 그러나 단순히 국가를 자기목적
으로 보는 것과 같이 아무런 내용이 없는 형태로 전개되어서는 안
되기 때문에 국가학과 실천적 정치학의 접목이 필요하다고 주장한
다. 그가 들고 있는 예를 따라가 보자.

"입법과 국가조직의 모든 변경은 그 합목적성을 통하여 설명되어야 하

---

11) 옐리네크가 우리나라에 미친 영향에 대해서는 게오르그 옐리네크, 김효전
    옮김, 『일반 국가학』, 2005, 5면(역자서문) 참조. 이하에서는 위 번역서와
    Georg Jellinek, *Allgemeine Staatslehre*, 7.Neudruck der 3.Aufl. von 1913, Darmstadt
    1960, S.230ff.를 중심으로 옐리네크의 견해를 정리하였다.
12) Gunnar Folke Schuppert, *Staatswissenschaft*, 2003, S.261ff. 참조.

며, 모든 법률안의 제안이유서는 명시적이든 혹은 묵시적이든 간에 어떠한 방법으로든 국가목적에 근거해야만 한다. 그러므로 중요 정당간의 대립 역시 국가목적에 관한 대립적 견해로 표현되게 된다. 자유주의적과 보수주의적, 교황지상주의적(ultramontan)과 사회주의적이라는 것은 국가의 임무에 관한 원칙적인 차이를 의미한다. 정치원리를 가진다는 것은 구체적 사안과 국가의 중간목적 또는 종국목적과의 관계에 대해서 특정한 견해를 가지는 것과 다름이 없다. 국가목적이라는 관점에서만 국가정책의 가치와 무가치에 대한 판단이 이루어 질 수 있으나, 이 점이 항상 판단자에게 인식될 필요는 없다. 모든 정치적 판단은 목적론적 가치판단이다."[13]

그는 이러한 정치적 국가목적론의 의의 외에도 그 한계에 주목한다. 즉, 국가목적으로부터의 단순한 연역에 의해서만 정치적 과제가 해결될 수는 없으며, 오히려 그때그때의 당파적 견해가, 외견상으로는 논리적 필연성을 가지고, 직접 국가목적으로부터 도출될 수 있다는 것이다.[14] 그럼에도 불구하고 최고의 국가목적에 대한 고려는 모든 국가의 정치적 활동을 조정하는 역할을 한다는 점에서 의의를 갖는다고 본다.[15] 최고의 국가목적이란 우선 무엇이 일어나야 할 것인가가 아니라 오히려 "무슨 일이 일어나서는 안 되는가를 지시한다"는 것이기 때문이다. 그는 국가에 대한 순수한 형식적·법학적 고찰은 국가활동의 실질적 제한의 인식에는 결코 도달할 수 없으나, 이러한 제한의 존재는 국가목적에 의한 국가구속이라는 인식이 진전됨으로써 비로소 가능하다는 점에서 정치적 국가목적론이 의의를 갖는다고 한다.[16]

---

13) G. Jellinek, a.a.O., S.237; 옐리네크/김효전 역, 앞의 책, 190면.
14) 옐리네크, 김효전 옮김, 앞의 책, 191면.
15) 옐리네크, 김효전 옮김, 앞의 책, 192면.
16) 옐리네크, 김효전 옮김, 앞의 책, 192면 참조.

오히려 옐리네크가 법학적 국가학의 논의에서 의미있다고 보는 것은 '절대적 목적론'이 아니라 '상대적 목적론'이다. 옐리네크는 당시 자기목적으로서의 국가목적을 파악하려는 낭만주의적 사조에 대응하여, 국가목적론의 부활을 시도하는데, 이는 상대적인 국가목적과 관련되어 있다.[17] 절대적 목적론이란 국가목적을 어떠한 시대에도, 또한 어떠한 발현형태에서도 항상 동일하게 남아 있는 유일한 목적으로서, 그리고 통일적이고 모든 다른 것을 포함하고 있는 목적으로서 제시하려는 것이다. 옐리네크는 이를 다시 확장적 국가목적론과 제한적 국가목적론으로 나누어 설명하는데, 확장적 국가목적은 국가권력의 무제한적인 확대를 조성한다는 의미로서, 이는 다시 행복을 인간의 최고목표이자 국가의 목표로서 보는 행복주의적·공리주의적 이론과 플라톤의 이상국가론과 같은 윤리적 이론으로 나뉜다.[18] 제한적 국가목적은 국가가 그 목적에 따라서 개인에 대한 뚜렷한 한계를 설정하려는 것으로 안전성, 자유 혹은 법을 국가의 목적으로 보게 된다.[19]

반면 상대적 국가목적론에서의 국가목적이란 국가의 임무와 국가의 구체적인 관계들이라는 역사적으로 변화하는 관념들에서 또는 국가행위 본래의 한계에 대한 연구에서 얻어지는 것을 의미한다. 따라서 상대적 국가목적론의 과제는 국가활동에 관한 한계의 탐구를 통하여 국가활동영역을 다른 것과 구별함으로써 국가가 일반적으로 그리고 성공적으로 시도할 수 있는 사항을 확정하는 것과, 오늘날의 국가제도와 기구에 명백히 각인되어 있는 목적관념을 탐구하는 것이 된다.[20] 이러한 옐리네크의 상대적 국가목적론의 탐구는 오늘날

---

17) Weiss, a.a.O., S.63 참조.
18) 옐리네크, 김효전 옮김, 앞의 책, 195면 이하.
19) 옐리네크, 김효전 옮김, 앞의 책, 198면 이하.
20) 옐리네크, 김효전 옮김, 앞의 책, 202면 참조.

국가학이 달성한 국가목적에 관한 보편적인 인식의 원형에 도달한 것으로 평가된다.[21] 이는 국가의 활동영역을 배타적으로 국가에 귀속되는 활동들과 국가가 단지 명령적, 지원적, 촉진적 혹은 방어적으로만 개인적 혹은 사회적 생활의 발현에 접근해가는 활동들을 구별해 보는 것이다.[22] 첫 번째 활동영역에는 국가와 그 구성원의 보호, 외적 침해에 대한 자기 영토의 방위, 국가의 확장 또는 정치적인 새로운 조직의 형성, 법질서의 형성과 유지 등이 이에 속한다.[23] 두 번째 활동영역에는 개인의 자유로운 행위 및 이익과 관련된 것으로서 건강, 학문, 예술, 상업과 같은 문화의 촉진이 속하게 되는 것이다.[24]

---

21) Roman Herzog, § 72 Ziele, Vorbehalte und Grenzen der Staatstätigkeit, in: *HdbStR Bd. IV*, 3.Aufl., 2006, S.82f. 참조.
22) G. Jellinek, a.a.O., S.255; 옐리네크, 김효전 옮김, 앞의 책, 206면.
23) 옐리네크, 김효전 옮김, 앞의 책, 206-207면 참조.
24) 옐리네크, 김효전 옮김, 앞의 책, 209면 이하 참조.

제3절 20세기 사회국가이념과 국법학의 발전

1. 다양한 국가활동의 비약적 증가

19세기를 지나 20세기로 들어가면서 나타난 산업화, 도시화, 기술의 발달은 인간의 생활양식을 획기적으로 변화시키고 계급투쟁의 심화와 같은 새로운 사회문제를 야기하였다. 특히 제1차 세계대전 이후의 긴급하고 심각한 경제상황으로 인하여 원자재 및 생필품관리, 주거 및 일자리 공급, 에너지 공급 등과 같은 새로운 과제가 국가에 부여되었다. 포르스트호프(Ernst Forsthoff)가 새로운 지도이념으로서 유효적 생활공간에 대한 사회적 수요에 부응하여 공공이용의 필요성을 충족시키기 위한 활동을 생존배려(Daseinvorsorge)로 보고 급부행정론을 전개한 것은 이러한 배경에서 나타난 것이다.[1]

이 시기에 이르러 국가는 생활에 필수적인 다양한 종류의 급부를 제공하는 것을 자신의 책임으로 인식하면서, 국가의 활동범위도 전통적인 위험방지의 영역을 넘어서 매우 광범위한 급부활동으로 확대되었다. 예를 들면, 수도, 전기 및 가스, 교통수단, 하수처리 및 폐기물 처리, 건강보호, 병원 및 양로원, 학교, 대학 및 특별한 교육시설, 극장, 박물관, 체육시설 등이 이에 속한다. 국가의 목적도 이에 상응하여 위험방지와 조세징수라는 전통적인 목적 외에 사회·경제·문화 영역에서의 사전배려, 장려, 급부 등이 추가되어 오늘날 행정의 역할증대로 인한 '행정국가'(Verwaltungsstaat)의 현상으로 이끌게 되었

---

1) Wolff/Bachof/Stober/Kluth, *Verwaltungsrecht I*, 12.Aufl., 2007, S.78f.; 포르스트호프의 급부행정론에 대하여는 이상덕, "Ernst Forsthoff의 행정법학 방법론 연구-급부행정론과 제도적 방법론을 중심으로-", 서울대학교 석사학위논문, 2003, 10면 이하 참조.

다. 또한 다양한 행정조직의 증가, 노동행정과 같은 전문적 행정영역 및 경제행정법, 조세행정법, 사회법과 같은 다양한 행정법의 분야가 등장한 것도 이 시기의 특징이다.[2]

이러한 국가와 사회의 역할과 기능의 변화를 바탕으로 헌법상 나타난 원칙이 사회국가원리 및 사회적 법치국가(Sozialer Rechtsstaat)의 이념이다. 이는 사회적 정의에 입각한 사회 형성 및 개인의 특별한 곤궁에 대한 고려를 특징으로 한다.[3] 행정법학에서도 사회적 법치국가의 이념이 자유주의적 법치국가(Liberaler Rechtsstaat)의 이념을 대체하면서, 위험방지(Gefahrenabwehr), 조세징수(Abgabenerhebung) 외에 급부(Leistung) 및 유도(Lenkung)라는 핵심적인 행정목적의 기초 위에서 발전되었다고 평가된다. 또한 바두라(Badura)는 행정법학에 있어서의 침해행정에 대한 급부행정의 구별, 행정행위 형식의 영향력 약화 등을 언급하고 있다.[4] 그러나 이 시기의 사회적 법치국가가 절대주의 시대의 고전적 복지국가와 구별되는 것은 국가의 급부활동과 사회형성이 법의 형식과 구속을 준수해야 하고, 더 나아가 실체적인 정의의 실현도 요구된다는 점에 있다.[5]

2. 바이마르 시대의 국법학

이시기에 옐리네크에서 비롯된 일반국가학의 논의는 칼 슈미트(Carl Schmitt), 한스 켈젠(Hans Kelsen), 헤르만 헬러(Hermann Heller), 루돌프 스멘트(Rudolf Smend)로 대표되는 바이마르 시대의 국법학자들

---

2) Hartmut Maurer, *Allgemeines Verwaltungsrecht*, 16.Aufl., 2006, S.17f.; Wolff/Bachof/Stober/Kluth, a.a.O., S.79 참조.
3) Gunnar Folke Schuppert, *Verwaltungswissenschaft*, 2000, S.93ff. 참조.
4) Peter Badura, *Verwaltungsrecht im liberalen und im sozialen Rechtsstaat*, 1966, S.22ff. 참조.
5) Maurer, a.a.O., S.18.

의 견해로 이어진다.6) 이들 네 명으로 대표되는 국법학자들은 국가 및 헌법이론에 관한 다양한 견해를 전개하면서 오늘날 세계에 영향을 미치고 있는 독일 공법학의 이론적 기초를 완성하였으나, 국가의 실제 정치현실은 세계대전과 이어지는 나치스 정권의 출현으로 격변의 시기를 겪게 되었다. 이시대의 국법학자들은 대부분 국가목적에 관한 문제를 국법학이 아니라 주로 윤리나 정치의 영역에 속한 것으로 보고, 국가목적론이 하던 역할을 자신들만의 독특한 이론체계로 대신하게 된다.7) 이 중 순수법학의 입장에서 국가목적론을 다루고 있는 켈젠의 견해를 살펴보는 것은 의미가 있다. 원래 옐리네크를 비롯한 독일 공법학의 전통에서 국가목적론은 일반 국가학 (Allgemeine Staatslehre)의 한 부분을 이루고 있다. 그러나 이러한 전통적 형식에 따라 일반 국가학이란 제목의 저서에서 국가목적론을 본격적으로 다루고 있는 것은 위 4명의 학자 중 켈젠이 유일한 것으로 파악된다.8) 켈젠에게 있어서 국가란 본질상 규범체계 또는 이러한 규범체계의 통일성으로 이해되고, 따라서 국가는 법질서 또는 법질서의 통일에 대한 표현이라고 인식된다.9) 이는 옐리네크가 일반 국가학을 역사적 연구방법과 법학적 고찰방법으로 나누어 고찰한 것과는 구별된다.10)

국가를 순수한 당위의 영역, 규범의 영역에서 파악하는 이상, 국가의 목적도 매우 형식적으로 파악될 수밖에 없다. 켈젠에게 있어서,

---

6) 이들 4명의 독일 국법학자들의 독일 공법학에서 차지하는 중요성에 대하여는 Christoph Möllers, *Der vermisste Leviathan*, 2008, S.23ff. 참조. 이들은 독일 뿐 아니라 일본과 우리나라에도 많은 영향을 미치고 있다.

7) Wolfgang Weiss, *Privatisierung und Staatsaufgaben*, 2002, S.64f. 참조.

8) 이하에서는 한스 켈젠, 민준기 옮김, 『일반 국가학』, 1990; Hans Kelsen, *Allgemeine Staatslehre*, Nachdruck der 1.Aufl. von 1925, 1993을 참조하여 간략하게 켈젠의 견해를 정리한다.

9) 한스 켈젠, 민준기 옮김, 위의 책, 31면.

10) 옐리네크, 김효전 옮김, 『일반 국가학』, 2005, 34면 이하 참조.

정치학이 "국가는 존재해야만 하는가", "왜, 어떻게 존재해야 하는가"
라고 묻는 것과는 달리 국가학은 "국가란 무엇인가", "어떻게 국가가
존재하는가"라고 묻는다는 점에서 구별된다. 또한 가능한 국가에 대
한 일반국가학과 구체적이고 현실적인 국가에 대한 특별국가학이
구별된다.[11] 켈젠은 법학의 영역에 속하는 일반 국가학에서는, 국가
는 자기목적으로 간주된다고 주장한다.[12] 자기목적이라는 것은 국
가가 현실적으로 아무런 목적도 가지지 않는다는 의미가 아니라, 주
권(Souveränität)이라는 개념이 의미하는 바와 같이 국가는 완결적이
고 논리상 자급자족적인 체계이며, 국가의 외부에 존재하는 질서로
부터 정당화를 필요로 하지 않는다는 의미이다. 국가가 어떤 특정한
목적을 가졌다는 전제를 도입하는 것은 역사적으로 변화하는 여러
목적들 중의 하나를 절대화하는 것으로서, 이는 곧 그 뒤에 미리 정
해진 확신들이 존재하는 '선결문제요구의 오류'(petitio principii)라고
볼 수 있다.[13] 따라서 국가의 본질은 어떠한 특수한 목적도 포함하
지 않으며, 국가는 단지 어떠한 사회적 목표를 실현시키기 위한 (이
러한 사회적 목표는 일반국가학의 대상은 아니지만) 강제질서로서
의 수단에 불과하다는 것이 켈젠의 견해이다.[14]

이어서 켈젠은 수단으로서의 국가가 추구하는 특수한 목적들에
대하여, 한정적인 국가목적과 확대적인 국가목적, 법목적과 문화목
적, 법목적과 권력목적, 법목적과 자유목적을 대비시키면서 설명한
다. 그러나 법질서로서의 국가에서 위에서 열거된 구체적인 목적들
을 구별할 수 없고, 국가목적의 최소한을 정할 수도 없다는 점에서
국가목적을 특수한 내용으로 구체화하려는 시도는 성공할 수 없다

---

11) 한스 켈젠, 민준기 옮김, 앞의 책, 72면; Kelsen, a.a.O., S.44 참조.
12) 한스 켈젠, 민준기 옮김, 앞의 책, 65면.
13) Weiss, a.a.O., S.64.
14) 한스 켈젠, 민준기 옮김, 앞의 책(각주 86), 66면; Kelsen, a.a.O., S.40.

고 주장한다. 그에게 있어서 국가의 목적은 칸트와 마찬가지로 법의 실현에 있으며, 그는 자연법에 대한 원용을 거부하므로, 국가목적은 법률이 목적으로 삼는 모든 것이 된다고 한다.[15]

　이러한 켈젠의 견해는 비록 구체적으로 국가가 추구하는 목적에 대하여 적절한 내용적인 지침을 제공하지는 않지만, 역설적으로 이러한 점이 현대국가의 목적을 가장 적나라하게 드러내는 것이라고 할 것이다. 이제 더 이상 국가는 실제 자신의 활동과 무관하게 자신의 정당화를 위하여 이상적인 목적을 근거로 삼을 필요가 없게 되었다. 구체적인 국가활동을 위한 법적인 한계는 찾기 어려우며, 그 활동을 위한 개별적인 정당화도 필요하지 않게 된다. 이러한 견해의 논리적 발전단계로서 국가는 단지 추상적인 공익이나 복지 혹은 공공복리를 추구하기만 하면 된다는 현대의 국가목적론으로 넘어가게 된다.

---

15) Weiss, a.a.O., S.64. 참조.

제4절 현재의 국가임무론

이상 살펴본 바와 같이 역사적인 관점에서 볼 때 국가의 기능과
역할은 내부적 안전에서, 자유의 보장을 거쳐 사회적 정의로 그 관
심을 이동하여왔다. 더 나아가 최근에는 환경보호의 과제가 국가목
적으로 추가되었다.[1] 반면 사상사적으로 19세기 이후에는 이미 국가
목적에 대한 관심이 위축되었다가, 국가목적 대신 오히려 구체적인
국가의 임무와 효력을 조망하는 방식으로 논의가 진행되어온 것을
발견할 수 있다. 또한 국가학적인 논의가 진행되면서 국가를 특정한
목적에 결부시키는 것을 불가능하게 만드는 국가의 전권한성의 명
제가 강조되는 것도 특징의 하나이다.[2]

바이마르 시대를 지나 나치스 정권의 등장으로 독일은 국가가 모
든 개인의 영역에 사실상 아무런 법적 제약없이 침입할 수 있는 마
치 예전의 경찰국가와 유사한 전체주의국가로 변모하게 되었다. 이
시기의 유일한 국가목적은 독일 민족의 힘을 보존하고 증진시키는
것이었고, 국가는 하나의 '정당'을 위한 집행기구로 변모하였으며,
모든 개인의 기본권은 원칙적으로 부인되었다. 나치스 정권 하에서
행정의 조직과 활동은 물론 법치국가적인 공법상의 원리들이 모두
왜곡되었으므로 행정의 임무로서 생존배려만이 강조되었다.[3]

---

1) Rainer Wahl, *Die* Aufgabenabhängigkeit von Verwaltung und Verwaltungsrecht, in:
   Hoffmann-Riem/Schmidt-Aβmann/Schuppert(Hrsg.), *Reform des allgemeinen
   Verwaltungsrechts Grundfragen*, 1993, S.181 참조.
2) Wolfgang Weiss, *Privatisierung und Staatsaufgaben*, 2002, a.a.O., S.65f. 참조.
3) Wolff/Bachof/Stober/Kluth, *Verwaltungsrecht I*, 12.Aufl., 2007, S.80ff. 참조.

1. 2차대전 이후의 국가목적에 관한 논의

2차대전 이후의 국가임무에 관한 독일의 논의들을 살펴보면 국가의 전권한성의 명제에 따라 더 이상 국가의 활동을 특정한 목적에 한정하는 식의 고전적인 국가목적론의 명제가 주장되지는 않는다. 이제 국법학의 관심은 공공복리(Gemeinwohl)의 실현을 최상의 국가목적으로 보면서,[4] 구체적인 국가임무의 도출근거를 헌법에서 찾고, 그 공공복리를 실현하는 방법에 주목하게 된다. 최근에는 私化의 경향으로 인하여 국가임무를 체계화하여 국가임무 안에서의 핵심적인 영역을 파악하고, 국가임무의 변화현상에 주목하는 것도 현재의 국가임무론의 방향이 되고 있다. 바이마르 시대의 국법학의 발전에 힘입어 많은 학자들이 여전히 일반국가학의 차원에서 국가목적에 대하여 논하여 왔으며, 최근의 문헌들은 평화, 자유, 안전, 사회적 조정 및 복지 등의 국가목적에 대하여 논하고 있다.[5]

이 중 전후 독일의 저명한 국법학자 중 한사람인 크뤼거(Herbert Krüger)는, 국가의 목적이 바로 국가의 존재를 정당화한다는 고전적 국가목적론과 국가정당화이론은 국가를 필수적인 존재에서 선택된 수단으로 사소하게 다루는 '도구적인 국가관'에 해당하고, 헌법에서 구체적인 국가목적을 확정하여 국가는 단지 여기서 확정된 국가목적만을 추구할 수 있다는 잘못된 가정으로 이끌 수 있다는 점에서 타당하지 않다고 본다. 그에게 있어서 국가는 각각의 상황적 필요에 따라 모든 목표를 설정할 수 있는 제도에 해당한다.[6] 국가는 잠재적

---

4) Weiss, a.a.O., S.68.; Gunnar Folke Schuppert, Staatswissenschaft, 2003, S.215ff.; Josef Isensee, § 71 Gemeinwohl im Verfassungsstaat, in: *HdbStR Bd. IV*, 3.Aufl., 2006, S.4ff. 참조.

5) 크뤼거(H. Krüger), 나뷔아스키(Nawiasky), 에르마코라(F. Ermacora), 되링(K. Doehring) 등 2차대전 이후 학자들의 견해를 개관한 것으로는 Weiss, a.a.O., S.66f. 참조.

으로 모든 대상을 포괄적으로 다룰 수 있지만, 소위 반자유주의적이 거나 전체주의적 국가는 상황의 필요가 아닌 다른 이유, 즉 이데올로기나 도덕성의 필요에서 임무가 설정될 때 나타난다. 즉, 민주주의와 전체주의 국가는 국가목적이나 국가유형에 의해 미리 정해진 것이 아니라 변화할 수 있다는 것이다.[7] 크뤼거는 공동체로서의 현대국가는 종교나 세계관과 같은 실체적인 내용과 동일시되어서는 안 된다는 비동일시원칙(Prinzip der Nicht-Identifikation)을 주장하면서,[8] 국가는 다른 이유가 아닌 단지 공공복리의 이유에서만 임무를 받아들이고 그 임무를 수행할 수 있으며, 국가임무의 수행을 위한 유일한 지침은 공공복리라고 강조한다.[9]

1973년 국가임무에 관한 교수자격논문을 출간한 한스 페터 불 (Hans Peter Bull)은 국가의 의미, 본질, 목적에 관한 문제는 국가철학이나 일반국가학의 문제이지, 법학적인 문제는 아니라고 본다.[10] 그리고 국가목적론에서 다루는 국가의 '목적'에 대하여도, 사회학적으로 고찰할 때 객관적인 목적은 없으며, 오히려 단지 '기능'만이 존재할 뿐이라고 비판하면서, 오늘날 국가목적론이 국가 전체의 활동범위가 수단이 되어 위계적으로 따르는 '최상의 원칙'을 확정할 수 있는지는 의문이라고 한다. 국가가 다른 조직형태와 다른 점은 국가는 하나 또는 소수의 목적에 고정될 수 있는 것이 아니라 포괄적으로 활동할 수 있다는 것으로, 크뤼거의 견해와 같이 국가임무의 비제한성은 국가의 본질에 속한다는 것이다.[11] 그러나 이러한 국가의 잠재적인 전권한성에도 불구하고 국가는 실제로 스스로 제한을 설정할

---

6) Herbert Krüger, *Allgemeine Staatslehre*, 1966, S.759f.
7) Krüger, a.a.O., 761f. 참조.
8) Krüger, a.a.O., S.178ff. 참조.
9) Krüger, a.a.O., S.763ff. 참조.
10) Hans Peter Bull, *Die Staatsaufgaben nach dem Grundgesetz*, 2.Aufl., 1977, S.30.
11) Bull, a.a.O., S.32f.

수 있는데, 이는 특히 기본권의 승인을 통하여 나타난다고 한다.[12]

2. 최상의 국가목적인 공공복리

현대의 국가임무론에서는 구체적인 국가임무가 최상의 국가목적인 공공복리에서 나오므로, 공공복리의 개념을 파악하는 것이 중요해진다. 공공복리라는 개념은 이미 고전적인 국가목적론에서 언급되어 오던 것으로, 아리스토텔레스의 '공동선'(bonum commune)에 대한 논의나, 키케로의 '공공의 것'(res publica)에 대한 언급 등에서 그 기원을 찾을 수 있다.[13] 공공복리는 공동체의 좋은 상태와 모든 공동체 구성원의 번영이라는 이상을 구체화하는 것으로, "좋고 복되게 산다는 이념"(Idee des bene beateque vivere)을 나타낸다. 이는 국가적이고 정치적인 행위에 국가윤리를 제시하는 가장 보편적인 모범에 해당하고, 공중의 행복, 보편적인 최선, 공적인 행복, 공익 등으로 표현되기도 한다. 공공복리는 환경보호, 사회적 정의와 같은 특수한 내용으로 규정된 국가목표나 학교, 경찰, 사회보험 등과 같이 활동범위와 관련된 구체적인 국가임무와는 구별되고, 현실적인 국가목표의 뒤에서 이를 합해주는 것으로 모든 합법적 국가목표의 총체(Inbegriff)이다.[14]

공공복리는 고도의 추상적인 의미로 목적을 구체화하는 것으로, 국가조직이 봉사해야 하는 모든 목표 중의 목표이고, 동시에 국가목적이기도 하다.[15] 공공복리개념을 파악하는 데에는 내용적 요소로

---

12) Bull, a.a.O., S.33.
13) 공공복리와 관련하여 키케로가 국가론에서 "공공의 것(res publica)은 인민의 문제(res populi)이다"라고 기술했다는 점을 지적한 Isensee, a.a.O., S.12ff. 참조.
14) Isensee, a.a.O., S.4f. 참조.
15) Isensee, a.a.O., S.8.

서 몇 가지 대립개념들이 지적되기도 한다. 가령, 공공복리는 구성
원의 특별한 행복보다는 전체 공중의 행복과 관련되는 것이고, 공공
복리의 추구는 이기적이기보다는 사심없이 이루어져야 하며, 그 개
념은 마키아벨리식의 정치적인 행동원칙인 국가이성(Staatsraison)이나
정의와는 다른 어떤 것이라고 한다.[16] 그러나 공공복리의 내용을 확
인하는 작업은 그 추상성으로 인하여 한계에 부딪친다. 다원주의 사
회에서 공공복리는 다양한 내용을 포함하고 있으며, 필연적으로 개방
적인 구조를 가질 수밖에 없다. 이러한 추상성 때문에 공공복리의 개
념은 실은 정치적인 수사문구로서 대중조작을 위하여 남용되기도 하
고, 이데올로기의 혐의를 갖기도 하며, 심지어 '공허한 문구'(Lerformel)
로 폄하되곤 하는 것이다.[17]

　이와 같이 공공복리가 갖는 내용적 지침의 부족으로 인하여 현대
헌법국가에서는 헌법규범을 통한 공공복리의 구체화가 필요하게 된
다. 실제 바이에른이나 라인란트-팔츠의 주헌법이나 연방기본법상의
공용수용의 요건(제14조 제3항)과 같은 곳에서 공공복리는 실정법적
인 내용으로 등장하기도 하고,[18] 기본권과의 관련에서 기본권 침해
의 목적을 설정하는 연원으로서 혹은 기본권의 내재적 제약을 도출
하기 위한 원천으로서 작용하기도 한다.[19] 그러나 기본법만으로는
여전히 공공복리의 내용을 확정하는데 부족하므로, 결국 공공복리의
내용을 정하기 위해서는 '누가 정당한 권한을 갖는가' 혹은 '어떠한
절차에 의하여 내용이 정해지는가'라는 '권한'과 '절차'의 문제가 중
요하게 된다. 현대국가에서 공공복리의 내용상의 부족은 결국 내용
을 규정하기 위한 권한과 절차에 관한 사전원칙에 의하여 보충될 수

---

16) Isensee, a.a.O., S.19ff.
17) Isensee, a.a.O., S.5f.
18) Isensee, a.a.O., S.29f.
19) Isensee, a.a.O., S.33f.

밖에 없기 때문이다.[20]

한편, 공공복리의 실용적인 기능은 국가행위에 한계를 설정한다는 점에 있다. 즉, 국가의 활동은 공공복리의 실현을 위한 것이 아니면 허용되지 않는다.[21] 이러한 기능은 행정법에서 행정의 목적으로 구체화되고, 실정법상 등장하는 각종 요건이나 재량권 행사의 한계 등과 관련하여 구체적인 법적 문제로 나타나기도 한다.[22]

국가목적으로서의 공공복리 문제에 있어서 가장 중요한 것은 '공공복리를 어떻게 실현할 것인가'하는 공공복리의 구체화 내지 실현방법에 관한 것이다. 공공복리의 실현책임은 국가에 독점적으로 주어진 것은 아니므로, 국가와 사회, 공직자와 시민이 분업적인 과정을 통하여 책임을 지게 된다. 그러나 이러한 실현책임을 부담하는 주체가 속한 영역에 따라 그 실현방식은 다른 원리에 의해 지배되게 된다. 우선 사회와 시민이 속한 사적 영역에 있어서는, 공공복리의 실현은 개인의 기본권적 자유와 보충성원칙에 의하여 사인에게 주도권이 주어진다. 사적 영역에 대한 국가의 개입은 기본권을 침해하지 않는 제한적인 범위에서만 가능하게 된다. 다시 말하면, 공공복리는 원칙적으로 사적 영역의 기본권적 자유에 의하여 실현되는 것이지만 공공복리에 대한 최종적인 책임은 여전히 국가에게 남아있다.[23]

그러나 사인의 자유는 다른 한편으로 공익과 충돌될 우려가 있으므로, 국가가 속한 공적 영역에서 이해관계를 조정하는 원리가 필요

---

20) Isensee, a.a.O., S.45ff.; Weiss, a.a.O., S.69f.; 한편, 최송화 교수는 공익의 인식 내지 결정에 있어서 중요한 것은 이익형량이라는 법적 과정이고, 그러한 법적 과정에서의 이익대변이 중요한 문제가 되므로, 이익대변의 확보는 행정절차의 법적 규율과 행정소송에서의 원고적격의 확대로 문제된다고 설명한다. 최송화, 『공익론-공법적 탐구-』, 10면 참조.

21) Isensee, a.a.O., S.8.

22) 최송화, 앞의 책, 23면 이하 참조.

23) Isensee, a.a.O., S56ff.

하게 되는데, 이를 위해 공직자의 행동원리로서의 공직의 원리 (Prinzip des Amtes)가 언급되고 있다. 사인과는 달리 국가는 전적으로 공공복리를 지향해야 되는데, 이러한 공공복리를 지향하는 의무는 국가조직뿐만 아니라 자신의 이름으로 활동하면서 국가의 권한을 수행하는 공직자들에게도 적용된다. 여기에는 공직자의 객관, 중립, 불편부당 및 사회세력에 대한 거리유지와 같은 의무가 속한다.[24]

공직의 원리가 행정 및 사법 공무원들에게 적용되는 것임에는 분명하지만, 본질적으로 정당에 속한 정치가들로 구성되는 의회에도 적용되는지가 문제된다. 이와 관련하여 민주주의적 관점에서 보면, 정당은 권력을 획득하기 위하여 자신들이 추구하는 정강, 정책을 내세우며 경쟁하게 되지만, 일단 권력을 차지한 후 권력을 행사하는 측면에서는 역시 공직의 원리가 적용된다는 점이 지적된다. 더불어 의회의 다수가 자신의 결정을 소수에게 수용하도록 요구하기 위해서도 공직의 원리에 따라 공공복리를 추구한다는 윤리적 모범이 필요하다고 한다.[25] 이처럼 공공복리를 실현하는 과정은 국가와 사회의 구별을 전제로 하여, 공적 영역과 사적 영역의 차이, 국가조직과 사적조직의 조직원리, 공직자와 사인의 행위의무 등의 대립과 상호작용을 통하여 이루어지고 있다. 더 나아가 이러한 과정은 고권원리와 경쟁원리의 대립으로 설명되기도 한다.[26]

3. 국가목적, 국가목표, 국가임무의 관계

국가목적(Staatszweck)은 위와 같이 국가학의 역사적 발전과정 속에서 나타난 개념인 반면 국가임무(Staatsaufgabe)는 헌법과 행정법학

---

24) Isensee, a.a.O., S.64ff.
25) Isensee, a.a.O., S.68ff,
26) 고권원리와 경쟁원리에 대하여는 이하 제2장 제2절에서 후술한다.

에서 인식하는, 주로 헌법에서부터 도출되는 개념이다. 현대 국법학
의 실증주의적 경향에 의하면 국가는 전권한적인 것으로 여겨지는
데, 그 결과 국가목적개념은 그 의미가 이미 쇠퇴하게 되었다. 반면,
현재 국법학의 논의에서 사용되는 국가임무의 개념은 역시 용어적
으로도 국가목적개념의 정치이데올로기적인 요소로부터 자유로워
졌다고 한다.[27] 이에 비해 국가목표(Staatsziel)는 바이마르 시대부터
등장하는 헌법상 국가목표에 관한 조항과 관련된 것으로, 2차대전
후 국법학자인 입센(Hans Peter Ipsen)이 기본법상 사회적 법치국가조
항(제20조, 제28조)을 '국가목표규정'(Staatszielbestimmung)으로 해석함
으로써 도입된 개념으로 보는 것이 일반적이다.[28]

　이러한 개념들의 관계를 살펴보면, 이들이 추상성의 정도에서만
구분되어 국가목적이 일반적으로 국가임무의 개념보다 더 추상적으
로 사용되는데 비하여, 국가목표규정은 국가임무에 대한 특수한 헌
법적 규정형태로서 간주되는 한편 국가목적과 국가임무 사이에 자
리잡은, 중간정도의 정확성을 가진 개념으로 묘사되기도 한다.[29] 그
러나 추상성의 정도보다는 이들 개념이 역사적인 발전관계에 따라
비교적 엄격하게 구분될 수 있다고 보는 견해도 있다.[30] 후자의 관
점에서 이젠제(Josef Isensee)는 더 나아가 국가활동의 규범차원을 가
장 상위에 있는 공익(공공복리)에서부터 국가목적과 국가목표를 지
나 공공임무와 국가임무, 헌법위임, 보장의무, 관할, 권한, 국가기능,
행위형식에 이르기까지 체계적으로 구분하여 설명하고 있다.[31]

　이젠제에 의하면, 국가목적은 정당화이론에 관한 국가철학적인

27) Weiss, a.a.O., S.75f.
28) Hans Peter Ipsen, *Über das Grundgesetz*, 1950, S.14; Weiss, a.a.O., S.77.; Isensee, a.a.O., S.120. 참조.
29) Christof Gramm, *Privatisierung und notwendige Staatsaufgaben*, 2001, S.52, 61 참조.
30) Weiss, a.a.O., S.81.
31) Isensee, a.a.O., S.118f.

기원을 갖고 있으나 국가목표는 헌법해석의 도그마틱과 관련되고, 국가목적은 간접적으로만 국가활동과 관련되는데 비해 국가목표는 직접적으로 국가활동에 방향과 지침을 제공한다고 한다. 국가목적의 관점에서 국가는 정당화의 '대상'으로서, 목적을 위한 수단으로 간주되지만, 국가목표의 관점에서는 국가는 활동의 '주체'로 된다. 국가목적은 국가의 법질서 밖에 속하는 것으로 법적인 구속성은 갖지 않지만, 국가목표는 국가의 법질서 안에 속하므로 규범적 효력을 요구한다. 따라서 국가기관이 기본법에 규정된 국가목표를 잘못 해석하거나 준수하지 않는다면 위헌이 된다는 것이다. 물론 국가목적과 국가목표는 동일한 내용을 다룰 수 있는데, 이는 헌법은 국가목적을 받아들여 국가목표로 설정할 수 있기 때문이다. 이러한 관점에서 국가목적인 공공복리나 정의는 기본법상 불문의 국가목표에 해당한다고 한다.[32]

한편, 국가임무는 국가에게 귀속된 활동의 범위를 의미한다는 점에서 국가 자체를 정당화하는 국가목적이나 국가활동의 지침이 되는 국가목표와 구별된다고 한다. 즉, 국가임무는 국가의 활동범위 중 특정한 영역을 의미하지만 국가목표는 개별적인 국가임무의 범위를 넘어서 여러 국가활동 영역에 대하여 효력을 미친다는 것이다. 예를 들면, 사회국가에 관한 국가목표는 사법과 공법의 여러 분야에서 법설정과 법행사에 대하여 효력을 미친다. 내적 안전의 국가목표는 경찰적 위험방지라는 국가임무를 통하여 실현되지만, 양자가 반드시 일치하지는 않는다. 내적 안전은 영업법, 건축법, 생필품법 및 심지어 공적 교육제도까지 포괄하기 때문이다. 더 나아가 국가임무는 완전히 이행될 수 있지만, 국가목표는 대개 유사하게 성취될 수 있을 뿐이라고 한다. 그러나 국가목표로부터 국가임무를 수행해야

---

32) Isensee, a.a.O., S.120ff.

할 의무가 도출될 수 있다. 따라서 이젠제는 국가목표나 국가임무가 추상성의 정도에 따라 구별될 필요는 없으며, 이는 결국 표현과 개념정의의 문제일 뿐이라고 설명한다.[33]

이상의 이젠제의 견해를 원용하여 정리하자면, 국가목적은 국가법질서에 선재하여 국가를 정당화하기 위하여 존재하는 것이고, 국가목표는 기본법상에 규정되어 국가의 활동에 지침을 주는 것이며, 국가임무는 활동의 범위라는 점에서 그 개념의 성질과 기원이 구별될 수 있다. 그러나 오늘날 국가의 정당화를 위한 근거로서 고전적인 국가목적개념이 실제적 효용성을 상실하였다고 볼 때 이러한 개념들은 대개 실제 영향을 미치는 국가의 활동영역을 지칭한다는 측면에서는 본질적 차이가 없다고 여겨진다. 즉, 이러한 개념들을 사용하여 '국가가 어떤 활동을 해야만 하는지, 혹은 하고 있는지'와 같은 국가임무론의 차원을 서술하고자 할 때에는 지시하는 범위만이 상대적으로 차이가 날 뿐이지, 본질적으로 각 개념은 사실상 동일한 기능을 갖는다고 보아야 할 것이다. 결과적으로 이는 유형화와 범주설정의 문제라고 할 것이다.

4. 현대국가의 새로운 임무분야

국가목적론이 공법학에서 차지하는 비중이 사라져가는 것과는 별도로 오늘날 국가임무에 대한 논의는 새로운 국가의 역할변화에 주목하기 시작하였다. 이는 유도국가 및 예방국가의 경향으로 나타난다. 유도국가란, 사회가 고도로 분화됨에 따라 효율성이 향상된 반면에 전체 사회가 사회의 작은 영역에 의존되는 정도가 높아진 것에 대응하여, 사회의 복지와 안전에 대하여 총체적 책임을 지는 것

---

33) Isensee, a.a.O., S.126.

을 말하며, 근대국가의 고유한 수단인 명령과 강제, 사회국가에서의 급부를 통한 사회적 부의 재분배를 넘어서 사회적 행위주체들이 스스로 자신의 행동방식을 바꾸어 국가가 원하는 목표를 이룰 수 있도록 정보제공과 설득을 통한 유도라는 새로운 행위방식을 사용하는 현상에 주목하여 사용되는 개념이다.[34]

반면, 고전적인 국가의 위험방지임무에도 변화의 경향이 나타난다. 이는 기술과 과학의 발달로 인하여 발생하는 리스크사회(Risikogesellschaft)에서 국가의 행위가 억압적 개별조치의 성격으로부터 불명확성 속에서의 절차적 영역조종으로 변화되고, 이러한 변화는 국가의 개입요건을 완화시키는 경향을 만든다는 것이다.[35] 이는 특히 환경법과 건강법의 분야에서 문제된다.[36] 이러한 성향은 내적 안전과 관련된 분야에서 예방국가의 경향으로 나타나며, 행정법에서 '경찰법에서 안전법으로'라는 표제로 표현되기도 한다. 내적 안전을 보호하는 예방국가의 예견적이고 전반적인 활동의 예로 조직범죄에 대한 투쟁을 들 수 있다.[37] 공법학이 국가임무론에서 이러한 국가의 새로운 임무에 주목하는 이유는 국가임무가 변화함으로써 그에 맞추어 공법학상의 도그마틱 역시 변화하게 된다는 점에 있다. 본서에서 주목하는 것은 제3장에서 다루는 행정임무의 유형에 따른 도그마틱적 특징과 책임의 단계 및 책임분배를 통한 임무수행방식의 변화이다.[38] 결국 이러한 국가임무에 관한 역사적 개관을 통하여 얻게 된 인식은 국가는 공공복리를 추구하는 활동을 하는 한 원칙적으로

---

34) 송석윤, 『헌법과 정치』, 2007, 10면 이하 참조.
35) Wolff/Bachof/Stober/Kluth, a.a.O., S.46 참조.
36) Gunnar Folke Schuppert, *Verwaltungswissenschaft*, 2000, S.87. 참조.
37) Schuppert, a.a.O., S.87f.; 슈페르트가 원용하는 그림의 원래 견해는 Dieter Grimm, *Verfassungsrechtliche Anmerkungen zum Thema Prävention*, KritV, 1986, S.38ff.(Schuppert, a.a.O., S.88에서 재인용) 참조.
38) 이에 대하여는 후술하는 제3장 제3절 이하 참조.

제약없이 활동할 수 있다는 점에 있다. 그러나 현대국가에서 그 의미가 새롭게 강조되는 국가임무가 등장함에 따라 그에 맞추어 공법학의 이론도 변화를 맞게 될 것이다. 실제 국가활동의 정도는 공공복리의 구체화에 의하여 정해지므로, 이제 논의의 초점은 국가가 어떤 규범근거로부터 자신의 임무를 도출하는가, 즉 어떠한 활동을 해야만 하는가라는 과제로 넘어간다.

5. 국가임무론의 설명범위

지금까지 주로 독일 국가임무론의 역사적인 발전과정에 대하여 개괄적으로 살펴보았다. 이제 국가임무의 구체적인 내용과 체계를 검토하기에 앞서서 독일에서 국가임무론으로 논의되고 있는 일반적인 설명범위를 검토하는 것이 그 객관적인 장점과 단점을 이해하기 위해서 필요할 것으로 생각된다.

(1) 입법권 및 사법권과의 관계

국가의 임무를 권력분립의 차원에서 접근하면 입법, 행정, 사법의 각 헌법기관별로 각자의 임무를 도출하는 방식의 방법론을 상정해 볼 수 있다. 실제 독일 기본법상의 입법과 사법의 권한에 관한 규정들로부터 중요한 국가임무의 내용이나 그 임무의 수행방식에 관한 지침을 도출하는 시도들이 이루어지고 있다.[39] 그러나 국가임무론은 원칙적으로 우리가 기본법에서 상정할 수 있는 입법이나 사법의 두 기관에 요구되는 전반적인 기능 및 과제에 대하여 설명하는 것을 목적으로 삼고 있지 않다. 가령, 의회의 주요 기능인 정부에 대한 감

---

39) 제2장 제2절 3항 참조.

시 및 통제, 사법부가 가지고 있는 법에 대한 최종적인 해석권한과 행정부에 대한 통제기능을 국가임무론이 직접 설명하는 것은 아니다. 이러한 내용은 기본법상의 각 헌법기관의 권한에 대한 문제로서 보통 헌법학에서 권력분립의 차원에서 설명되는 문제이다.

국가임무론은 "국가 전체에서 국가의 임무, 즉 국가의 과제가 사회와의 관계에서 어떻게 설정되고, 이행되는지"에 주목한다. 즉, 입법, 행정, 사법의 세 기관을 전체 국가의 관점에서 일괄하여 공공복리라는 최종의 국가임무를 달성하기 위하여 서로 협력하는 국가기관으로 보는 것이다. 이들 기관은 그들의 고유한 기능 자체로서 중요한 것이 아니라, 사회와의 관계에서 협력하여 임무를 설정하고, 임무를 수행한다는 점에서 의미가 있는 것이다. 다만, 국가의 객관적인 활동범위로서의 국가임무는 사회와의 관계에서 주로 행정부가 담당하는 것이므로 임무의 수행이라는 차원에서 행정임무에 관한 설명이 주를 이루게 되는 것은 불가피할 것이다. 행정에 대한 감독이라는 차원에서의 사법의 역할에 대한 고찰은 독일의 국가임무에 관한 논의에서 찾아보기 어렵다. 결과적으로 독일의 국가임무론은 국가와 사회와의 관계 속에서 임무가 어떻게 설정되고 이행될지에 주목하는 것이지, 국가기관들 사이에서의 권력관계를 설명하는 논의는 아니라고 할 것이다.

(2) 유럽연합 혹은 지방자치의 문제

국가임무론은 주권의 쇠퇴라는 관점에서 유럽화와 국제화의 차원에서도 논의되고 있다.[40] 이와 관련하여 유럽법상의 보충성원칙이 문제된다.[41] 또한 국가임무론은 연방과 주의 관계 혹은 연방 및

---

40) Gunnar Folke Schuppert, *Staatswissenschaft*, 2003, S.319ff.
41) 제3장 제2절 2항 참조.

주와 지방자치단체 사이의 관계에 대하여도 논의되고 있다. 이는 국제조직, 초국가적 조직, 연방, 주, 광역지방자치단체, 기초지방자치단체 등의 위계적인 조직차원 중에서 '특정한 임무가 어떤 조직에서 수행되는 것이 적절한가'를 선택하는 것과 관련되어 있다.[42] 이러한 논의들은 기본법상의 연방과 주의 권한배분에 관한 규정과 연관이 있다(제73조, 제74조, 제86조 등). 그러나 국가임무론의 논의들이 독일의 연방국가적 구조나 지방분권적 정치체계에 관련하여 별도의 논의를 전개되는 것으로 보이지는 않는다. 이러한 문제는 개별 기본법조항의 해석에 관한 문제라고 할 것이다.[43]

(3) 범위 밖의 문제들

결국 국가임무론은 국가가 외부적으로 사회와의 관계에서 갖는 국가의 활동에 관한 문제를 다루는 것이라고 볼 수 있다. 이러한 관점에서 볼 때, 국가임무론은 국법학의 전형적인 주제들 중 국가조직이나 국가권한 사이의 문제, 국가조직의 구조에 관한 문제, 기본권에 관한 문제 등은 직접적으로 다루지 않는다고 보아야 할 것이다.[44] 다만, 기본권은 국가임무의 도출근거로서 국가조직의 문제는 임무의 수행과 관련하여 밀접한 관련이 있다. 여기에서 독일 국가임무론이 가진 특징과 한계가 나타난다.

---

42) Schuppert, Staatswissenschaft, S.325ff. 참조.
43) 콘라드 헷세, 계희열 옮김, 『통일 독일헌법원론』, 2001, 145면, 149면 이하 참조.
44) Isensee, a.a.O., S.118 참조

제2장 국가임무의 근거 및 기준

제1절 이론적 논의

1. 국가와 사회의 구별

본서에서 논의되는 대부분의 쟁점들과 개념들의 배경에는 국가와 사회의 구별 혹은 국가와 사회의 二分法이라는 전통적인 공법의 기본전제에 대한 문제의식이 들어 있다.[1] 이는 '국가 영역과 사회 영역이 분리될 수 있는지', '국가 영역과 사회 영역에는 본질적으로 다른 원리와 질서가 통용되는지', '국가와 사회가 어떻게 영향을 미치는지' 등에 관한 문제라고 할 것이다. 독일의 국법학자인 엠케(Horst Ehmke)는 역사학자인 브루너(Otto Brunner)의 연구를 인용하면서, 전통적인 국가와 사회의 분리라는 관념에 대해 의문을 제기하였다.[2] 그는 민법 도그마틱에서 유래하여 국가를 사회와는 분리된 '기구'(Apparatur)로 파악하는 관념은 특히 독일에 전형적인 것으로서, 다른 서구국가와는 달리 시민사회(civil society)와 정부(government)라는 역사적 전통이 없는 독일의 상황에서 원인을 찾는다. 즉, 국가와 국민의 관계를 시민이 자신에 대한 통치를 위탁한 정부와의 관계로 보는 것이 아니라 신으로부터 권위를 인정받은 통치자와 그에 복종하는 臣民의 관계로 보는 독일의 국가론적인 전통과 관련이 있다는 것

---

1) 국가와 사회에 관한 독일의 논의를 비판적으로 정리한 것으로는 허영, 『헌법이론과 헌법』, 2009, 183면 이하 참조. 허영 교수는 '국가'와 '사회'는 상호 영향에 의해서만 그 기능을 완전히 발휘할 수 있는 이원적인 것이지만 그 상호 영향의 방법과 정도를 결정하는 것은 결국 헌법을 비롯한 법질서의 과제이며 동시에 국가형태에 관한 헌법정책적 결정이라고 한다.

2) Horst Ehmke, "Staat" und "Gesellschaft" als verfassungstheoretsches Problem in: Hesse/Reicke/Scheuner(Hrsg.), *Staatsverfassung und Kirchenordnung Festgabe für Rudolf Smend*, 1962, S.23ff.

이다.

국가와 사회의 구별 내지 二分法이라는 사상적 전제는 행정법에서 다음과 같은 의미를 갖는다.[3] 먼저 국가와 사회는 철저하게 분리되어 국가는 원칙적으로 명령과 강제라는 권한에 의한 고권적인 질서가 통용되고, 사회에는 私法적인 질서만이 통용된다.[4] 민주주의하에서 국가와 사회가 소통하는 유일한 통로는 선거를 통한 간접민주주의 과정이다. 이에 따라 행정은 간접적인 주권의 행사로서 의회에 의해 만들어진 법률을 전문적 관료제에 의하여 기계적으로 집행하는 역할만을 담당한다. 국민은 평상시에는 이러한 집행의 대상에 불과하지만, 자신의 권리가 침해되었을 때는 자신의 주권행사로서 만들어진 법률을 守護規範(Schutznorm)[5]으로 삼아서 법원을 통하여 권리를 구제받을 수 있다. 이러한 전제에서 성립하는 것이 주관적 공권을 중심으로 하는 독일의 행정법체계인 것이다. 또 주권자인 국민이 단일하다고 전제되는 것과 마찬가지로 행정도 단일하고 통일된 크기로 존재하게 되므로, 행정법의 체계에서 행정기관 내부에서의 의사결정과정이나 시민과의 소통을 위한 행정절차의 중요성은 무시된다. 따라서 행정법 체계에서 중요한 관심사는 행정행위를 중심으로 한 최종적인 행정의 행위형식과 그 효력이고, 이에 대한 사법심사의 가능성에 머무르게 되는 것이다. 그러나 현대국가에 들어와서 이러한 국가와 사회의 이분법은 근본적인 변화를 겪게 되었고, 그 변화의 상징으로 행정법의 화두가 되고 있는 개념이 參與와 協力이 되는 것이다.[6]

---

3) 박정훈, 『행정법의 체계와 방법론』, 2005, 244면 참조.
4) 고권원리와 사회질서원리로서의 경쟁원리에 대해서는 제2장 제1절 2항 참조.
5) 독일어 Schutznorm은 보호규범이라고 번역하는 것이 일반적이나, 본서에서는 국가와 사회의 대립적 관점을 강조한 박정훈 교수의 번역을 원용하여 수호규범이라는 용어를 사용한다. 박정훈, 앞의 책, 244면 참조.

국가와 사회의 분리 내지 구별이라는 가정은 본서의 중요한 쟁점들을 이해하는 핵심적인 전제로서 자리 잡고 있다. 최상의 국가목적인 공공복리는 국가와 사회와의 분업과정에 의하여 실현되고, 이는 고권원리와 경쟁원리의 상호관계 속에서 구체화된다. 공권력의 행사를 중심으로 한 국가의 고유한 임무와 국가가 포기할 수 없는 필수적 국가임무에 주목하게 될 때 그 배후에는 국가와 사회를 엄격하게 구별하는 전통적 관념이 존재하고 있다. 그러나 행정이 사회의 사적주체들과 협력하며 협력적 행정을 펼치고, 私化와 협력을 통하여 공공임무를 수행하려고 할 때, 행정법은 국가와 사회의 구별을 완화하는 새로운 경향에 주목하게 된다. 책임분배의 다양한 형태 속에서 책임의 귀속을 발견하기 위하여 노력할 때 국가와 사회의 구별은 다시 그 의미와 중요성을 갖는다. 이처럼 전통과 새로운 도전, 구별과 협력의 현상은 공법상의 각 쟁점에 걸쳐서 어느 하나의 우위를 인정할 수 없을 정도로 혼재되어 있다. 따라서 이제 중요한 것은 국가와 사회의 기본질서가 어떻게 국가임무를 형성하는지, 국가임무는 국가와 사회 속에서 어떻게 구체화되는지를 살펴보는데 있다. 이는 후술하는 기본법과 법률이 국가임무를 도출해 나가는 원리와 연결된다.

2. 국가임무의 도출근거 및 규정원리

(1) 기본법

헌법국가에 있어서 국가임무를 도출할 수 있는 최고규범은 헌법이다. 다른 어떠한 법규나 이론도 최고규범인 헌법(기본법)을 능가할 수는 없다. 독일 기본법상에는 국가임무를 도출할 수 있는 여러

---

6) 참여와 협력의 비판적 수용에 대하여는, 박정훈, 앞의 책, 278면 이하 참조.

접점들이 존재하는데, 기본법이 그 임무의 이행을 구속적으로 규정해 놓았다면, 헌법국가의 속성으로 인하여 그 임무는 필수적인 임무의 성격을 갖게 된다. 즉, 헌법으로 인하여 권한이 있는 국가기관은 그 임무의 수행을 근본적으로 포기할 수 없게 되는 것이다. 이로 인해 私化를 결정할 우선적 권한이 있는 입법자의 형성의 여지는 제한되지만, 다만 이러한 경우에도 무제적인 私化만을 금지할 뿐 입법자는 임무수행방식을 정하는데 있어서 여전히 광범위한 형성의 여지를 갖는다.[7]

그런데 실제적으로 구체적인 국가임무의 내용을 기본법으로부터 도출하는데 있어서 가장 큰 어려움은 국가임무개념이 추상적이고 개방적이라는 점에 있다.[8] 또 세계 각국의 헌법을 비교해보더라도 국가임무를 도출할 수 있는 조항의 내용은 상이하다. 그럼에도 불구하고 현대국가에서 기초적으로 수행하는 국가의 임무는 각국 헌법의 규정내용에도 불구하고 거의 유사한 모습을 갖고 있는 것도 사실이다.[9] 기본법은 현존하거나 가능한 국가임무에 관한 수많은 단서들을 제공하지만, 국가임무에 대한 전체 모습을 보여주지는 않는다고 한다.[10] 따라서 기본법상의 조항들은 법률을 해석하는 준칙으로서 기능하는 것이고, 실질적인 국가임무는 각각의 법률에 의하여 구체화되어질 수밖에 없을 것이다.[11] 하지만 법률을 제정하거나 국가가 어떤 행위를 하는데 있어서 (법률유보의 문제는 별론으로 하고) 구체적인 헌법규정으로부터 위임받을 필요는 없다는 점에서(국가의 전권한성을 생각해 보라), 국가임무수행을 위하여 헌법상의 근거가 요구되는 것은 아니다.[12]

---

7) Christof Gramm, *Privatisierung und notwendige Staatsaufgaben*, 2001, S.59ff. 참조.
8) Gramm, a.a.O., S.43.
9) Gramm, a.a.O., S.41.
10) Josef Isensee, § 73 Staatsaufgaben, in: *HdbStR Bd. IV*, 3.Aufl., 2006., S.141. 참조.
11) Gramm, a.a.O., S.43.

(2) 법률

국가임무는 건축법 등의 개발법제, 에너지법, 사회보장법제 등의 실체법은 물론 민사소송법과 같은 절차법들에 의하여 그 내용이 규정된다. 더 나아가 모든 임무가 법률로 정해질 수는 없으므로, 국가임무의 규정에 있어서 예산안의 역할이 강조된다.[13] 그런데 국가임무를 규정하는 수많은 법률의 내용을 열거하여 분석하는 것은 사실상 불가능하며 국가임무를 개관하는데 있어서도 별다른 의미가 없을 것이다. 오히려 여기서는 입법자가 법률을 통하여 국가임무를 구체화하고, 국가임무를 실현하는 데 적용되는 원리가 무엇인지를 탐구하는 것이 중요하다고 하겠다. 공공복리는 앞에서 살펴본 바와 같이 국가와 사회의 분업적인 과정을 통하여 실현되고, 이 과정에서 사적 영역에서 기본권적 자유가, 국가 영역에서 공직원리가 적용된다.[14] 여기서 입법자가 국가임무를 법률로 규정하는 과정에서 국가기관의 기능과 사회와의 관련성의 측면에서 나타나는 질서원리로서, 고권원리(Hoheitsprinzip)와 경쟁원리(Wettbewerbsprinzip)가 문제되는 것이다.[15]

(3) 고권원리와 경쟁원리

고권원리의 정의는 고권(Hoheit) 내지 고권성(Hoheitlichkeit)에서 출발한다. 고권이란 원칙적으로 위계질서를 의미하는 사회의 질서구

---

12) Isensee, a.a.O., S.141f.
13) Isensee, a.a.O., S.145ff. 참조.
14) 제1장 제4절 2항 참조.
15) 이하 위 두 원리의 내용 및 관계에 대해서는 Bernd Grzeszick, § 78 Hochheitskonzept – Wettbewerbskonzept, in: *HdbStR Bd. IV*, 3.Aufl., 2006. S.367-393 의 내용을 중심으로 정리하였다.

조로서, 어떤 사람이나 제도가 다른 사람이나 제도에 비하여 우선권을 갖는 것이고, 고권성은 이러한 고권을 행사하는 행위나 임무를 의미한다. 이념형으로서 고권적 행위는 국가에 독점적으로 유보되는데, 이는 국가가 물리적 강제력을 정당하게 행사할 수 있는 유일한 독점자이기 때문이다. 즉, 원칙적으로 국가만이 시민에 대하여 일방적이고, 구속적으로 활동할 수 있다고 보는 것이다. 이러한 강제력 독점으로 말미암아 국가는 자신의 영역에서 다른 모든 권력에 대해 최상의 권력을 가지며, 이 점에서 고권원리는 주권의 표현이라고 할 수 있다. 고권원리는 현대 헌법국가에서 공공복리를 실현하는 전제조건으로 기능한다. 즉, 국가의 강제력 독점은 안전의 보장이라는 임무에 연결되어 있지만, 이를 기반으로 하여 공공복리의 내용으로서의 공동체질서를 형성하는 것은 시민의 자유에 맡겨져 있는 것이다. 고권성은 국가의 임무에 대하여 구체적인 내용을 정해주지는 않는다. 따라서 어떠한 임무를 국가가 규율할 것인지에 대하여서는, 국가는 자신의 전권한성(Allzuständigkeit)에 의하여, 원칙적으로 모든 것을 받아들이고 규율대상으로 삼을 수 있다. 그러나 고권성은 그 자체가 목적이 아니라 결국 공공복리를 보장하는 수단에 불과하다.[16]

이에 반해 경쟁원리는 특정한 임무, 보통 재화의 생산임무에 참여하는 개별적인 주체가 다른 주체에 대한 관계에서 임무수행의 성과를 통하여 참여의 방법 내지 정도가 정해질 때 생겨나는 사회적 활동원리 혹은 조직원리이다. 보통 경쟁은 시장참여자들이 부족한 재화의 접근에 서로 경합할 때 문제된다. 경쟁은 재화의 공급 및 수요구조에 의하여 결정되며, 그 기초에는 개인의 자유가 있다. 경쟁이 사회의 질서 및 활동원리로서 인정되는 것은 경쟁을 통해 참여자

---

16) Grzeszick, a.a.O., S.368-372 참조.

의 복지가 증진된다는 가정에서 비롯되는 것인데, 이러한 가정은 부족한 자원의 분배가 효율적으로 최적화됨으로써 달성되는 것이다. 경쟁원리가 적용되는 곳은 시장에서의 재화와 서비스의 영역만이 아니라 개인적 배상책임법, 재산권, 환경법, 행정법과 같은 사회적 제도영역도 포함한다고 한다. 즉, 이러한 사회적 제도들도 경쟁원리가 적용되면 개인이익의 극대화의 목적을 가진 경제적 이성에 맞추어져 변경되어야만 하는 것이다. 마찬가지로 국가도 시민의 개인적 이익에 적합한 것인가라는 경제적 기준에 따라서 평가될 수 있다. 따라서 이러한 경쟁원리의 적용은 고권을 가진 제도로서의 국가에 대한 도전으로 이해된다.[17]

고권원리와 경쟁원리는 상호 대체적인 사회질서원리로서 근본적으로는 서로 대립되는 것으로 이해된다. 다른 한편으로 두 원칙은 변증법적으로 서로 내용을 규정하는 관계에 있다고도 할 수 있다. 즉, 국가는 자신의 주권으로 인하여 원칙적으로 생활영역을 규율할 권한을 가지고, 이러한 규율이 정당화되는 한 기본권적으로 보장된 시민의 자유는 제한된다. 반대로 시민이 선거에서 투표권을 행사하는 민주주의적 자유는 시민 사이에 공공복리를 결정하기 위한 '정치적 경쟁'의 기초가 된다.[18] 반면, 경쟁원리는 재화생산에 있어서의 사익적인 경쟁과정을 통한 부수적 효과로서 공공복리의 목적을 달성할 수 있게 한다는 점에서 두 원리가 항상 대립하는 것은 아니라고도 볼 수 있다.[19]

경쟁은 다음과 같은 점에서 그 정당화에 본질적인 한계를 가지고 있다고 한다. 먼저 경쟁은 자족적인 원리가 아니라 효율적인 자원배분을 가능하게 하는 국가의 고권적인 규칙을 필요로 한다는 점이다.

---

17) Grzeszick, a.a.O. S.372-377 참조.
18) Grzeszick, a.a.O., S.378 참조.
19) Grzeszick, a.a.O., S.379.

그리고 경쟁은 공정성의 요구로 인하여 사회의 질서원리로서 포괄적으로 정당화되지 않는 점에서도 한계가 인정된다. 경쟁을 사회의 질서원리의 전부로 인정하는데 있어서의 문제점은, 경쟁하는 개별적인 주체들 사이의 이익을 비교할 수 있는 객관적인 기준이 없다는 점과 경쟁을 통한 자원배분에 있어서의 성과는 경쟁주체에게 처음부터 부여된 개인적 능력이나 재원에 달려 있다는 점에 있다.[20] 이러한 경쟁원리의 한계로부터 반대로 고권원리가 정당화의 근거가 마련된다. 사회의 구성원들은 다양한 원리 중 어떤 원리에 의하여 공동생활을 규율할지에 대하여 타협해야만 한다. 여기서 고권원리는 특정한 내용적인 규율목표를 위하여 존재하는 것이 아니라, "국가가 자신에게 부여된 임무를 규율하고, 이러한 규율을 관철하면서 그때마다의 공공복리를 도출할 수 있도록 하는 수단"으로서 정당화된다. 이처럼 사회질서를 경쟁원리에 의할지 다른 원리에 의할지를 결정하기 위해서는 고권이 정치적인 결정을 위한 조건으로서 전제되어야 한다는 점에서 고권은 경쟁에 우선한다고 보게 된다.[21]

그럼에도 불구하고 경쟁원리는 여전히 국가와 시민간의 관계를 정하는 의미있는 사회질서원리가 된다고 한다. 기본권적인 자유영역에서는 특히 국가활동의 보충성원칙(Subsidiaritätsprinzip)이 중요하기 때문이다. 즉, 국가는 자신의 배타적인 임무영역을 넘어서 활동을 함에 있어서는 단지 시민이 자신의 자유 안에서 공공복리로부터 도출된 목적을 달성하지 못하거나 혹은 국가가 자신의 수단으로 관련 이익을 더 잘 증진할 수 있는 경우에 한해서만 활동해야 한다는 것이다. 이와 관련하여 국가의 영리적 활동, 私化 등이 문제된다.[22] 더 나아가 고권적 영역에서도 효율성의 관점에서 경쟁원리의 적용

---

20) Grzeszick, a.a.O., S.380ff. 참조.
21) Grzeszick, a.a.O.., S.385.
22) Grzeszick, a.a.O.., S.386ff. 참조.

이 확대될 수 있다. 다만, 이러한 영역에서 경쟁원리의 적용에는 한계가 있다고 본다.[23] 결국 입법자가 국가임무를 규정하는 방식은 고권원리의 우위에 의하여 공공복리를 관철하면서 기본권적 자유영역 등에서 경쟁원리를 적용하는 형태로 이루어지게 되는 것이다.

3. 정부의 규제와 시장의 자유

국가와 사회의 구별, 이를 기초로 한 국가임무의 규정원리로서의 고권원리와 경쟁원리의 대립은 경제학과 경제법의 영역에서는 정부의 시장에 대한 규제(Regulierung)라는 현상으로 나타난다. 이는 '정부가 시장을 어떤 조건하에서 얼마나 규제할 것인지', '어떤 범위에서 시장의 자율적 조정에 맡길지'와 관련된다. 규제에 관한 경제학적 논의의 단초는 미국에서 철도, 에너지공급, 통신, 항공 등의 민간 독점기업에 대한 규제관행으로부터 출발하였는데, 미국 정부가 이러한 기업의 경제력 남용에 대하여 영역별 규제관청을 통하여 대처하면서, 특히 가격과 시장진입에 대한 감독을 하였던 것이 계기가 되었다고 한다.[24]

현대의 복지국가 경향은 미국에서도 시장에 대한 정부개입의 확대로 이어졌으나, 이러한 경향은 1970년대에 들어서면서 반대로 대규모의 국제적인 탈규제화 움직임을 맞게 되었다. 우리나라에서도 1998년 규제개혁위원회가 설립된 이후 지난 10여 년간 지속적인 규제완화의 정책이 시행되었다.[25] 이러한 배경에서 논의되는 규제에

---

23) Grzeszick, a.a.O.., S.388ff. 참조.
24) Martin Eifert, § 19 Regulierungsstrategien, in: Hoffmann-Riem/Schmidt-Aβmann/Voβkuhle(Hrsg.), *Grundlagen des Verwaltungsrechts Bd. I*, 2006, S.1239f.
25) 우리나라 규제개혁정책에 대하여는 이원우, "규제개혁과 규제완화-올바른 규제정책 실현을 위한 법정책의 모색-",『저스티스』통권 제106호, 2008. 9, 참조.

관한 경제학적인 고찰은 시장을 사회에서 재화를 최적으로 배분하는 가장 효율적인 기구라고 여긴다. 따라서 정부의 시장개입은 예외적으로 시장이 자신의 급부를 제공할 수 없거나 단지 불충분하게 제공할 수 있을 때, 즉 시장실패의 경우에만 정당화될 수 있다고 본다. 예를 들면, 자연독점, 외부효과, 정부배분의 불균형, 도덕적 해이 등이 이에 해당한다. 즉, 정부의 규제는 시장메커니즘을 교정하기 때문에 정당화된다는 것이다.26) 이러한 관점은 광범위한 탈규제화, 규제완화, 私化논의의 배경에서 힘을 발휘하게 되었다.

　최근에는 경제학적 규제논의도 재분배와 같은 다른 정치적인 규제목적도 고려하면서 발전하기에 이른다. 이제는 정부규제의 약점뿐만 아니라 시장에 대한 조정에도 주목하게 되며, 정부와 시장의 대립적 구조를 넘어서 협력적인 조정과 네트워크, 국가적으로 설립된 시장 등에도 주목하게 된다.27) 국가와 사회의 엄격한 二分法이 극복되어 가듯이 정부의 규제와 시장의 자유라는 대립관계도 해소되고 있는 것이다.28) 지금까지 국가임무를 도출하는 원리에 관한 이론적인 논의로서 국가와 사회의 구별, 고권원리와 경쟁원리, 정부의 규제와 시장의 경쟁에 관한 논의들을 살펴보았다. 이러한 이론적 배경하에서 구체적으로 국가임무는 기본권과 법률을 근거로 하여 도출될 수 있다. 이제 그 구체적인 근거들을 살펴본다.

---

26) Eifert, a.a.O., S.1245ff. 참조.
27) Eifert, a.a.O., S.1247f.
28) 규제와 자유의 관계에 관하여는 이원우, 앞의 글, 360면 이하 참조.

제2절 독일 기본법상 국가임무의 접점들

1. 기본권

기본법상 국가임무를 도출하는 가장 중요한 法源의 하나는 기본권 규정들이다. 인간 존엄성의 존중과 보호에 관한 기본법 제1조 제1항으로부터 시작되는 기본권의 체계는 기본권에 대한 국가의 보호의무를 도출하고 이로부터 국가의 임무가 인지될 수 있다는 것이 독일 공법학자들의 기본적인 인식이다.[1] 기본권 보호의무와 관련되어 특별히 언급되는 조항들로는 혼인과 가족의 보호에 관한 제6조 제1항, 생명과 신체의 불가침성에 대한 권리에 관한 제2조 제1항 1문이나 자유주의적 기본질서를 방어하기 위한 국가의 의무와 관련된 제9조 제2항, 제18조, 제21조 제2항 및 제91조 등이며,[2] 공권력의 행사에 대한 司法的 구제수단의 보장과 관련하여 기본법 제19조 제4항 등이 언급되고 있다.[3]

독일 학자들 중에는 기본권을 국가임무를 도출할 수 있는 유일한 원천으로 생각하는 견해도 있으나,[4] 대부분의 학자들은 기본권 이외에도 다른 기본법상의 조항이나 원리들에서도 국가임무를 도출할 수 있다고 본다. 기본권보호의무로부터 국가임무를 도출하는 것은,

---

[1] Roman Herzog, § 72 Ziele, Vorbehalte und Grenzen der Staatstätigkeit, in: *HdbStR Bd. IV*, 3.Aufl., 2006, S.94f.; Gunnar Folke Schuppert, *Staatswissenschaft*, 2003, S.249f. 참조.

[2] 헤르쪼그는 연방헌법재판소가 기본법 제2조 제2항 제1문으로부터 인간의 생명에 대한 국가의 일반적인 보호의무를 도출한다고 한다. Herzog, a.a.O., S.94f.; BVerfGE 39, 1(41) 참조.

[3] Christof Gramm, *Privatisierung und notwendige Staatsaufgaben*, 2001, S.71.

[4] Wolfgang Weiss, *Privatisierung und Staatsaufgaben*, 2002, S.428ff. 참조.

국가임무의 추상성을 완화하고,5) 헌법재판을 통하여 국가를 실질적
으로 구속한다는 차원에서는 의미가 있지만, 보호의무의 정도가 최
소보호에 머무른다는 점에서는 한계가 있다고 볼 수 있다. 연방헌법
재판소가 Lüte판결6)에서 기본권에 대하여 개인의 주관적 방어권으로
서의 의미 외에 객관적 기본원칙의 기능도 인정한 점에 비추어 볼
때, 이제 기본권은 전체 국가와 사회의 삶에 기준을 설정하고, 모든
법영역에 영향을 미치며 입법, 행정, 사법의 지침이 된다고 할 것이
다.7) 이는 기본권의 제3자효와 관련하여 협력적인 국가임무의 수행
방식에서도 마찬가지로 의미가 있다.8)

2. 국가목표규정 및 국가구성원칙

국가목적표규정은 국가활동에 대하여 특정한 프로그램의 윤곽
및 국가의 행위를 위한 혹은 법률이나 특별한 법규정의 해석을 위한
원칙이나 지침이 되는 것으로서 법적인 구속력을 가진 헌법규범을
말한다.9) 기본법상의 국가목표규정으로는 통합된 유럽의 실현(기본
법 제23조 제1항), 사회국가원칙(기본법 제20조 제1항), 경기정책적인
지침(기본법 제109조 제2항), 침략전쟁의 금지와 안전보장의 임무(기
본법 제24조 제2항, 제26조 제1항) 및 최근의 자연적인 생활기초의 보
호(제20조의a)와 가격안정의 우선적인 보장(기본법 제88조 2문) 등이
언급되고 있다. 독일 연방헌법재판소는 병영의무 및 군대 등과 관련
된 기본법 제12조의a, 제65조의a, 제73조 1호, 제87조의a로부터 기본법

---

5) Gramm, a.a.O., S.69f.
6) BVerfGE 7, 198ff.
7) Schuppert, a.a.O.,, S.315. 참조.
8) 협력적 국가임무의 수행방식과 관련된 것은 제3장 제3절에서 후술한다.
9) Peter Badura, *Staatsrecht: Systematische Erläuterung des Grundgesetzes für die Bundesrepublik Deutschland,* 3.Aufl., 2003, S.308.

에 대한 일반적인 방위사명을 도출하였다고 한다.[10] 민주주의원칙,
법치국가원칙, 사회국가원칙[11] 등과 같은 국가의 구성원리 내지 지
도이념 규정도 국가임무를 도출할 수 있는 중요한 근거가 되고 있다
고 한다. 반면에 사회국가원칙에 관한 기본법 제20조 제1항 및 제28
조 제1항 2문으로부터 구체적인 임무를 도출하는 것은 매우 어려우
며, 이를 추구하는 수단, 방법 및 법형식에 대하여도 알 수 없다는
평가도 있다.[12]

3. 권한규정

기본법으로부터 국가임무를 인식할 수 있는 원천은 주로 기본법
상 다양한 권한규정들이 해당한다. 먼저 기본법 제30조는 "국가의 권
한행사와 국가임무의 이행은 기본법이 다른 규율을 하거나 허용하
지 않는 한 주의 사무이다"라고 규정하고 있다. 이러한 연방과 주의
권한배분에 관한 조항으로부터 국가의 임무가 있음을 인식할 수는
있으나 이것이 구체적인 임무의 내용을 지시하는 것으로 보기는 어
렵다고 한다.[13]

연방의 입법권한(제73조 이하)에 관한 규정으로부터도 국가임무
를 도출할 수 있다. 예를 들면 권리와 안전에 대한 보호의 임무(특히
기본법 제74조 제1항 1호, 제73조 1호)를 비롯한 국가의 경제정책 및
사회정책적인 임무(특히 기본법 제74조 제1항 11, 12, 13, 16, 17 및 24
호)관련조항 등이 그것이다.[14] 연방의 입법권한은 전속적 입법사항

---

10) Herzog, a.a.O., S.94.; BVerfGE 28, 243(261) 참조.
11) 독일에서는 사회국가원칙이 충분히 파악할 수 있는 개인화될 수 있는 권
    리지정의 내용을 가지고 있지 않으므로 개인적 공권인 기본권이 도출될
    수 없다고 한다. Badura, a.a.O., S.303 참조.
12) Gramm, a.a.O., S.62 참조.
13) Josef Isensee, § 73 Staatsaufgaben, in: *HdbStR Bd. IV*, 3.Aufl., 2006, S.140 참조.

(제73조)뿐만 아니라 경합적 입법사항(제74조)의 형태로 규정되어 있으므로, 경합적 입법사항에 대해서는 주가 보충적으로 입법권한을 행사할 수 있다(제72조). 반면, 주는 기본법이 연방에 입법권한을 부여하지 않는 한, 원칙적으로 입법권을 갖는다(제70조). 그러나 연방의 입법권한이 아주 광범위하게 미치고 있으므로, 주의 권한은 소수의 주변사항에 한정된다고 평가된다. 그러나 주의 권한 중 문화사항에 관한 입법권은 비교적 중요하다고 한다.15) 주의 규율에 속하는 중요한 국가임무로서 위험방지에 관한 일반법들이 있다(경찰법과 안전법).16) 그러나 이러한 입법권한의 목록으로부터 더 중요하거나 덜 중요한 임무와 같은 필수적 국가임무에 관한 지침을 얻을 수는 없다고 한다.17)

한편, 연방의 행정권한에 관한 규정(제83조 이하)들에서 도출되는 국가임무는 일응 좀 더 구체적인 임무에 관한 지침을 주는 것으로 평가된다. 즉, 어떠한 사무가 명시적으로 연방의 고유한 행정에 할당된다면, 연방에는 단지 특정한 조직형태가 할당될 뿐만 아니라 특정한 임무가 연방의 고유한 행정에 의해서 수행되도록 할당된다는 것이다.18) 가령, 연방의 군대편성에 관한 기본법 제87조의a 제1항 1문은 단순한 조직적 결정 이상으로 외적 안전의 보장을 위한 국가의 임무를 의미하고, 연방군대의 행정에 관한 기본법 제87조의b 제1항 1문은 단순한 행정의 법형식뿐만 아니라 임무의 소재와 관련하여 私化의 제한을 형성한다는 것이다.19) 기본법 개정으로 도입된 항공교통(제87조의d), 철도(제87조의e), 우편 및 통신(제87조의f)과 같은 규정

14) Badura, a.a.O., S.306f.
15) 콘라드 헷세, 계희열 옮김, 『통일 독일헌법원론』, 2001, 153면 참조.
16) Badura, a.a.O., S.307 참조.
17) Gramm, a.a.O., S.66f. 참조.
18) Gramm, a.a.O., S.68.
19) Gramm, a.a.O., S.68.

들은 법률에 의한 구체화를 요하지만 임무의 수행과 관련하여 私化
에 관한 비교적 구체적인 내용을 담고 있다고 할 것이다.

　더 나아가 사법에 관한 기본법 제9장의 내용들도 국가가 고유한
사법기구를 유보할 의무가 있다는 의미에서, 내용적으로 私化로부터
벗어난 필수적 국가임무를 규정한다고 한다. 재판제도가 처음부터
지금과 같은 독립된 판사에 의하여 운영되었던 것은 아니었으므로,
사법권이 '판사에게 맡겨져서, 연방헌법재판소, 연방법원, 주법원에
의하여 행사된다'는 내용을 규정한 기본법 제92조는 권력분립이라는
법치국가적 기본원리를 명시한 것이고, 이 조항에 의하여 사법권이
명시적으로 판사에게 부여된다는 점을 명시함과 동시에 기본법이
사법을 원칙적으로 필수적이고 포기할 수 없는 국가임무로 정한 것
으로 보아야 한다는 것이다.[20)]

4. 공무원에 의한 고권적 권한 행사

　국가임무의 수행방식 및 私化의 한계와 관련하여 특별한 위치를
차지하는 것은 국가의 강제력 독점과 이와 관련된 기본법 제33조 제
4항 등이다. 강제력 독점은 그 자체가 어떤 내용적인 국가임무는 아
니지만 국가의 임무수행을 가능하게 하는 본질적인 수단이 된다.[21)]
또한 국가의 핵심적인 임무로서의 내적·외적 안전의 보장은 이러한
강제력 독점과 연결하여 국가에 최후까지 임무를 남겨두는 私化의
한계로서 작용한다. 그러나 이러한 강제력 독점에도 제한과 예외가
인정되고, 오늘날에는 안전의 보호 및 위험방지라는 핵심적인 영역

---

20) Gramm, a.a.O.(각주 10), S.69.
21) 강제력 독점에 대한 헌법상의 단초로는 기본법 집회의 자유에 관한 제8조
　　제1항과 특히 저항권에 관한 제20조 제4항이 언급된다. Herzog, a.a.O.(각주
　　22), S.98 참조.

마저도 더 이상 국가가 독점적으로 임무를 수행하는 것은 아니라고 평가된다.[22]

　　한편 기본법 제33조 제4항은 고권적 권한의 행사가 '일반적으로' 공무원에게 위임되어야만 한다고 규정되어 있다. 이 규정으로 인하여 국가임무의 이행에 있어서 사인의 투입가능성은 분명한 한계를 가진다. 즉, 국가가 시민에 우월한 강제력과 상응하는 침해권한을 갖추고 대립하는 곳에서 공무원들이 원칙적으로 투입되어야만 하고, 나아가 급부, 결정 및 기본적인 형성조치는 공무원에 의하여 수행되어야만 한다는 것이 동 조항의 요청이다. 그러나 이는 원칙과 예외의 관계이므로 이러한 영역에서도 私人의 투입에 형성의 여지가 남겨져 있다고 할 것이다.[23]

---

22) Gramm, a.a.O., S.38f.
23) Gramm, a.a.O., S.393.

제3절 필수적 국가임무에 관한 이론적 고찰

1. 필수적 국가임무의 준별가능성

위에서 살펴본 바와 같이 헌법이나 국가론적인 관점에서, 국가의 임무를 개괄적으로 도출하여 검토하는 것이 가능하겠지만, 법학적인 관점에서는 이러한 시도가 언제나 그 목록의 불완전성과 불체계성으로 인하여 결함을 드러낼 수밖에 없다. 가령, 헌법에 근거하여 국가의 임무를 도출하고 그 내용을 살펴보는 것이 가능하겠지만, 입법자는 헌법에 규정되지 않은 사안에 대하여도 공공복리 혹은 공공의 안녕에 반하지 않는 한 구체적인 임무로 설정하는 것이 가능하다. 반대로 헌법에 규정되어 있는 임무라 하더라도 반드시 국가가 직접 이를 이행해야 하는 것은 아니며 광범위하게 사인에게 임무를 분배하는 것도 가능한 것이다. 따라서 국가임무에 대한 연구는 단순히 국가가 현재 수행하고 있는 사무의 현황조사 이상의 의미를 갖기 어려우며, 구체적인 국가의 임무를 확정하고, 향후 국가가 그 임무를 수행할지 여부 혹은 어떠한 방식으로 수행해야 되는지 등과 같은 실용적인 관점에서는 아무런 지침도 발견할 수 없기 마련이다. 이러한 문제점은 결국 국가임무를 그 필요성이나 중요성의 측면에서 분류하는 기준을 발견하는 시도로써만 해결될 수 있다.

앞에서 살펴본 독일 기본법 혹은 다른 국가의 헌법에 대한 분석만으로는 거기서 도출되는 국가임무에 어떠한 차이도 발견할 수 없다. 원칙적으로 기본법에서는 임무에 관한 몇몇 개별조항에서 국가임무를 도출할 수 있는 약간의 근거를 두고 있을 뿐이지, 포괄적인 임무의 목록이나, 명시적인 임무의 서열도 없으며, 필수적 국가임무에 대하여 어떠한 언급도 하고 있지 않기 때문이다.[1] 이와 관련하여,

1989년 기본법 제정 40주년을 기념하여 개최된 48회 독일 국법학자 대회에서 "헌법국가에서의 국가목적"(Staatszwecke im Verfassungsstaat) 이라는 주제로 발표한 레스(Georg Ress)는, 국가목적과 국가목표 사이의 충돌은 조화(Konkordanz)를 통하여 제거되어야 하며, 안전과 자유의 목적과 사회국가성, 문화, 유럽통합 및 독일통일과 같은 헌법목표들 사이에 우선순위는 존재하지 않는다고 주장하였다.[2] 이에 대한 토론에 참여한 알렉시(Robert Alexy)는 모든 충돌을 추상적으로 미리 해결할 수 있는 엄격한 우선순위는 아니더라도, 구체적인 경우에 반박될 수도 있는 추정을 설명하는 우선순위는 있을 수 있다면서, 소극적 자유의 적극적 자유에 대한 우위, 개인적 권리의 공동의 재화에 대한 우위를 예로 들고 있다. 이처럼 국가가 추구하는 수많은 목적 사이의 우열관계를 탐구하는 것은 국가목적론의 가장 본질적인 과제에 속한다는 것이 그의 견해이다.[3]

이러한 국가목적에 대한 문제의식은 '국가임무론에 있어서 필수적인 국가의 임무를 상정할 수 있는지'의 문제로 나타나게 된다. 국가의 전권한성의 명제에서 살펴볼 때, 국가는 헌법이나 법률상 금지되지 않는 한, 어떠한 영역이든 자신의 임무로 삼을 수 있기 때문이다. 그러나 이러한 모든 영역에서 국가가 실제로 임무를 수행하는 것은 아니며, 사실상 수행하지 않거나 충분히 수행하지 못할 수도 있고, 경우에 따라서는 국가가 임무수행을 포기하고 타인에게 그 책임을 맡겨버리는 경우도 있게 된다. 더욱이 최근의 私化나 탈규제화의 요청은 국가가 기존에 수행하던 임무의 목록 중 불필요하다고 생각되는 것을 적극적으로 탈국가화하여 효율성을 추구해야 된다는

---

1) Christof Gramm, *Privatisierung und notwendige Staatsaufgaben*, 2001, S.41f.
2) Georg Ress, Staatszwecke im Verfassungsstaat – nach 40 Jahren Grundgesetz, in: *VVDStRL H.48* 1990, S.110f., 118.
3) Robert Alexy, 3.Aussprache und Schluβworte in: *VVDStRL H.48*, 1990., S.123.

임무비판(Aufgabenkritik)의 관점이 강조되기도 한다.[4] 따라서 국가가 어떤 구체적인 목표를 수행하는 것이 국가의 책무가 되며, 그 의무의 이행이 국가의 처분에 맡겨져 있지 않아서 국가가 임무이행을 중지하거나 포기할 수 없는, 필수적 국가임무의 '개념'을 상정하는 것은 가능하다고 하겠다. 문제는 그 개념이 실질적 효용성을 가질 수 있도록 필수적 국가임무에 해당하는 활동영역을 인정할 수 있겠는지에 달려 있다.

이와 관련하여 그람(Christof Gramm)은 사실상 혹은 단순법률상의 의무에 근거하여 맡은 모든 국가임무가 그 때문에 이미 필수적인 국가임무인 것은 아니라고 주장한다. 특정한 국가임무를 맡기 위한 단순법률상의 의무는 상위법에 반하지 않는 한, 원칙적으로 변경할 수 있고 단순 입법자에 의해 폐지될 수 있기 때문이다. 따라서 그는 필수적 국가임무란 특별한 혹은 임의적인 국가임무와는 개념적으로 대조적이고 근본적인 그리고 포기할 수 없는 국가임무라는 법적으로 사용할 수 있는 개념으로 정의할 수 있다고 한다. 그는 비록 용어가 통일적이지는 않고 독일 문헌에서는 이러한 문구가 우선적으로 헌법적인 개념이 아니라, 일반국법학의 분류개념을 형성한 것이라도, 대체로 그러한 필수적인(notwendig), 혹은 원래의(originär), 순수한(genuin), 의무적인(obligatorisch) 국가임무는 어쨌든 존재한다는 견해가 우세하고, 유사한 방식으로 연방헌법재판소도 자신의 형식적인 취급이론에도 불구하고, 그 본질에 따라서 오직 국가기관에 의해서 수행될 수 있거나 국가의 수행을 적어도 보장했던, 전형적인 국가의 기능이 있다는 점을 전제로 한다고 분석하고 있다.[5] 그리고 이러한

---

4) 임무비판(Aufgabenkritik)의 사례에 대하여 광범위하게 분석한 것으로는, Hermann Hill(Hrsg.), *Privatisierung und neue Verwaltungssteuerung*, Aufgabenkritik, 2004 참조.

5) Gramm, a.a.O., S.32f. 참조.

필수적 국가임무의 도식적인 특성을 포기할 수 없는 국가임무에 대한 방법론적인 이해로서, 私化조치가 덜 허용될수록 더욱 더 그 조치는 국가의 핵심영역에 관련된다고 표현한다.[6] 후술하는 바와 같이 그람은 필수적 국가임무의 효용성을 상대적으로나마 인정하고 있는 셈이다.[7]

1970년대 초에 국가임무론에 관한 교수자격논문을 저술한 한스 페터 불(Hans Peter Bull)의 경우도, 오늘날 사실상 그리고 법상 국가가 피할 수 없는 많은 임무에 대해 국가가 책임을 지고 있다는 점은 논란의 여지가 없다면서, '본래적인 국가임무'(originäre Staatsaufgabe)의 존재가능성을 인정하고 있다. 그는 이러한 국가임무에는 전통적인 국가임무로서의 국가의 자기조직, 외부대표 및 자기보호, 법원과 경찰, 강제집행 및 형벌집행, 통화제도, 크기·치수제도, 중량제도 뿐만 아니라 사회적 충족의 수많은 새로운 임무가 포함된다고 한다.[8] 슈페르트(Gunnar Folke Schuppert)도 또한 로즈(Richard Rose)의 연구를 원용하면서,[9] 필수적으로 국가의 수행책임으로 특징지어지는 임무분야, 즉 국가가 '임무수행의 독점'(Wahrnehmungsmonopol)을 요구하고 그 실행을 직업공무원에게 맡기는 임무분야가 있는 반면, 국가적인 수행책임이 거의 없고 광범위하게 私化할 수 있는 임무분야가 있다

---

6) Christof Gramm, a.a.O., S.34; 한편, 슈페르트(Schuppert)는 어떤 임무가 국가의 기능성과 자기이해에 중요할수록, 더 직접적으로 국가의 수행책임이 문제되고, 더 직접적으로 책임수행이 문제될수록, 임무私化가 덜 문제된다고 표현한다. Gunnar Folke Schuppert, Die Erfüllung öffentliche Aufgaben durch die öffentlichen Hand, private Anbieter und Organisation des Dritten Sektor, in: Jörn Ipsen(Hrsg.), Privatisierung öffentlicher Aufgaben, 1994, S.28 참조.
7) 그람의 견해는 제2장 제3절 2항 참조.
8) Hans Peter Bull, Die Staatsaufgaben nach dem Grundgesetz, 2.Aufl., Frankfurt am Main 1977, S.102 참조.
9) Richard Rose, On the Priorities of Government, A Developmental Anlysis of Public Policies, European Journal of Political Research 4, 1976, S.247ff.

고 주장하고 있다.[10] 실은 이러한 관념상의 분류의 단초는 옐리네크의 일반국가학에서도 발견할 수 있는데, 앞서 살펴본 바와 같이 옐리네크는 배타적으로 국가에 귀속되는 활동들과 국가가 단지 명령하고, 지원하며, 장려하거나 혹은 방어하며 개인적 혹은 사회적 생활발현에 관여하는 활동들을 구별한다.[11]

이에 비해 봐이스(Wolfgang Weiss)는 공적 안전영역에서도 사적인 경비용역이 점차 등장하는 것처럼 모든 영역에서 적어도 부분적으로는 私化의 가능성이 존재하기 때문에, 필수적으로 국가에 전적으로 할당되는 분야는 기본법은 물론 유럽법의 차원에서도 발견할 수 없다는 견해를 펴고 있다. 그는 임무의 수행에 사용되는 고권적인 권한, 예를 들면 법설정의 도구, 행정행위를 통한 공적질서의 보호, 행정의 조직과 같은 차원에서는 국가가 일종의 '이행책임'(Erfüllungs-verantwortung)을 부담하지만, 이는 국가임무를 수행하기 위한 도구로서 사용되는 것으로서 오히려 '보장책임'(Gewährleistungsverantwortung)에 속하는 것이므로, 이러한 도구 내지 국가기능이 국가임무와 혼동되어서는 안된다는 것이다.[12] 예를 들면, 기존의 위험방지와 안전의 수행에 관한 私化의 논의에서 언급되어 온 군대나 교정시설, 법위반에 대한 추적 등에 있어서도 그 임무가 사인에게 위임될 수 있는 것이고, 다만 '제재의 부과'(Verhängung der Sanktion)와 같은 고권행사만이 국가의 사무로 남을 뿐이다. 하지만 이러한 사무는 기본법 제33조 4항에서 고권의 행사에는 일반적으로 공무원의 투입이나 고권적인 조직이 요구된다는 점에 근거한 것일 뿐이므로, 봐이스에게 있어서 '본래적인 국가임무'나 '국가의 핵심임무'라는 관념은 의미가 없게

---

10) Schuppert, a.a.O., S.28

11) Georg Jellinek, *Allgemeine Staatslehre*, 7.Neudruck der 3.Aufl. von 1913, 1960, S.255 참조.

12) Wolfgang Weiss, *Privatisierung und Staatsaufgaben*, 2002, S.339ff. 참조.

된다.

여러 가지 국가임무 중 '필수적 국가임무의 관념을 상정하는 것이 가능한지' 아니면 '내용적인 임무분야로서의 필수적 국가임무라는 것은 불필요한 관념인지' 여부는 단순히 私化의 한계영역을 확정하는 것으로서만 의미가 있는 것은 아니다. 그러한 분류는 국가임무의 내용을 확정하고 체계화하는 가장 핵심적인 분류이며 이를 통하여 국가임무의 수행방식과 그 이면에 존재하는 국가의 책임단계를 도출해내는데 도움을 줄 수 있기 때문이다. 그러나 이 문제에 대한 성급한 결론은 유보되어야 하며, 우선 필수적 국가임무에 관한 다양한 이론들의 검토를 요구한다.

2. 필수적 국가임무에 관한 거시적 이론틀

최근 독일 공법학의 경향은 국가임무에 관한 추상적이고 국가론적인 검토단계를 지나, 필수적 국가임무에 관하여 때로는 경제학적인 연구의 도움을 받거나 때로는 실제적인 私化의 방식에 대한 검토를 기반으로 하는 등으로 비교적 다양하고 구체적인 연구성과를 내놓고 있다. 그러나 이러한 연구들의 공통점은 어떠한 방식으로든 필수적 국가임무에 관한 확정적인 목록을 제시할 수는 없다고 설명한다는 점에 있다.[13] 본서는 최근에 교수자격논문을 제출한 3명의 학자들의 견해를 중심으로 이 문제를 다룬다.

최근의 견해들은 3가지 관점에서 문제접근방식이 상이하게 나타난다. 첫째는 '국가임무를 도출하는 근거로서 기본법의 지위를 어떻게 볼 것인가'이다. 즉, 기본법상의 규정 및 원칙에서 국가임무에 관한 포괄적인 내용이 도출될 수 있는지 아니면 기본법 규정의 추상성

---

13) Schuppert, *Staatswissenschaft*, 2003, S.337 참조.

제2장 국가임무의 근거 및 기준 75

으로 인하여 공법적인 이론에 의하여 이를 보완해야 하는지에 대한 근본적인 대립이 있다. 둘째로는 '필수적 국가임무의 효용성을 인정할 수 있는지'가 문제된다. 물론 최근의 논의에서 도식적으로 어떤 분야의 임무를 나열하면서, 이러한 임무는 국가가 절대로 포기할 수 없다는 식의 필수적 국가임무론을 주장하는 견해는 찾기 어렵다. 그러나 상대적으로나마 어떠한 분야의 임무는 국가가 포기하는 것이 제한된다는 의미에서 필수적 국가임무개념의 효용성을 인정하는 견해와 이마저도 부인하는 견해가 대립되고 있다. 셋째로 필수적 국가임무를 인정하지 않더라도 私化가 이루어진 이후에도 '최후까지 국가에 남아있는 핵심적인 부분 혹은 기능을 무엇으로 볼 것인지'이다. 필수적 국가임무의 확정적 목록을 인정하지 않는 최근의 견해들은 특정한 부분의 국가활동 내지 국가기능은 私化가 이루어지더라도 여전히 국가에 유보되어 있으면서 이를 통하여 국가가 여전히 그 분야를 돌볼 책임이 있다고 본다는 점에서 공통점이 있다. 이러한 유보된 부분은 국가의 특정한 권한일 수도 있고, 국가가 부담하는 책임일 수도 있다. 이하에서는 이러한 관점에서 최근의 견해들을 개관해 본다.

1) 공공재의 공급이론

오늘날의 私化, 작은 국가, 탈규제화 등의 논의는 경제학적인 논의로부터 광범위한 영향을 받고 있다. 이는 20세기 후반의 신자유주의적인 경제학의 논의에 의하여 세계화의 일환으로서 私化 등의 정치·경제적인 움직임이 추진되고 있기 때문이기도 하다. 아래에서 소개하는 그람(Christof Gramm)의 필수적 국가임무에 관한 법학적인 이론도, 국가의 구체적인 활동에 대한 기준을 제시하지 못하는 과거의 추상적 국가목적론의 접근방식에서 벗어나 우선 경제학적인 논의에

서 근본적인 착상을 얻은 것이다.[14]

그람은 먼저 국가임무에 대한 완결된 이론이 헌법이나 국가론과 같은 기존의 논의로부터는 충분히 도출될 수 없다고 본다. 즉, 원칙적으로 기본법은 임무에 관한 몇몇 개별조항에서 국가임무를 도출할 수 있는 약간의 근거를 두고 있을 뿐이지, 포괄적인 임무의 목록이나, 명시적인 임무의 서열도 없으며, 필수적 국가임무에 대하여 어떠한 언급도 하고 있지 않으므로, 이러한 기본법의 불완전성은 경제학적인 논의에서 착상을 얻은 법학적인 공공재의 공급이론으로 보충되어야 한다는 것이다.[15] 그에 따라 "국가임무는 항상 국가를 통한 특정한 급부의 제공을 목표로 한다"고 파악된다.

국가기관이 사실상 제공하거나 제공해야만 하는 급부는 (공공 혹은 집합적인) 재화의 개념으로 더 정확하게 이해될 수 있다. 다시 말하면, 국가기관은 자신의 임무를 가지고, 여러 가지 다양한 개별급부들을 전체적으로 보아 하나의 복잡한 재화로 요약함으로써, 개별적인 경우에 매우 구체적이지만 또한 고도로 추상적이 될 수도 있는, 특정한 공공재의 창출 및 제공을 목표로 한다는 것이다. 이러한 점에서 그람은 "사실상 국가현실에서 수행되는 국가임무는 본질적으로 공공재의 제공으로서 해석될 수 있다"고 주장하고 있다.[16]

여기서 공공재의 개념이 무엇인지가 중요해지는데, 그람은 공공재란 시장에서 판매될 수 있는 경제적인 의미의 재화에 한정되거나, 소위 公物이나 기간시설과 같이 실제로 사용할 수 있는 물건의 개념에 한정되는 것은 아니라고 설명한다. 예컨대, 질서나 정신적 재화와 같은 추상적인 재화도 공공재에 포함되는데, 내적 혹은 외적 안전, 선거시스템, 교육이나 문화재, 사회보장급부, 경제 진흥 등과 같

---

14) Gramm, a.a.O., S.203ff. 참조.
15) Gramm, a.a.O., S.41f. 참조.
16) Gramm, a.a.O., S.192f.

은 것도 이에 해당한다는 것으로 본다.[17] 이러한 공공재의 종류에는
지위재(Statusgüter),[18] 질서재(Ordnungsgüter),[19] 사회재(Sozialgüter),[20] 정
신재(Geistige Güter),[21] 기간시설재(Infrastrukturgüter),[22] 경제구조재
(Wirtschaftsstrukturgüter),[23] 국제적이고 초국가적인 구조재(Internationale
und supranationale Strukturgüter)[24] 등이 있으므로, 그람에게 있어서 국
가임무의 유형은 이에 상응한다고 할 수 있다.[25] 특징적인 것은 하

17) Gramm, a.a.O., S.193.
18) 기본권의 주체성, 국적, 권리능력, 행위능력 등과 같은 그룹이나 공동체, 특히 정치적 단체인 국가나 그 하위공동체의 소속을 위한 전제조건을 말한다.
19) 국가의 자기보호와 사회적 질서구조를 의미하고, 전자에 국가조직, 공무원법, 선거 및 정당법, 통치 및 행정절차, 조세제도, 군대를 통한 외적 안전이, 후자에 위험방지, 리스크에 대한 예방, 자연환경에 대한 보호 등이 속한다.
20) 광범위하게 사회국가적인 차원을 포괄하는 것으로 개인적인 곤궁의 완화 내지 특별한 부담을 진 개인의 생활의 향상 등을 목표로 하며, 예를 들면 최저생계의 보장(Sicherung des Existenzminimum), 육아 및 교육지원비(Kinder- und Erziehungsgeld), 사회적인 주택건축(sozialer Wohnungsbau), 법률상의 의무보험(gesetzliche Zwangsversicherung) 등이 있다.
21) 국가가 내부에서 자신의 기구의 유지뿐만 아니라 사회를 위해서 제공하는 재화로서, 기록보관실, 기록현황, 데이터베이스, 법규 및 결정집, 기술적 실용적 지식 등 국가의 결정을 준비하기 위하여 필요한 것이 있고, 다른 한편으로 학교제도, 대학제도, 국가의 직업훈련 등 문화국가적인 목표설정과 관련되는 것, 법에 대한 복종과 같은 윤리적 기초에 해당하는 것과 같이 다양한 내용을 포함한다.
22) 도로, 건물, 케이블, 관, 철도 등의 고정된 망으로서 국가임무의 이행을 위한 물질적인 기초를 이루는 것을 의미한다.
23) 취업률, 가격안정성, 경제성장과 외부경제적 균형과 같은 경제목적을 달성하기 위한 재화로서, 국가는 고용주로서, 보조금이나 다른 유인을 통하여, 구매자 및 투자주체로서 간접적으로만 영향을 미칠 수 있다.
24) 산적한 여러 사실문제를 극복하기 위하여 구속적인 국제적 경제구조와 질서구조를 창출하는 것을 목적으로 하는 재화로서, 국제법상의 조화된 법설정, 행위능력이 있는 초국가적인 법인의 창출 등의 방식으로 이루어진다. 국제적 차원에서의 질서재 및 경제구조재에 해당한다.

나의 활동분야라고 여겨지는 것이 실은 여러 가지 재화로 구성될 수 있다는 점이다. 가령, 물이나 에너지와 같이 망에 결합된 재화의 공급은, 그 자체는 기간시설이 아니라 생존배려의 범위에서 사회재에 속하고, 그 망이 바로 기간시설에 속하게 되는 것이다.[26)]

그런데 그람은 시장을 통한 공공재의 제공과 국가를 통한 공공재의 제공을 비교하면서, 다음과 같은 이유에서 구조적으로 국가의 공급이 시장의 공급에 우선할 수 있다고 논증한다. 그는 국가가 시장에 비해 능가하는 지식이 부족할 수 있고, 공적인 '비재화(Ungüter)', 즉 해악(Übel)의 발생에 국가가 참여할 수 있으며, 재화생산의 국제화와 함께 국가의 재화생산은 결국 사인의 경제적 성과에 의존한다는 점에서 국가에 의한 공공재 생산에 사실상의 한계가 있다는 점을 지적한다.[27)] 그러나 사적으로 재화를 제공하는 것 역시 경찰임무, 내부적 안전급부와 같은 판매할 수 없는 재화의 존재나 합리적인 자기이익 추구의 한계, 개인의 제한된 행위권한, 자발적인 협력의 한계 및 개인적인 선호의 문제 등으로 인하여 한계에 부딪칠 수밖에 없다고 보는 것이다. 이러한 국가의 재화생산의 우위는 권력의 기초로서의 강제력 독점에서 오는 것이 아니라 모두를 위한 공공재를 원칙적으로 동일한 방식으로 보장하라는 요청으로부터 나오는 것이라고 한다. 이러한 공공재로서 내부적 안전을 예로 들고 있다.[28)]

그람은 국가의 공공재 생산의 객관적 우위를 바탕으로 '구체적으

---

25) 그에게 있어서 기간시설이 별도의 독립된 재화유형에 속하는 대신, 서비스(Dienstleistung), 인력(Personal), 재정적 수단(finanzielles Mittel), 자유재(Freiheitsgüter)와 같은 것은 독립적인 유형을 형성하지 못한다. 이상 각 공공재 종류의 개념은 Gramm, a.a.O., S.272ff. 참조.

26) Gramm, a.a.O., S.285 참조.; 한편, 에너지공급과 관련된 국가임무의 특성도 다양한 임무영역에 속한 것으로 파악할 수 있다. 후술하는 제4장 제3절 참조.

27) Gramm, a.a.O., S.237ff.

28) Gramm, a.a.O., S.270.

로 특정한 재화가 실제로 국가에 의해 생산되어야 하는지'는 재화 자체의 성질에 의해서가 아니라, 특정한 공공재에 대한 국가의 지원 의무(Einstandspflicht)나 책임(Verantwortung)이 귀속되기 위한 기준에 따라서 결정된다고 설명한다.[29] 이에 관한 4가지 기준은 다음과 같다.[30] 먼저, 집합적으로 전체 공동체를 위하여 중요한 것으로 평가되거나 적어도 공동체의 개별적인 구성원에게 포기할 수 없는 것으로 평가되는 재화가 부족하거나 혹은 그 존속에 위험이 있을 것이 요구된다. 둘째, 모두를 위한 효과적이고 지속적인 재화제공이 사인에 의하여 실제적 이유에서 배제되거나 혹은 적어도 가능할 것 같지 않아야 한다. 이러한 사인의 무능력으로 인해서 국가가 사정에 따라서는 독점적인 이행을 할 수도 있다는 국가의 '보증인적 지위'(Garantenstellung)가 정당화된다. 셋째, 국가가 개별적인 재화에의 접근에 대하여 정당한 규제를 할 의무가 있어야 한다. 국가는 특히 부족한 재화에 대하여 그 이용 및 분배에 관한 정당한 기준을 설정하는 능력이 있다는 점에서 사적인 재화의 제공과는 원칙적으로 다르다. 넷째, 국가가 특정 공공재 제공의 보장을 통하여 미래에도 국가와 사회의 시스템기능을 전체로서 보호할 의무가 있어야 한다. 이러한 국가의 의무에는 개별적으로는 합리적으로 평가되지만, 집합적으로는 비합리적인 결과에 적절히 대응하고, 하나의 재화생산이 다른 필수적 재화의 손상이나 파괴로 이끄는 반체계적인 효과를 피하며, 부정적인 성장과정을 방지하는 의무 등이 이에 포함된다.

이러한 기준에 따라 구체적인 공공재를 제공해야 할 의무 내지 책임이 국가에 귀속되는데, 그 책임의 정도는 각각의 공공재에 있어서 상이하게 나타난다.[31] 가령, 지위재나 질서재 혹은 초국가적 구조

---

29) Gramm, a.a.O., S.337.
30) Gramm, a.a.O., S.301ff.
31) Gramm, a.a.O., S.337.

재의 경우는 국가의 재화생산이 절대적으로 우선하고, 사인이 참여할 수는 있지만 실체적 私化는 원칙적으로 허용될 수 없다. 반면 사회재와 정신재의 경우 본질적으로 사회의 성과능력에 달려있지만, 학교제도나 최저생활의 보장과 같이 중요한 재화는 사인들이 자신의 힘만으로는 사회에 필요한 급부를 할 수는 없다. 이처럼 그람에게 있어서 필수적 국가임무란 각 공공재의 영역별로 점진적인 단계로써만 표현될 수 있지만, 그 목록을 작성할 수 있는 것은 아니다.[32] 즉, 이론이 정확히 구체적으로 어떤 재화를 국가가 생산해야만 하는가를 확정할 수 있는 것은 아니며, 이러한 이론으로 입법자의 의사결정을 대신할 수도 없는 것이다. 그럼에도 불구하고 그람은 추상적으로나마 그것이 없다면 국가가 기능할 수 없는 최소기준을 상정하면서, 이러한 기준에 속하는 것으로 내적 평화의 보호, 학교제도, 최저생계의 보장 및 폐기물 처리 등 생활에 중요한 재화(물, 에너지)의 기본적인 공급확보 등을 언급하고 있다. 이러한 필수적 국가임무의 예시는 정확한 임무의 내용적 확정보다는 私化의 제한범위에 대한 논거로서 유용하다는 것이 그의 견해이다.[33]

2) 보장책임이론

그람이 기본법의 불완전성을 법학적인 공공재의 공급이론으로 보충해야 한다고 보는 것에 비해 봐이스(Wolfgang Weiss)가 국가임무 도출의 출발점으로 삼는 것은 기본법상의 가장 중심적인 규범인, 인간 존엄의 존중과 보호에 관한 제1조 제1항이다. 그는 기본법 이외의 다른 근거에서 국가임무를 도출하는 것을 반대하면서 국가임무는 헌법으로부터 직접 도출될 수 있다고 주장한다.[34] 봐이스가 인간 존

---

32) Schuppert, *Staatswissenschaft*, 2003, S.338 참조.
33) Gramm, a.a.O., S.338.

엄의 존중과 보호를 이론의 근거로 삼는 이유는, 국가는 자기목적이 아니라 인간의 존엄을 위하여 존재하므로, 인간의 존엄은 모든 기본권의 원천이고 전체 헌법의 근거로서 기본법에서 중심적 지위를 가지기 때문이다.[35] 인간존엄에 대한 존중과 보호는 국가목적규범의 성질을 가지고 모든 국가행위의 가치충족적인 기준이 된다. 더 나아가 봐이스는 인간존엄에 대한 존중과 보호는 기본권을 통하여 구체화되므로, 원칙적으로 기본권만이 국가임무규범이 되고, 모든 국가의 활동은 기본권적 자유와 평등의 보장과 보호에 기여해야 한다고 주장한다.

그는 국가임무의 개념을 고권적인 수단, 즉 정부의 강제적 수단의 투입을 필요로 하는 공공임무와 관련하여 정의하고 있다. 즉, 국가임무란 공익에 자리잡고 있는 사무로 정의되는데, 이는 국가가 헌법적 제약을 준수하면서 법의 형태로 수행하고 인간존엄의 존중과 보호에 기여하는 것을 의미한다. 그리고 인간존엄의 존중과 보호라는 국가목적으로부터 다시 국가의 기본권적인 자유와 평등을 보호하고 실현해야 하는 의무가 도출된다.[36] 봐이스 이론의 특징은, 기본권을 강조함으로써, 사인도 제공할 수 있는 국가의 급부는 국가가 스스로 제공해서는 안 되고 오히려 상응하는 사인의 활동을 자극하거나 증진해야 한다는 점에 있다. 즉, 앞에서 살펴본 그람의 견해와는 달리 봐이스는 원칙적으로 사적인 급부의 제공이 우선하는 것으로 보고, 국가는 단지 교정적으로 조정과정에서만 개입해야 한다는 것이다. 이에 따라 국가는 단지 사적인 활동이 가능하지 않은 곳에서만, 즉 고권적인 권한이 필수적인 영역에서만 직접적으로 임무를 수행할 수 있다는 추론에 이른다.[37] 그러나 고권적 권한이 전형적인

---

34) Weiss, a.a.O., S.2f.

35) Weiss, a.a.O., S.428ff.

36) Weiss, a.a.O., S.431.

질서법의 영역에서도 실체적 私化가 전적으로 배제되는 것은 아니다. 즉, 규범설정과 계획을 통하여 목표를 구속적으로 확정하는 것은 국가의 강제력독점의 표현이므로 국가에게 책임이 있지만, 예방적 위험방지와 관련된 집행에서는 私化의 가능성이 있다.[38]

이에 따르는 경우 국가의 활동은 원칙적으로 급부와 이행책임에서 후퇴하여 보장책임으로 한정되어야 한다. 그러나 이것이 국가의 조종과 사회의 자기조종 사이에서 하나만을 택해야 한다든지, 국가가 완전히 후퇴하는 것을 의미하는 것은 아니다. 오히려 구속적 결정을 하고 이를 관철하는 국가의 기능에서 나타나는 국가의 강제력독점에 상응하는 '보장책임'에 한정하는 국가의 적절한 역할을 재인식하는 것이다.[39]

한편, 앞에서 살펴본 바와 같이 봐이스는 적어도 어떤 영역에서든 부분적으로나마 私化의 가능성이 있다는 점에서 '본래적인 국가임무'나 '국가의 핵심임무'라는 것은 의미가 없다고 주장한다. 즉, 그는 임무의 수행에 사용되는 고권적인 권한은 국가임무를 수행하기 위한 도구로서 사용되는 것으로서 이러한 도구 내지 국가기능이 국가임무는 아니라고 본다.[40] 이처럼 필수적 국가임무를 인정하지 않는 봐이스에게 있어서, 그러한 역할을 하는 것은 위에서 언급한, 원칙적으로 어떠한 것이 특정한 방향으로 행해지도록 보장한다는 의미에서의 '보장책임'의 관념이다.[41] 그는 질서법의 영역에서 고권적 권한의 행사를 요구하는 부분이나 혹은 매우 한정적인 국가의 경제활동영역을 제외하고는, 대부분 실체적 私化가 이루어진 후 국가에게는 보장책임이 남게 된다고 설명한다. 그는 보장책임이 국가의 활

---

37) Weiss, a.a.O., S.430.
38) Weiss, a.a.O., S.431.
39) Weiss, a.a.O., S.432.
40) Weiss, a.a.O., S.339ff.
41) Weiss, a.a.O., S.449.

동을 요구하는 한에 있어서만 국가임무가 존재하므로, 보장책임이 바로 국가임무를 규정하는 틀을 제공한다고 본다. 봐이스는 이처럼 변화된 국가의 임무이행형태를 단지 도구의 변화가 아니라 국가임무 자체의 변화로 파악한다.[42]

보장책임의 내용은 국가와 사회 사이에서 공공임무의 수행을 위한 책임의 분배로 표현될 수 있다. 즉, 국가는 틀설정과 구조적인 지침을 통해서 사인의 행동에 영향을 미치고 이를 통하여 일반적 복지(Allgemeinwohl)를 지향하는 목표의 추구를 조종한다. 이를 위한 국가의 수단은 통제, 관찰, 장려, 상담 등의 다양한 방식이 사용되지만, 이 중 특히 중요한 것은 규제와 감독이다.[43] 그러나 결론적으로 국가임무를 규정하는 가장 중요한 기초는 책임이나 책임분배의 개념이 아니라 기본권의 개념이라는 점이 다시금 강조된다.[44] 이상과 같이 봐이스의 이론은 인간존엄의 존중과 보호에서 시작하여 기본권 및 그 보호의무와 보장의무 및 보장책임을 거쳐서 책임의 분배를 통한 임무의 수행이라는 관념으로까지 나아가는 논리적 체계를 가지고 있다.

3) 규제이론

캐머러(Jörn Axel Kämmerer)는 다양한 선행문헌에 대한 조사를 통하여 전통적인 국가의 핵심적 임무로서 국가의 강제력 독점(Gewaltmonopol)에 대하여 검토한다. 국가의 강제력 독점은 전통적인 국가와 사회의 구별이라는 관념과 연결되어 있다. 즉, 홉스(Hobbes)식의 자연상태로부터 개인에 대한 자유의 위협을 방위하기 위하여

---

42) Weiss, a.a.O., S.444.
43) Weiss, a.a.O., S.445.
44) Weiss, a.a.O., S.452.

국가가 설립되게 되면, 단지 국가만이 사적인 힘에 대비하여 유일하게 합법적인 권력을 행사할 수 있다는 점에서, 국가의 강제력 독점은 국가와 사회의 구별징표가 되며, 이러한 구별이 유지되는 한, 국가성립의 가장 근본이 되는 강제력의 독점에 해당하는 영역은 私化될 수 없다는 결론이 도출된다는 것이다.[45] 그리고 이러한 국가의 우위는 내부적 주권에 해당하는 것으로 이로 인하여 사회는 국가에 위계적으로 종속되게 된다는 것이다.[46] 그런데 캐머러는 이러한 강제력 독점의 관념이 私化로 인하여 변화하면서, 더 이상 내부적 주권에 '독점(Monopol)'이라는 관념이 어울리지 않게 되었다는 주장을 펼친다. 결국 그는 국가임무 중 私化가 될 수 없는 핵심적인 영역을 도출할 수는 없다고 보게 된다.[47]

한편, 캐머러는 私化로 인하여 급부국가가 규제국가로 변하게 되었고, 국가임무가 실체적으로 '이행'하는 것에서 '보장'으로 바뀌게 되었으며, 보장행정은 주로 규제기능의 행사에 의미가 있다는 점을 강조한다. 그리고 私化는 점점 국가의 핵심적인 영역으로 향하면서, 국가와 사회가 근접하게 되고, 국가내부의 영역에서 주권이 소멸되는 현상에 주목한다. 그러나 이러한 변화에도 불구하고 사회의 복잡성과 그로 인한 자율규제의 어려움으로 인하여, 여전히 '규제'(Regulierung)가 국가에 대한 근본인식(Rückbesinnung)으로서 국가의 고유한 임무로 이해될 수 있다는 것이다.[48] 이 점에서 캐머러의 '규제'는 국가의 핵심영역으로서 봐이스의 '보장책임'에 상응하는 것이다.

---

45) Jörn Axel Kämmerer, Privatisierung. *Typologie – Determinanten – Rechtspraxis – Folgen*, Tübingen 2001, S.166ff.

46) Kämmerer, a.a.O., S.172.

47) Kämmerer, a.a.O., S.564.

48) Kämmerer, a.a.O., S.568ff.

3. 소결 및 평가

1) 종합

이상과 같이 최근의 독일에서의 논의들을 검토한 결과를 종합해 보면, 국가가 필수적으로 스스로 이행해야만 하는, 즉 그 임무의 수행에 있어서 국가의 독점이 인정될 수 있는 영역은 이론상 존재할 수 없거나, 적어도 이를 고정적인 실체로서 확정하는 것은 불가능하다는 점에서는 대부분 의견이 일치한다는 점을 알 수 있다. 그런데 기본법상의 규정 및 원칙에서 국가임무에 관한 포괄적인 내용이 도출될 수 있는지와 관련하여 그람의 경우 기본법 규정의 추상성과 개방성으로 인하여 법학적인 공공재의 제공이론에 의하여 기본법을 보완해야 한다고 보는 반면, 봐이스는 기본법의 규정, 특히 인간 존엄의 존중과 보호에 관한 제1조 제1항 및 기본권규정에 의하여 완결된 국가임무론이 도출될 수 있다고 보고 있다.

한편, 필수적 국가임무의 효용성을 인정할 수 있는지와 관련하여, 그람은 각 공공재의 영역별로 점진적인 단계로써만 표현되는 상대적 의미에서의 필수적 국가임무를 인정하는 반면, 봐이스나 캐머러는 이러한 필수적 국가임무의 효용성을 인정하고 있지 않다. 그러나 私化가 이루어진 이후에도 국가에 남아있는 국가의 핵심기능 내지 권한으로서 봐이스는 보장책임을, 캐머러는 규제를 강조하고 있는 것이다.

2) 평가 및 최소국가론에 대한 비판

이상에서 살펴본 바와 같이 독일에서의 최근의 논의들은 무엇을 국가의 핵심적인 임무로 보느냐에 차이가 있을지언정 평면적으로 어떤 한 활동영역을 엄격하게 구분하여 이 영역이 전적으로 국가에게 전속된다고 보지 않는다는 점에서는 대동소이하다고 평가된다. 다만, 그람의 경우는 나머지 두 사람보다 상대적으로나마 필수적 국가임무라는 개념의 효용성을 인정하고 있다는 점에서 다르다고 여겨진다. 그렇다면 봐이스나 캐머러가 주장하는 바와 같이 필수적 국가임무의 관념은 더 이상 불필요한 관념으로 폐기되어야 할 것인가. 즉, 국가의 임무는 더 이상 이행책임의 형태로는 존재하지 않으며, 강제력 독점이라는 제약을 제외하고는 사실상 모든 영역에서 私化의 요구가 관철되어야만 하는가. 이들의 입장을 취하는 한 더 이상 필수적 국가임무의 분야를 확정하는 노력은 의미가 없고, 단지 각 영역에서 국가와 사회의 임무분담이나 私化의 형태가 어떻게 나타나는지를 검토하면 족할 것이다. 그러나 이러한 입장은 다음과 같은 측면에서 쉽사리 동의할 수 없다.

필수적 국가임무의 관념은 국가임무의 유형화에 있어서 중요한 분석틀을 제공한다. 국가임무의 유형화에 있어서 핵심적인 요소는 '임무를 누가 정의하고, 그에 대한 책임을 누가 질 것인가'에 있다. 그런데 이는 '각 유형별로 사인에게 얼마나 국가임무가 분배될 수 있는지 혹은 私化의 가능성이 어느 정도 열려있는지'에 달려 있다. 따라서 비록 절대적으로 국가가 임무를 독점한다는 의미가 아니더라도, 상대적으로 그 임무의 수행에 사인의 참여가 덜 이루어지고, 그 임무를 포기하여 임무수행의 전부를 사인에게 맡기는 것이 불가능하다는 측면에서의 '필수적 국가임무'라는 관념은 유용할 수 있다.[49] 여기에 필수적 국가임무에 관한 논거로서 비록 제한적 영역에서라도 혹은 제한적 시기, 장소, 상황에서라도 국가가 분명한 이행책

---

[49] 그람도 필수적 국가임무는 국가가 그것을 통하여 모든 경우에 유일한 임무주체로 되는 것을 전제로 하는 것은 아니다라고 하여 본서와 맥을 같이 하고 있다. Gramm, a.a.O., S.29 참조.

임을 부담해야 하는 활동영역이 있다는 점이 고려되어야 한다. 바로
국가가 개인에 비하여 우월적 지위에 서게 되는 고권적 권한의 행사
와 함께 이와 연관되어 私化의 이후에도 국가에게 남게 되는 핵심영
역(보장책임, 규제)은 최근의 이론들에서 공통적으로 인정되고 있기
때문이다. 물론 이는 국가의 '임무' 자체가 아니라 국가의 '권한' 내
지 '기능'을 혼동한 것에 불과하다는 봐이스의 견해도 경청할 부분이
있는 것이 사실이나, 이러한 고권적 권한의 행사라는 활동요소를 핵
심으로 하여 임무의 유형화가 이루어질 수 있고, 이를 통해 상대적
으로나마 임무의 성질이 본질적으로 다른 영역을 발견하는 것이 가
능하다고 보아야 할 것이다. 일응 국가의 존립이나 국민의 생존을
보호해야 하는 국가의 책임으로부터 내외적인 국가의 안전보장 혹
은 최저수준의 사회보장과 같은 것을 필수적 국가임무로 상정해 볼
수 있을 것이다.[50]

　반면, 필수적 국가임무론의 무용론이 더 나아가 사인의 관여가
허용되는, 즉 私化의 가능성이 존재하는 모든 분야에서 私化가 이루
어져야 한다는 극단적 논의로 이어질 수 있다는 점은 경계할 필요가
있다. 가령, 봐이스의 경우 기본권이 국가임무를 규정한다고 하면서,
모든 국가의 활동은 기본권적인 자유와 평등의 보장과 보호에 기여
해야 하고, 국가의 활동이 고권적인 수단을 필요로 하는 것을 넘어
서 행해진다면, 이는 비례적이지 않고 정당한 기본권의 제한에 해당
하지 않는다고 본다.[51] 그 결과 봐이스는 사인도 제공할 수 있는 급
부는 사인이 제공할 수 있도록 격려하고 증진해야 하지 국가가 이를
직접 제공해서는 안 된다고 본다. 그에게 있어서 국가임무란, 강제
적 수단의 투입을 필요로 하는 공공임무와 관련된 것만을 의미하며,
이런 점에서 (실체적) 私化는 국가가 가지고 있는 '임무'를 私化하는

---

50) 이에 대해서는 4절 이하에서 후술한다.
51) Weiss, a.a.O., S.429f.

것이 아니라 바로 그러한 임무가 없기 때문에 私化를 하는 것이다. 따라서 私化는 (할 수 있는 것에 그치지 않고) 반드시 해야만 하는 것이 된다.[52]

이러한 견해는 국가가 개인의 기본권을 보호하기 위해서, 국가의 활동은 반드시 고권적 권한을 필요로 하는 부분에 한정되어야 하고, 국가의 역할은 사인의 활동영역 밖에서 사인의 활동을 조장하는 것에 그쳐야만 한다고 보는 점에서 논란의 여지가 있다. 우리는 비록 사인의 활동이 가능한 영역에서 국가가 활동하더라도 이것이 기본권을 침해하는 것은 아니며, 오히려 사인의 기본권과 경합적으로 혹은 오히려 기본권을 보호하는 국가의 활동이 있을 수 있음을 알고 있다. 가령, 산업적인 보호, 학문의 진흥, 정보제공, 계획 및 미래형성적인 작용과 같은 분야는 고권적인 권한이나 강제력의 행사와는 무관하지만, 공익을 위하는 활동이고 국가의 중요한 임무에 속할 수 있다. 또 국가가 공기업의 형태로 국민생활에 필수적인 역무를 제공하는 것을 사인이 할 수 있다고 해서 국가가 이 분야로부터 벗어나 반드시 私化를 해야 한다는 논리필연적인 결론에 이르는 것도 아니다.[53] 국가의 활동이 반드시 사인에 대한 기본권을 침해하는 것은 아니며 공공복리라는 국가목적에 기여하는 방식의 하나일 수 있기 때문이다. 그람이 주장하는 '국가의 공공재 생산이 사적인 생산에 우선한다'는 명제에 대한 과학적인 증명이 불가능한 것만큼이나 헌법적으로 사적인 급부제공이 우선한다는 봐이스의 주장도 논리적인 비약이 따른다고 할 것이다.

더 나아가 봐이스의 주장은 비록 기본법상의 기본권 조항에 그

---

52) Weiss, a.a.O., S.4.
53) 따라서 봐이스에게 있어서 생존배려(Daseinvorsorge)의 임무가 국가임무로 인정될 수 있는지도 의문이며, 그에게 있어서 국가의 경제적 혹은 私法형식의 임무수행은 예외적일 수밖에 없다. Weiss, a.a.O., S.437ff. 참조

이론적 근거를 두고 있지만, 실은 국가의 기능을 전쟁과 범죄로부터 국가를 보호하는 것에 한정한 야경국가론 혹은 자유주의 내지 신자유주의적인 국가철학과 대동소이한 결론에 이른다는 점에 문제가 있다. 현대적인 자유주의 철학의 대표자 중 하나인 로버트 노직(Robert Nozick)은 그의 대표작인 'Anarchy, State, and Utopia'의 서문에서 국가의 형태 중 강압·절도·사기로부터의 보호, 계약집행 등의 좁은 기능들에 제한된 최소국가(minimal state)만이 정당화될 수 있으며, 그 이상의 포괄적 국가는 특정의 것을 하도록 강제되지 않을 개인의 권리를 침해할 것이라는 점에서 정당화될 수 없다고 주장하고 있다.[54] 이 이론의 철학적인 당부를 논하는 것은 이 논문의 범위를 벗어나는 것이지만, 적어도 법학에서, 특히 행정법 분야에서 위와 같은 주장은 급부행정 내지 사회보장행정과 같은 행정의 다양한 활동양식이 존립할 수 있는 기반 자체를 부인하는 것으로서 양립할 가능성이 없다는 점을 밝혀두고자 한다. 다만, 필수적 국가임무는 결국 이를 통하여 국가의 존재가 정당화되어야 한다는 국가목적론적인 관념으로 소급되는 것임을 부인하기 어렵다. 비록 현대의 국가임무론은 국가목적이 갖는 이데올로기적 함의를 포기하였다고 하더라도 국가가 필수적으로 수행해야 하는 핵심영역을 찾고 이를 통하여 私化의 한계를 도출하는 것은 규범과 당위로서의 국가를 연구하는 법학에서 간과할 수 없는 과제일 것이다. 여기에는 이러한 핵심영역을 충분히 보장하는 것만이 국가가 국가로서 존재할 수 있고, 국민에 대하여 강제력을 행사하는 근거가 되기 때문이다.

---

54) *Anarchy, State, and Utopia*, 1974, p.ix(Preface); 로버트 노직, 황경식 역, 『아나키에서 유토피아로』, 1983, 11면

제3장 행정임무의 구조 및 수행방식

제1절 국가임무의 구체화로서의 행정임무

1. 국가임무론과 행정임무론의 설명범위

독일에서 국가임무론의 논의들 중 행정의 구체적인 임무 및 임무 수행방식에 대하여 검토하는 행정법학자들의 견해들을 살펴보면 그 견해들이 취하는 대략적인 설명의 범위를 확인할 수 있다. 이들이 설명하는 내용과 그 개괄적인 특징은 일응 행정임무론이라는 별도의 범주로서 국가임무론과 구별될 수 있다. 먼저, 국가임무론은 일반 국가학(Allgemeine Staatslehre)이라는 독일의 전통적 학문분과에 속하는 국가목적론에서 유래한 것이다. 따라서 그 논의에는 철학적·정치학적 견해가 포함되어 있으며, 공공복리와 같은 비교적 추상적인 개념에 대한 검토가 주로 이루어진다. 반면, 행정임무론은 행정법학의 관점에서 행정학적인 논의를 포함하고, 주로 구체적인 행정의 활동방식에 주목한다. 가령, 슈페르트는 그의 Verwaltungswissenschaft라는 저서에서 '행정의 임무'(Aufgaben der Verwaltung)에 대하여 검토하지만, Staatswissenschaft라는 저서에서는 2장에서 '국가임무론의 개요'(Grundzüge einer Staatsaufgabenlehre)라는 제목으로 국가철학 및 경제학적인 논의를 포함한 포괄적인 관점에서 국가임무에 대하여 다루고 있다.[1]

국가임무론에서 임무의 도출근거로서 주목하는 것은 기본법이다. 그러나 기본법의 불완전성을 보충하기 위하여 필수적 국가임무와 같은 거시적인 이론틀이 도입된다. 이에 비해 행정임무론은 구체적인 규범을 검토하기 보다는 '행정의 임무가 누구에 의하여, 어떤 방

---

1) Gunnar Folke Schuppert, *Verwaltungswissenschaft*, 2000, S.81ff.; Schuppert, *Staatswissenschaft*, 2003, 215ff. 참조.

식으로 규정되는지'에 주목한다. 국가임무론은 임무의 수행방식으로서 私化를 고찰하지만, 그 관심은 국가와 사회가 접근하는 현상으로서의 私化가 '어떤 범위에서 허용될 수 있는지'에 머무른다. 반면, 私化를 포함한 임무의 전반적인 수행방식을 행정임무의 유형과 관련하여 종합적으로 고찰하는 것은 행정임무론의 과제이다. 여기서 행정이 사인과의 관계에서 협력적으로 임무를 수행하는 것이 강조된다. 이러한 관점에서 살펴볼 때 국가임무론과 행정임무론은 전체적으로 동일한 맥락에서 문제에 접근하지만, 그 논의의 차원이나 구체성의 정도에서는 상당한 차이가 있다는 점을 알 수 있다. 행정임무론은 국가임무론의 논의를 구체화한다. 따라서 본서가 제기한 세 가지 핵심과제에 관한 답변은 국가임무론과 행정임무론을 종합적으로 검토한 이후에야 온전하게 이루어질 수 있다.

2. 행정임무의 개념 및 구별개념

1) 임무와 책임

행정임무론의 단초는 임무(Aufgabe)개념에서부터 시작된다. 임무개념을 어떻게 이해하는지에 따라서 관련개념과의 구별이나 제도의 효과가 달라질 수 있기 때문이다. 독일어에서 임무라는 단어는 보통 의무(Verpflichtung), 목적(Zweck) 혹은 기능(Funktion)과 동의어로 이해되기도 한다.[2] 그러나 법학적으로는 보통 목표(Ziel), 목적(Zweck), 관할(Kompetenz) 및 권한(Befugnis), 기능(Funktion) 등의 개념과 구별하여 설명된다.[3] 임무는 장래에 수행되어야만 하는 것이므로, 목표(Ziel),

---

2) Götz/Haensch/Wellmann, *Langenscheidt Großwörterbuch Deutsch als Fremdsprache*, 2003, S.82.

3) Susanne Baer, § 11 Verwaltungsaufgaben, in: Hoffmann-Riem/Schmidt-Aßmann/

목적(Zweck)과는 다르고, 임무에는 의무가 반드시 따르지만 의무 자
체와도 구별된다. 이러한 관점에서 임무는 의무나 목적이 아니라 오
히려 이를 실현하기 위한 활동의 범위로 이해해야 한다.[4]

국가나 행정의 임무는 항상 책임(Verantwortung)이라는 개념과 관
련되어 나타난다. 독일어에서 책임은 보통 "1. 누군가에게 아무것도
발생하지 않게 하거나 혹은 무엇인가가 잘 되어 있고, 이루어지고,
실현되도록 돌보는 의무, 2. 자각을 하고, 자신의 행위의 준비와 결과
를 감수하는 것"으로 이해된다.[5] 책임은 '권한'(Kompetenz)과 '행동의
무'(Verhaltenspflicht)와 연결되어 있다. 즉, 권한이 할당된 자는 그 권
한을 질서있게 이행할 의무를 지고, 이에 대해 책임을 진다는 것이
다.[6] 또 책임은 단순한 하나의 권한이나 의무가 아니라 복합적으로
이해되는데, 그 개념 속에 책임성(Verantwortlichkeit) 및 절차(Verfahren),
관할(Zuständigkeit) 및 특별한 행위여지(Handlungsspielräume) 등을 포괄
하게 된다.[7]

임무에는 책임이 따르지만 임무와 책임이 항상 동일한 것은 아니
다. 원칙적으로 국가는 자신이 아직 이행하지 않았거나 충실히 이행
하지 않은 임무를 이행할 책임이 있다. 그러나 책임이 항상 임무를

Voβkuhle(Hrsg.), *Grundlagen des Verwaltungsrechts Bd. I*, 2006, S.724.

4) Won-Woo Lee, *Privatisierung als Rechtsproblem*, 1997, S.29; 이원우, "민영화에 대
   한 법적 논의의 기초", 『한림법학포럼』 7권 (1998), 224면: 이원우 교수는 임무
   를 "활동의 객관적 범위"로 이해하는 것이 독일의 통설이라고 소개하고 있
   다. 반면, 임무를 기능(Funktion), 사명(Auftrag), 책임성(Obliegenheit), 의무
   (Pflicht), 책임범위(Verantwortungsbereich) 등과 동의어로 이해하는 견해로는
   Wolfgang Weiss, *Privatisierung und Staatsaufgaben*, 2002, S.26.

5) Götz/Haensch/Wellmann, a.a.O., S.1096.

6) 책임은 권한을 따르는데, 반드시 이에 한정되는 것은 아니고 권한이 없거
   나 불명확한 경우에도 책임이 주어질 수 있다고 한다. Rainer Pitschas,
   Verwaltungsverantwortung und Verwaltungsverfahren, 1990, S.10 참조.

7) Rupert Scholz, Verwaltungsverantwortung und Verwaltungsgerichtsbarkeit, in: *VVDStRL
   H.34*, 1976, S.149.

정당화하는 역할만을 하는 것은 아니다. 반대로 책임은 국가에 의해 사실상 이행되어 온 임무에 대하여 그 임무수행의 정당성을 부인하고 임무를 없애는 역할을 하기도 한다. 이러한 대립적 관점을 책임의 임무정당화(Aufgabenbegründung)와 임무비판(Aufgabenkritik)의 기능으로 이해할 수 있다.[8] 그리고 임무는 스스로 定義할 수도 있지만 타인에 의해 정해질 수도 있고, 실현할 수도 있지만 실현하지 못할 수도 있다.[9] 따라서 이러한 경우에는 임무와 책임의 불일치가 발생할 수 있다.[10]

임무에 뒤따르는 책임의 성질은 고정된 것이 아니라 변화하는 것으로 이해해야 한다. 국가는 원칙적으로 스스로 임무를 이행할 책임이 있지만(이행책임), 그 임무가 사인에게 양도되거나 타인에게 위임될 경우 임무에 따르는 책임의 내용도 변화한다(보충책임). 또 제3자와의 관계에서 책임이 분배되는 경우도 있다.[11] 이처럼 책임은 임무의 이행이나 사인과의 협력이라는 관점에서 이를 이해하는 핵심개념이지만, 이는 아직까지 구체적인 배상책임과 같은 법적 효과를 직접적으로 도출할 수 있는 도그마틱적 개념이 아니라 문제해명적 (heuristisch) 개념에 해당한다.[12] 이처럼 임무는 책임과의 상호관계와 긴장관계 속에서만 올바르게 이해가 가능하다. 따라서 본서에서는

---

8) Christof Gramm, *Privatisierung und notwendige Staatsaufgaben*, 2001, S.295f.

9) Baer, a.a.O., S.724.

10) 반면, 봐이스의 경우 국가는 자신의 임무를 반드시 수행해야 하고, 자신이 수행할 필요가 없는 것은 임무가 아니며, 오히려 사인에게 맡겨져야 한다고 주장한다. Weiss, a.a.O., S.27.

11) 이에 대해서는 제3장 제3절 이하 참조

12) Eberhard Schmidt-Aβmann, *das allgemeine Verwaltungsrecht als Ordnungsidee*, 2.Aufl., 2006, S.170; Hans-Heinrich Trute, Verzahnungen von öffentlichem und privatem Recht －anhand ausgewählter Beispiele－ in: Hoffmann-Riem/Schmidt-Aβmann(Hrsg.), *Öffentliches Recht und Privatrecht als wechselseitige Auffangordnungen*, 1995, S.198. 참조.

임무의 개념을 '책임의 준거로서 활동의 객관적 범위'라고 정의한다.

2) 공공임무, 국가임무, 행정임무

임무의 개념적 징표가 밝혀졌더라도, 행정임무는 단순히 '행정'과 관련된 국가임무라는 정도로는 그 개념이 의미하는 바가 명확히 드러났다고 보기 어렵다. 임무에는 책임의 귀속이 따르므로, 그 임무의 사안적 대상, 수행방식, 귀속주체 등과 관련하여 다양한 변화가 가능하고, 사안에 따라서는 개념상의 혼란이 야기될 수 있기 때문이다. 개념의 명확화를 위하여 비교하여야 할 대상은 공공임무, 국가임무, 행정임무라는 용어들이다.

전통적으로 시도된 논의로는 옐리네크(G.Jellinek)의 국가임무에 관한 개념정의를 들 수 있다. 그는 국가임무를 국가에 속한 활동(Tätigkeiten)으로 보면서, 여기서 배타적으로 국가에 귀속되는 활동들인 '독점적 국가임무'와 국가가 단지 명령적, 지원적, 촉진적 혹은 방어적으로만 개인적 혹은 사회적인 생활발현에 접근해가는 활동들인 '경합적 국가임무'가 분리된다고 주장한다.[13] 한스 페터스(Hans Peters)는 이러한 견해를 더욱 발전시켜서, 공공임무는 상위개념으로서 그 이행에 공중(Öffentlichkeit)이 결정적으로 관심을 가지는 임무인 반면,[14] 국가임무란, 국가가 스스로 처리하는 활동이라고 묘사될 수 있다면서 공공임무와 국가임무를 구분하고 있다. 페터스에 따르면 국가임무는 국가가 직접적으로 행정관청에 의해서 혹은 간접적인 국가행정의 방식으로 공공영조물이나 사단 내지 국가임무를 가진 공

---

13) Georg Jellinek, *Allgemeine Staatslehre*, 7.Neudruck der 3.Aufl. von 1913, 1960, S.225. 참조.

14) Hans Peters, Öffentliche und staatliche Aufgaben, in: *Festschrift Hans Carl Nipperdey*, Bd.2, 1965, S.878ff.

무수탁사인에 의해 수행되지만, 공공임무는 완전히 사적 영역에 맡겨져 있고, 국가는 스스로 활동하지 않고, 사적활동을 국가의 감독 하에 두거나 그 주체에 대한 한계규정과 그 활동에 대한 지침으로 영향력을 행사할 수 있다고 한다.[15] 이러한 견해들을 살펴보면, 결국 공공임무는 공공성이라는 활동의 목적에 의해 정의되는 반면, 국가 임무는 그 임무를 수행하는 담당자가 누구인지에 따라 정의된다는 것을 알 수 있다. 최근에는 공공임무를, 공공복리(Gemeinwohl)의 실현에 기여하는 공익(öffentliche Interesse)에 놓여 있는 활동으로 정의하면서,[16] 국가임무를 포함한 공익목적을 추구하는 모든 임무의 상위 개념으로 이해하는 것이 보통이다.[17] 따라서 국가임무는 항상 공공 임무이기도 하지만, 그 반대는 아니다. 즉, 어떠한 임무가 공익을 추구한다는 것만으로 국가임무를 바로 추론할 수는 없다.[18]

공공임무는 국가에 의해서 혹은 사인에 의해서 아니면 공동으로 수행될 수 있다.[19] 이처럼 공공임무의 수행에 국가만이 배타적으로 관여하는 것이 아니므로, 공공임무 중 국가임무인 것과 국가임무가 아닌 것을 구별하는 것이 문제된다.[20] 공공임무 중에는 그 수행에 대하여 국가가 책임이 있지만(혹은 관여하지만), 국가임무는 아닌 경

---

15) 옐리네크와 페터스의 견해에 대한 소개 및 그 비교에 대해서는 Reinhard Ruge, *Die Gewährleistungsverantwortung des Staates und der Regulatory State*, 2004, S.139ff. 참조하여 정리하였다.

16) Weiss, a.a.O., S.22.; Josef Isensee, § 73 Staatsaufgaben, in: *HdbStR Bd.IV*, 3.Aufl., 2006 S.124.

17) 이원우, 앞의 글, 224면 참조.

18) Weiss, a.a.O., S.25.

19) Baer, a.a.O., S.726.

20) 공공임무는 공공복리와 관련된다는 점에서 국가가 사인에게 모든 것을 맡기고 아무런 책임을 부담하지 않는 공공임무의 영역을 상정하는 것은 불가능하다. 국가는 어떠한 방식으로든 모든 공공임무의 영역에 관여할 수밖에 없다는 점이 공공임무와 국가임무 사이에 개념상의 혼란이 발생하는 원인이라고 판단된다.

우가 포함되기도 한다. 즉, 국가임무와 관련되어 있으면서 사회가
하지 않는다면 국가가 그러한 임무를 자신의 운영하에 자신의 계산
으로 이행했어야 하는 경우로서, '국가에 의해 유발된 사회적 자율규
제' 및 고권적으로 규제를 받는, '실체적 私化'가 된 임무가 이에 속
한다. 두 번째로는 순전히 공공임무의 범주로만 파악되지만, 국가적
으로 규제되고 부분적으로 경쟁 속에서 국가의 지원을 받는 공적 건
강제도에 대한 사인의 기여(예: 계약의사(Vertragsarzt))[21]나 사인의 공
공학교제도에 대한 기여(예: 사립학교)와 같은 것이 포함된다. 이러
한 구별의 실익은 국가의 개입이나 국유화 가능성의 정도에 있다.
즉, 전자(실체적 私化가 된 임무)가 후자(순수한 공공임무)에 비하여
국가의 개입정도나 국유화의 가능성이 높을 것이다.[22] 결국 공공임
무와 국가임무 사이에는 국가의 관여정도에 있어서 많은 스펙트럼
의 차이가 존재할 수 있지만, 국가가 직접 혹은 간접적인 국가행정
기관을 통하여 '스스로' 이행하느냐 여부를 기준으로 구별할 수밖에
없다고 할 것이다.[23]

한편, 행정임무는 국가임무의 하위개념으로서 국가의 임무 중 그
수행이 행정에게 맡겨진 임무를 말한다고 할 것이다. 즉, 행정임무
란 행정주체에게 그 수행(Wahrnehmung)이 할당된 '국가임무'를 말한
다.[24] 그러나 그 임무는 반드시 행정이 혼자 수행해야 하는 것이 아

---

21) 계약의사란 사회보험적용을 받는 환자의 진료가 허용된 의사를 의미한다.
22) Markus Heintzen, Beteiligung Privater an öffentlichen Aufgaben und staatliche
    Verantwortung, in: VVDStRL H.62, 2003, S.228f. 참조.
23) Baer, a.a.O., S.726 참조; 이에 비해 국가임무를 "국가가 헌법의 기준에 따라
    그 한계속에서 개입하거나 개입할 수 있는 임무, 달리 말하면 법으로 인하
    여 국가에게 할당되거나 국가가 접근할 수 있는 활동분야"를 의미한다고
    하면서, 단순히 사실상 수행한다는 것만으로는 충분하지 않고, 국가활동의
    '법적인 가능성'이나 임무에 개입하는 것에 대한 '헌법적 허용성'을 구별요
    소로 제시하는 견해로는 Isensee, a.a.O., S.124f. 참조.
24) Schmidt-Aβmann, a.a.O., S.154.

니라, 다른 국가기관이나 사적주체 내지 혼합주체와 함께 수행할 수 있다고 할 것이다.[25] 여기에 다시 행정을 어떠한 의미로 파악하느냐와 관련된 전통적 문제가 제기될 수 있을 것이다.

3. 행정임무의 유형

행정임무의 실제적 내용을 파악하기 위해서는 행정임무를 적절한 기준에 따라 유형화하는 것이 필수적이다. 행정임무의 내용을 역사적으로 고찰할 때, 각 시대에 어떠한 행정임무가 지배적이었는지를 열거하는 것은 세심한 주의를 요한다. 예를 들면, 중세시대의 법의 수호임무(Rechtsbewahrungsaufgabe)와 초기 근대 절대국가시기의 고전적 복지임무(Wohlfahrtaufgabe)를 거쳐서, 19세기에는 위험방지(Gefahrenabwehr) 및 조세국가적 임무가 강조되었다. 이어서 20세기에 들어와 계획(Planung)과 유도(Lenkung)라는 사회국가적 임무가 등장하고, 최근에는 사전배려(Vorsorge)와 예방(Prävention)의 관점이 행정법학의 중요한 관심사가 되었다.[26] 그러나 이러한 임무의 중심변화는 처음부터 국가에게 부여된 고정적인 여러 임무의 분야 중에서 관심사가 변화된 것이 아니라 언제나 역동적으로 새로운 임무분야가 개척된 것이고, 이를 통해 임무에 관한 유형론도 항상 새롭게 재편되어 왔다고 할 것이다. 최근의 독일의 행정법학 내지 행정학은 현대국가에서의 행정의 임무를 다음과 같이 다양한 방식으로 유형화하고 있다.

---

25) Baer, a.a.O., S.725; 국가임무와 행정임무의 관계에 대해서는 제3장 제1절 참조.

26) Rainer Wahl, Die Aufgabenabhängigkeit von Verwaltung und Verwaltungsrecht, in: Hoffmann-Riem/Schmidt-Aβmann/Schuppert(Hrsg.), *Reform des allgemeinen Verwaltungsrechts Grundfragen*, 1993, S.189 참조.

1) 임무의 주체

먼저, 임무이행의 주체에 따라서, 배타적으로 순수하게 공법적인 조직에 의하여 이행되는 국가의 '핵심임무'와 다른 조직에 의해서 이행될 수 있는 국가의 '보장임무', 기타 비공공적인 임무로서 국가 혹은 다른 조직에 의해 맡아질 수 있는 '부속 혹은 보충임무'가 구별된다.[27]

2) 의무의 정도

임무와 연결된 의무의 정도에 따라서, '의무적 임무'와 '자발적 임무'의 구별이 시도되기도 한다. 하지만 이러한 견해에 대해서는 대부분 실제 임무의 분배형태에 맞지 않는다면서, 예를 들어 지방자치단체의 경우 특정한 기간시설을 확보할 의무를 갖지만, 그럼에도 거기에 사인이 자발적으로 협력하도록 설정할 수 있다는 이유 등을 들어 비판받고 있다. 그러나 이러한 비판은 엄밀하게는 행정에 부과된 의무의 정도가 아니라 행정과 사인 사이의 임무의 분배의 문제일 뿐이라고 판단된다.[28] 반면, 국가는 자신의 임무를 맡아야만 하고 그렇게 할지 여부를 결정할 수는 없기 때문에, 의무적 국가임무(obligatorische Staatsaufgabe)와 임의적 국가임무(fakulative Staatsaufgabe)로 세분하는 것은 설득력이 없으며, 국가가 이행할 필요가 없는 임무지만, 국가가 자유롭게 맡을 수 있는 것은 국가의 것일 수 없다는 견해도 있다.[29]

---

27) Baer, a.a.O., S.730.
28) Baer, a.a.O., S.731.
29) Weiss, a.a.O., S.27.

3) 대상

가장 전형적인 행정임무의 유형화는 대상에 따른 분류이다. 이는 대개 각국의 헌법을 통하여 행정에 어떤 임무가 부여되는지가 드러나는데, 독일과 같은 연방국가의 경우 주와 연방 사이의 임무분배의 문제가 두드러진다. 이러한 임무분류는 소위 중앙행정부서의 편제 문제와 연관이 있다. 각 주들은 대개 조직과 자원, 지방자치제도, 공적 안전, 경제와 환경의 임무, 교육과 문화의 임무, 사회적인 것과 건강의 임무, 법적보호 및 재정의 임무 등을 구분하여 맡고 있다.[30) 그 밖에 국가의 임무를 공공재를 제공하는 것이라고 보는 그람의 경우 공공재의 종류를 지위재, 질서재, 사회재, 정신재, 기간시설재, 경제구조재, 국제적이고 초국가적인 구조재로 분류한 것도 대상에 따른 분류에 해당한다.[31)

4) 구조 내지 임무이행방식

행정임무에 대하여 도그마틱적인 고찰을 하기 위해서는 행정임무를 좀 더 체계적으로 분류할 필요가 있다. 이러한 관점에서 행정임무의 구조 내지 임무이행의 방식에 따라서, 고권적 질서·급부·보장임무, 협력적 임무수행, 시장에서의 고권적이며 준사법적인 혹은 사실상 사적인 임무수행으로 구분되기도 한다.[32) 유사한 방식으로 라이너 발(Rainer Wahl)은 행정목적 및 기능이행의 측면에 따라 '위해 방지영역에서의 집행기능', '계획의 영역에서의 형성기능', '금전급부행정에서의 집행기능', '배려하는 사회적 역무에서의 형성기능'으로

---

30) Baer, a.a.O., S.731.
31) Gramm, a.a.O., S.274ff.
32) Baer, a.a.O., S.731.

임무를 세분할 것을 제안하고 있다. 그러나 발은 이러한 구분이 빈틈없는 포괄적인 것이 아니라 예시적인 것이라고 본다.[33]

5) 행정목적에 따른 3유형

행정임무를 그 목표설정에 따라서 구별하여 '외부적 안전의 보호', '내부적 질서의 보호', '정치행정적 시스템의 활동능력의 보호', '공동의 필요의 충족'과 '사회의 조종임무' 등으로 행정임무를 유형화해야 한다는 견해도 주장된다.[34] 이러한 기초에서 베르(Susanne Baer)는 행정임무를 '국가존속의 보호', '사회적 정의의 보장', '미래에 대한 보호'의 세 개 유형으로 구분할 것을 제안하고 있다.[35] 먼저 '국가존속의 보호'는 비폭력과 평화의 보장을 의미하는데, 여기에는 재정적이고 조직적인 차원에서의 자원의 확보와 인력의 계발 혹은 홍보(Öffentlichkeitsarbeit) 등이 속한다. 둘째로 국가의 정당화의 기초, 사회의 존재 및 시민의 안녕을 보장하는 것으로서 '사회적인 정의보장'이라는 임무유형이 존재하는데, 여기에는 다시 '시민의 생존보장'과 '삶의 질의 보장'이 하위유형으로 속한다.[36] 사회적 정의보장에 대한 예로는 기초보장,[37] 교육제도(사립학교설립)를 위한 기본법 제7조

---

33) Wahl, a.a.O., S.191ff. 참조.
34) Mayntz, Renate, *Soziologie der öffentlichen Verwaltung*, 4. Aufl. Köln 1997, S.56ff.
35) Baer, a.a.O., S.734.
36) 이처럼 사회 정의의 보장과 관련하여 생존적인 문제와 삶의 질의 문제를 구분하는 베르의 견해는, 사회국가적인 혹은 급부행정의 영역에서, 금전급부의 집행적 기능과 사회보장적 역무의 형성적 기능을 구분하는 발의 견해와 일맥상통한다. 그러나 둘 사이의 임무의 유형화가 그 범위에 있어서 정확히 일치하는 것은 아니라고 판단된다.
37) 노령이나 소득감소에 대하여 최저생계비를 지원해 주는 사회보장급부의 하나를 의미한다. 인터넷 백과사전 위키피디아 〈http://de.wikipedia.org/wiki/Grundsicherung_im_Alter_und_bei_Erwerbsminderung〉 (2010. 1. 31. 최종방문) 참조.

제4항, 양성의 평등에 관한 기본법 제3조 제2항 2문과 함께 소비자보호 및 품질정책 혹은 임신중절에 대한 취급 내지 응급구조 등이 언급되고 있다.[38] 마지막으로 '미래의 보호'는 기본법 제20조의a의 환경보호처럼 생존과 자원의 문제나 행정개혁과 같은 문제를 포함한다.

이러한 베르의 견해는 다른 유형화의 기준에 비하여 나름대로 장점을 가지고 있다. 즉, 다른 유형화의 기준들은 행정의 임무를 집행이나 형성, 급부와 같은 행정의 기능형식을 가지고 구별하거나, 고권적, 협력적과 같은 행정의 활동방식을 가지고 구별을 시도하므로 일정부분 이미 행정법학에서 발달된 도그마틱을 동어반복적으로 차용하는 문제점이 있다. 가령 급부나 고권적인 질서를 별도의 임무유형으로 나누어 특성을 파악한다면 이는 질서행정 내지 급부행정이라는 전통적인 행정활동형식의 구분에 따른 도그마틱을 그대로 서술하게 될 뿐이지, 순수한 행정임무에 따른 특징을 파악하기는 어려워지며, 각 유형이 겹치는 문제도 생기게 될 것이다. 이에 비해 행정목적을 가지고 유형화를 시도하는 베르의 견해는 행정임무의 유형화 및 그에 따른 도그마틱의 탐구를 좀 더 순수한 형태로 추구할 수 있다는 장점이 있다. 다만 사회적 정의보장임무의 하부 유형을 시민의 생존보장과 삶의 질의 보장으로 세분하는 것은 매우 어려운 작업이 될 것이고, 사실상 어떤 한 유형에 편입시키는 것이 불가능한 경우도 나타날 수 있을 것이다.

6) 핵심임무와 구조보장임무

마지막으로 이러한 행정임무의 유형화와 관련하여 가장 특징적인 제안은 행정임무들을 전체적으로 '핵심임무'(Kernaufgabe)와 '구조

---

38) Baer, a.a.O., S.734.

보장임무'(Struktursicherungsaufgabe)로 분류할 수 있다는 것이다.39) 베
르는 슈페르트(Gunnar Folke Schuppert)와,40) 로즈(Rose)의 연구를 인용
하면서,41) 두가지 '핵심임무'로서 '강제력독점 또는 내부적·외부적
안전의 보호', '국가예산 또는 국가행위의 재정적 기초의 보장'을, 그
외에 두 가지 '구조보장임무'로서 '생존배려 혹은 구호', '계획 및 기
간시설의 임무'를 열거하고 있다. 이러한 분류의 의미는 핵심임무는
광범위하게 행정적으로 이행되어야 하지만, 구조보장임무는 상이한
주체에게 임무를 분배하기 위한 여지가 많다는 점에 있다. 즉, 私化
혹은 사인의 참여에 의한 공적임무의 수행방식은 주로 핵심임무보
다는 구조보장임무에 적합하다는 것이다.

　이러한 유형화에 대하여 베르는 '핵심임무'로 분류되는 내적 안전
보호임무의 경우에도 사인에 의해 이행되거나 부분적으로 私化가
이루어질 수 있고, 어떤 임무는 구조보장뿐만 아니라 안전보호의 임
무에 동시에 귀속될 수도 있으며, 에너지공급과 같이 안전의 보장을
위한 전제가 되지만 필수적으로 국가에 의해 수행되는 것이 아닌 경
우도 있고, 반대로 장례제도와 같이 전통적으로 국가에 의해 처리되
었지만, 핵심임무가 아닌 경우도 있다면서 위와 같은 분류방식을 비
판하고 있다.42) 그러나 본서에서 주제의 하나로 삼고 있는 '필수적
국가임무'라는 개념은 처음부터 국가가 모든 경우에 유일한 임무주

---

39) Baer, a.a.O., S.732

40) Schuppert, *Verwaltungswissenschaft*, S.81f.

41) 로즈는 서구의 31개 국가에서 어떠한 임무를 실제로 1849년과 1972년에 수
　행했는지를 조사하였다. 그에 따르면, 근대국가에서 개념적으로 필수적인
　'결정적 활동(defining activity)'이란, 영토적 통합의 보호, 내부질서의 유지,
　재정적 기초의 보장(조세) 등이고, 이는 국가가 그 임무수행을 독점하고,
　전통적인 임무인 외무, 전쟁, 사법, 내무 및 재정의 소관이라는 것이다.
　Richard Rose, On the Priorities of Government, A Developmental Analysis of Public
　Policies, *European Journal of Political Research 4*, 1976, S.247ff. 참조.

42) Baer, a.a.O., S.732.

체로 되는 것을 전제로 하는 것은 아니다.[43) 즉, 비록 정도의 차이를 가진 추상적이고, 상대적인 개념으로서, 임무의 존속 자체를 임의로 처분할 수 없이, 경우에 따라서는 모든 사적인 주도의 배제하에서 그리고 독점적 지위에서 수행해야만 하는 '私化가 현저히 어려운 국가임무'(privatisierungsfeste Staatsaufgabe)로서의 '핵심임무' 혹은 '필수적 국가임무'를 상정하는 것이 가능하다는 점은 이미 살펴본 바와 같다.[44)

---

43) Gramm, a.a.O., S.29.
44) Gramm, a.a.O., S.24; 자세한 사항은 본서 제2장 제3절 2항 참조.

제2절 행정임무에 대한 도그마틱적 접근

1. 행정임무에 대한 도그마틱의 가능성

국가임무에 대한 완결된 이론을 도출하는 것이 불가능하다고 하더라도, 한정된 영역에서 임무의 내용을 파악하려는 노력을 게을리 할 수는 없다. 임무의 내용은 구체적인 국가의 활동영역에서 입법과 행정의 실무, 판결 등을 통하여 구체화되고, 이에 대한 이론적인 검토과정을 통하여 다시 기준이 제시되는 변증법적인 과정을 거쳐 불완전하나마 구체적인 모습을 파악해 나가게 되는 것이다. 본서에서 특히 초점을 맞추는 분야는 행정임무에 대한 도그마틱적 특징의 파악이다. 전통적으로 행정법은 결정의 결과에만 주목하고, 그 결정이 이루어지기까지의 과정에는 주목하지 않는다. 또한 원래 법도그마틱이란 용어는 독일에서 "구체적 사안 또는 사안유형에 타당한 법명제(Rechtssatz)를 정립하고 근거를 부여하는 활동, 또는 그 활동의 결과로서 수립된 이론체계"라는 의미로 사용된다고 한다.[1] 이는 결국 구체적인 사안을 적용하면 도식적인 법적효과가 도출하는 법률요건적인 개념에 해당하는 것으로서 원칙적으로 재판규범으로서 작용하는 것이다.

이에 비해 본장에서 다루는 행정임무론은 행정임무에 관한 조종요소인 인력, 조직, 절차 및 수단 등을 주로 다루는 것으로서 전통적인 행정법 도그마틱이 다루는 대상과 동일하지 않다.[2] 또한 위험방

---

1) 박정훈, 『행정법의 체계와 방법론』, 2005, 3면.
2) Rainer Wahl, Die Aufgabenabhängigkeit von Verwaltung und Verwaltungsrecht, in: Hoffmann-Riem/Schmidt-Aβmann/Schuppert(Hrsg.), *Reform des allgemeinen Verwaltungsrechts Grundfragen,* 1993, S.179 참조.

지, 생존배려 등과 같은 행정의 목적 내지 임무와 관련된 개념들이
'문제해명적'(heuristisch) 내지 '해석적'(hermeneutisch)인 개념을 넘어서
완전한 도그마틱적 개념에 해당하는지도 회의적이다.[3] 물론 개별
사안에 대한 구체적이고 구속적인 결론이 문제되는 경우에는 행정
임무론이 전통적인 도그마틱적 해결을 도출하기에 적절치 않은 점
은 있다. 그러나 행정임무의 개념은 상이한 법적 규율의 출발점이
되고, 구체적인 행정법상의 법명제나 제도의 구성요건적 요소가 될
수 있으며, 더 나아가 입법론적인 관점에서 행정임무의 유형별로 행
정임무의 조종, 구조 및 수행방식 등에 관한 일종의 도식적인 특징
을 도출할 수 있을 것이다.[4] 이러한 추론과정을 통하여 행정에 대한
새로운 도전 혹은 행정개혁과제 등에 대한 답변이 이루어질 수 있다
면, 이는 바로 도그마틱이라는 개념이 추구하는 '문제해결'의 기능을
갖추는 것이 될 것이다.[5] 따라서 본서에서 다루는 행정임무의 도그
마틱이란, 전통적 개념보다 확장되어 사용되는, 입법론이나 법정책
적인 과제해결과정을 포함한 넓은 의미의 법이론체계를 의미하는
것이다.

2. 행정임무의 조종요소와 도그마틱적 징표

행정임무에 관한 구체적인 도그마틱적 내용을 살펴보기에 앞서
서, 행정임무의 형식적, 절차적인 측면에 영향을 미치는 요소들과 행

---

3) Otto Bachof, Die Dogmatik des Verwaltungsrechts vor den Gegenwartaufgaben der
   Verwaltung, in: VVDStRL H.30, 1972, S.226-227 참조.
4) Wahl, a.a.O., S.182 참조.
5) 이러한 도그마틱 개념의 의의에 대해서는 박정훈, 『행정법의 체계와 방법
   론』, 2005, 249면 참조; 한편, 발은 임무중심 및 행적목적에 대한 고찰로부터
   프로그램, 조직, 절차 및 기능의 임무적합성의 요구가 도출될 수 있다고
   한다. Wahl, a.a.O., S.190 참조.

정임무를 규정하는 도그마틱적 징표들에 대하여 검토할 필요가 있다. 이는 사회학 내지 정치학에서 영향을 받은 새로운 행정법 방법론으로서의 소위 '조종이론'(Steuerungstheorie)에 관한 것으로서, '어떠한 요소들을 가지고 행정임무의 결정과 수행의 각 측면을 잘 조종해갈 수 있는가'와 같은 관점에서 검토되는 것이다.[6] 소위 조종(Steuerung)이라는 개념은 다른 학문분과와의 결합을 가능하게 하는 핵심개념이지만, 전통적 도그마틱의 관점에서 법개념이라고 볼 수는 없다고 한다.[7] 그러나 이러한 추상성에도 불구하고, 행정의 현대화와 행정(법)의 개혁과 같은 주제를 다룸에 있어서 조종이라는 분석관점은 독일 행정법에서 매우 활발하게 다뤄지고 있는 것으로 파악된다.[8]

행정임무와 관련하여 행정임무의 '조정요소'로 언급되는 것들로는, 조종행위자, 조종형태, 절차와 조직, 자원(인력, 돈, 시간, 공간, 정보와 지식 등) 등을 들 수 있고, 이러한 요소들은 동시에 종합적으로 작용하면서 행정임무와 상호 영향을 주고받는다.[9] 그리고 행정임무의 조종요소들에 영향을 미치는 '행정임무의 구조적 도그마틱'에 대하여, 베르는 이를 기간, 목적그룹, 공간적 관련성, 일방적인 임무定義와 효율성이라는 징표를 가지고 분석하고 있다.[10] 그런데 조

---

6) "조종(Steuerung)"이라는 개념은 원래 인공두뇌학(Kybernetik)에서 나온 것으로 독일 사회학에서 영어 개념인 "control"을 도입한 것이라고 한다. Andreas Voβkuhle, § 1 Neue Verwaltungsrechtswissenschaft, in: Hoffmann-Riem/ Schmidt-Aβmann/Voβkuhle(Hrsg.), *Grundlagen des Verwaltungsrechts Bd. I*, 2006, S.21.

7) Susanne Baer, Schlüsselbegriffe, Typen und Leitbilder als Erkenntnismittel und ihr Verhältnis zur Rechtsdogmatik, in: Schmidt-Aβmann/Hoffmann-Riem(Hrsg.), *Methoden der Verwaltungsrechtswissenschaft*, S.225

8) Schmidt-Aβmann/Hoffmann-Riem(Hrsg.), *Verwaltungsorganisationsrecht als Steuerungsressource*, 1997; Wolff/Bachof/Stober/Kluth, *Verwaltungsrecht I*, 12.Aufl., 2007, S.22 등 참조.

9) Baer, § 11 Verwaltungsaufgaben, in: Hoffmann-Riem/Schmidt-Aβmann/Voβkuhle, *Grundlagen des Verwaltungsrechts, Bd. I*, 2006, S.735ff.; Wahl, a.a.O., S.187 참조.

10) 행정임무의 이행방식에 관한 조종요소 외에 임무 자체의 구조적 특징에

종(Steuerung)이라는 개념은 아직 명확한 의미를 갖지는 않는 것으로 판단된다. 가령, 행정임무를 조종한다고 하였을 때 그 의미를 순박하게 파악하면 '행정이 할 일을 잘 정해서, 제대로 수행하게 하고, 좋은 결과가 나도록 배려한다'는 것으로서, 임무의 규정주체와 임무의 규정형태, 임무의 수행방식 등 임무에 영향을 미치는 다양한 측면을 모두 포괄하는 것으로 보인다. 따라서 독일문헌에서 사용된 조종이라는 용어는 그 실질에 맞게 다시 유형화하여 분석될 필요가 있다.

이하에서는 베르가 분석한 '조종요소'와 '구조적 도그마틱'의 항목들을 다음과 같은 세 가지 범주로 나누어 설명하고자 한다. 첫째로 행정임무의 내용결정에 관한 범주로서 '임무가 누구에 의하여 어떻게 결정되는가'에 관한 문제이다. 여기에는 조종요소로서의 조종행위자 및 조종형태와 구조적 도그마틱으로서의 일방적 개념정의의 문제가 포함된다. 둘째로 행정임무의 범위에 관한 범주로서 '행정임무가 언제까지, 어디서, 누구에게 미치는가'에 관한 문제이다. 여기에는 조종요소로서 기간, 목적그룹, 공간적 관련성이 포함된다. 셋째로 행정임무의 수행방식에 관한 범주로서 '행정임무가 어떤 방식으로 수행되는가'의 문제이다. 여기에는 조종요소로서의 절차, 조직, 자원과 함께 구조적 도그마틱으로서 효율성의 문제가 다뤄진다.

1) 행정임무의 내용결정

이는 '행정임무의 내용은 누가 결정하는가', '새로운 행정임무의 발의는 누구에 의해 주도되는가' 혹은 '어떤 형태와 절차를 통해 행정임무가 규정되는가'의 문제이다.

대하여 도그마틱적 파악을 시도하는 것은 베르의 매우 독창적인 작업으로 보인다. 따라서 이하에서는 베르의 연구를 우선 비판적으로 소개하려고 한다. Baer, § 11 Verwaltungsaufgaben, S.735ff., 742ff. 참조.

(a) 조종주체

행정임무에 대한 조종의 가장 기본적인 주체와 형태는 입법자가 법률을 마련하는 것이다. 입법자는 법률의 제정과 개정을 통하여 국가에 부여되는 새로운 도전에 대처하고, 국가의 임무를 구체적으로 결정한다. 전통적으로 행정임무의 내용을 결정하는 것은 헌법제정권자, 입법자, 정치와 행정의 역할로 간주되었다.[11] 반대로 전통적으로 시민은 선거와 대의제 등의 정치적 과정을 통해서만 직·간접적으로 행정임무에 영향을 미칠 수 있을 뿐 평시에는 행정의 객체로만 여겨지고 있었다. 그러나 현대 행정의 구조변화에 따라, 다양한 형태의 시민참여와 사인과의 '협력적 행정'이 등장하였고,[12] 이는 행정임무를 규정하는 단계에서도 마찬가지가 되었다. 시민은 이른바 행정이 서비스를 제공하는 영역에서 고객의 입장을 통해서 뿐만 아니라 행정의 고권적인 활동에서도 행정과의 상호작용을 통하여 적어도 부분적으로는 임무를 규정한다.[13] 행정의 법집행의 각 단계에서는 물론 행정조직 내부에서도 각종 위원회에 이익집단의 대표나 전문가 등으로 참여하여 행정의 결정에 관여한다. 또한 기능적 자치행정(funktionale Selbstverwaltung)이나 나아가 私化의 형태를 통하여 적극적으로 행정임무의 규정에 나서게 된다.[14]

---

11) Baer, § 11 Verwaltungsufgaben, S.736.
12) 일반적으로 '협력적 행정활동'이라고 하면, 광의의 그것, 즉 행정계약과 협약을 가리키는 것이고, '협력적 행정'이라고 할 때에는 이러한 활동형식에 다가 임무의 私化(Aufgabenprivatisierung)을 통한 공적 임무를 담당하게 된 사적 또는 공사혼합적 조직형태까지 포함된다고 한다. 박정훈, 앞의 책, 260면 이하 (특히 262면) 참조.
13) Baer, § 11 Verwaltungsufgaben, S.736.
14) Helmuth Schulze-Fielitz, § 12 Grundmodi der Aufgabenwahrnehmung, in: Hoffmann-Riem/Schmidt-Aβmann/Voβkuhle(Hrsg.), *Grundlagen des Verwaltungsrechts Bd. I*, 2006, S.799ff.

(b) 조종형태

이는 '임무가 어떤 차원에서, 어떠한 규범형태로 결정되는가'의 문제이다. 임무의 규정형식은 법률을 포함하여 다양한 스펙트럼을 갖는다. 먼저 헌법은 연방과 주 사이의 임무, 권한 및 책임을 분배하는 방식으로 임무규정에 관여하고 또한 몇몇 국가목표규정 내지 입법사항 등에 관한 조항을 통하여 행정임무를 직접 규정하기도 한다. 여기에 유럽법의 영향에 따른 유럽연합의 각종 지침 등에 의한 임무규정이 문제되기도 한다.15) 또 지방자치차원에서의 조례입법도 다른 형태의 임무규정방식이 될 수 있다.

입법자는 법률의 규정을 통하여 임무규정의 권한을 행정에게 위임할 수 있다. 이는 법률의 위임에 따른 행정입법의 형태로도 나타나지만 입법에 의한 규율의 한계에 따른 재량과 판단여지의 방법으로도 나타난다. 행정의 자발적인 임무규정의 정도 및 한계는 결국 중요사항요보설(Wesentlichkeitstheorie)에 따른 법률의 수권정도와 관련이 된다.16) 한편, 임무의 유형에 따라 법적인 규율형식도 전형적인 조건프로그램적, 즉 요건-효과적인 형태(Konditionalprogramm, Wenn-Dann-Verknüpfung)가 적합할 것인지 아니면 목적프로그램규정의 형태(Zweck- und Zielprogramm)로 규정할 수밖에 없을지가 달라진다.17)

(c) 임무의 일방적 定義 여부

베르는 위와 같은 조종요소들에 대한 분석을 바탕으로 행정임무가 행정에 의하여 스스로 일방적으로 定義되는지 혹은 외부에 의해 타율적으로 定義되는지에 대한 도그마틱적인 구분이 이루어질 수 있다는 견해를 펴고 있다.18) 이는 행정임무의 구체적 내용이 임무를

---

15) Baer, § 11 Verwaltungsufgaben, S.737-738.
16) Baer, § 11 Verwaltungsufgaben, S.737 참조.
17) Wahl, a.a.O., S.193ff. 참조.

수행하는 행정주체에 의하여 일방적으로 정해지는지에 관한 문제로
서, 헌법이나 법률과 같은 상위법률과의 관계와 행정의 재량여부 등
과 밀접한 관련이 있다. 먼저, 행정은 계획과 프로그램적으로 형성
하는 분야에서는 일방적으로 임무를 정하게 된다. 그러나 여기에는
기본권에 의한 한계가 주어진다. 법률유보의 관점에서 보면 기본권
침해와 무관한 경우 별다른 제약없이 임무가 일방적으로 定義될 수
있는지가 문제된다. 가령, 전통적으로 법률유보원칙의 예외로 여겨
지는 금전급부, 국가의 홍보, 정보수집 등의 활동영역에서 입법적 조
종없이도 행정임무가 정해질 수 있는지는 중요사항유보설과 관련하
여 검토되어야 한다. 또한 비록 법률유보가 적용되지 않더라도 기본
법상의 인간의 존엄이나 기본권이 존중되어야 할 것이다.

반대로 행정이 더 많은 관할을 가질수록, 오히려 사회나 국제적
인 공간에서 점점 더 타율적으로 임무가 定義되는 성질이 있다. 이
러한 경향은 사회국가 내지 안전국가의 예처럼 과도한 임무로 인한
부담증가와 이행실패로 이어질 위험성이 따르는 것에서 알 수 있다.
타율적 定義의 예로서, 경찰법상의 일반조항에 근거하여 경찰은 원
칙적으로 자신에게 관할이 없는 경우에도 개입할 여지가 생기지만,
여기에 입법자는 추정규정(Vermutungsregel)이나 응급규정(Eilregel)에
의하여 일차적인 관할기관을 정하는 방식으로 대응하는 것을 들 수
있다. 또한 유럽법의 강력한 영향이 독일 행정에 대한 외부로부터의
타율적 임무定義가 증가하는 원인으로도 파악될 수 있다. 그밖에 베
르는 특정한 행정임무는 일방적 定義와 타율적 定義가 공동으로 작

---

18) 베르는 이러한 분류를 행정임무의 내적정의(instrinsische Definition)와 외적
    정의(extrinsische Definition)라고 표현하고 있다. 그러나 이러한 표현은 그 의
    미를 정확히 표시하지 않는다고 생각되므로 본서에서는 대신 '일방적 혹
    은 타율적 定義'라는 표현을 사용한다. Baer, § 11 Verwaltungsufgaben, S.749-751
    참조.

용하는 경우가 있음을 지적하고 있다. 가령, 사회보장급부와 같은 경우 세부적인 급부의 내용은 급부의 수혜자만이 실질적으로 규정할 수 있으므로 임무의 규정에 있어서도 재량과 판단여지가 활용되어야 할 것이다.[19]

일방적 혹은 타율적 임무定義의 구별은 책임(Verantwortung)과 배상책임(Haftung)에 대하여 법적으로 중요한 의미를 갖는다. 예를 들면, 베르의 임무유형 중 '사회적 정의보장'에서는 이행에 참여한 주체들뿐만 아니라 임무를 내용적으로 함께 定義하는 주체들도 권한과 행동의무를 부담한다는 의미에서의 책임(Verantwortung)[20]을 부담해야 할 것이다. 반면, 배상책임(Haftung)은 원칙적으로 원인책임(Verursachungshaftung)으로서 누가 임무를 이행하는가에 달려있다. 그러나 임무를 비록 행정이 이행하더라도, 외부에 의하여 임무가 제기되고 세부적으로 규정된다면, 그로부터 리스크의 재분배(배상책임의 분담)가 일어날 수 있다. 예를 들면, 건축행정에 있어서 사적인 계획입안자가 계획을 통하여 계획승인의 내용을 세부적으로 규정하였을 경우에 이에 대하여 사적으로도 책임을 져야 하는 경우가 생길 수 있는 것이다. 그러나 국가의 존재의 보호임무와 관련하여 사인이 배상책임을 분담하는 일은 드물 것이다.[21]

2) 행정임무의 영향범위

행정임무의 시간적, 공간적인 범위와 그 임무의 효력이 미치는 목적그룹에 관하여도 도그마틱적 고찰이 가능하다. 이는 '행정임무

---

19) Wahl, a.a.O., S.206: 발은 사회적 역무의 이러한 특성을 사람에 의존적(personenabhängig)이라고, 즉 행정이 사람들 사이에서 직접적인 상호작용에 주의를 기울여야 한다고 표현한다.
20) 책임의 개념에 대해서는 제3장 제1절 2항 참조.
21) Baer, § 11 Verwaltungsaufgaben, S.751 참조.

가 얼마동안, 어디에서, 누구에게 미치는가'에 관한 문제이다. 여기에는 조종요소로서 기간, 목적그룹, 공간적 관련성이 포함된다.

(a) 기간

우선 행정임무는 그 기간에 따라 무기한 내지 기한부 임무, 장기내지 단기 임무로 구별할 수 있다.[22] 국가와 시민을 위한 임무의 이행이 더 생존과 관련될수록, 행정임무는 헌법적인 지위를 갖게 되는데, 이처럼 임무가 더 높은 法源(Rechtsquelle)에 관련될수록 지속적임무(Daueraufgabe)라고 할 수 있다(예: 국방에 관한 기본법 제87조의a, 유럽 통합에 관한 기본법 전문 및 제23조). 반면에 단기 임무는 별다른 헌법이나 법률의 규율 없이도 처리될 수 있다.

임무의 기간은 조직형태나, 인력, 자원 등에 영향을 미친다. 장기임무만이 그 임무를 수행하기 위한 별도의 조직을 필요로 하고, 그에 상응하는 인력선발과 전문화 및 전문지식 등을 요구한다. 자원조달의 측면에서도, 단기이며 생존과 무관한 임무의 경우 예산이 아닌유연한 수단에 의하여 자금이 조달되거나 타인에게 자금조달의 수행이 위임될 수 있다. 반면 법적으로 규정된 지속적 임무의 경우 예산적으로 자금조달이 보장되어야만 한다(예: 대출의 차입, 보증의 인수 등과 관련된 기본법 제115조).

(b) 공간적 관련성

행정임무의 공간적 관련성에 대하여도 몇 가지 기본법과 유럽법상의 원칙들을 살펴볼 수 있다.[23] 이러한 내용들은 엄밀하게는 순수한 공간적인 토지관할의 문제만을 의미하는 것이 아니라, 임무의 분배와도 관련이 있다. 가령, 기본법은 중앙과 지역, 연방과 주 사이의

---

22) Baer, § 11 Verwaltungsufgaben, S.743f. 참조.
23) Baer, § 11 Verwaltungsufgaben, S.747ff. 참조.

이해관계의 조정이라는 차원에서 제30조, 제80조, 제28조 제2항 1문 등에서 연방·주·지방자치단체 사이에 행정임무를 분배하고 있다.

이와 관련하여 독일 기본법에서 연방과 주 사이의 관계에 관한 불문원리로서 보충성원칙(Subsidiaritätsprinzip)이 존재하는지에 대하여는 논란의 여지가 있다.[24] 그러나 유럽공동체조약(EGV) 제5조 제2항 및 독일 기본법 제23조에서 명시적으로 규정하고 있는 바와 같이, 유럽법의 차원에서는 유럽공동체가 자신의 독점적 관할에 속하지 않는 영역에서 활동을 하고자 하는 경우, 회원국의 수준에서는 그 목적이 충분히 달성될 수 없고 그 규모 혹은 그 효력 때문에 공동체의 수준에서 더 잘 달성될 수 있을 경우에만 활동할 수 있다는 보충성원칙이 적용되는 것이다. 원칙적으로 이러한 공간적인 관련성에 의하여 임무수행과 책임의 주체는 물론 임무를 定義할 권한과 자원의 부담주체가 정해진다. 그러나 단순히 연방보다는 주가, 유럽연합보다는 회원국이 우선하는 형태로 결정되는 것이 아니라 다양한 차원의 시스템과 관련을 가지고, 양자간에 협력적으로 임무가 이행된다고 한다.[25]

(c) 목표그룹

'행정임무의 상대방이 누구인지, 얼마나 많은지'의 문제는 그 임무분야의 절차, 규정, 행정의 행위형식 등에 많은 영향을 미친다.[26] 우선 목표그룹(Zielgruppe)의 수와 성질은 이해관계의 복잡성을 나타내는 것으로서 행정이 고려해야할 중요한 요소로 작용한다. 이는 특

---

24) Wolff/Bachof/Stober/Kluth, a.a.O., S.151.
25) Baer, § 11 Verwaltungsaufgaben, S.748.
26) 베르는 이 부분에서 사인과의 협력과 私化(私化)의 문제, 책임 및 책임분배의 문제 등에 대하여서도 언급하고 있으나, 이는 목표그룹의 문제라기보다는 임무이행방식 등의 문제로 보인다. Baer, § 11 Verwaltungsaufgaben, S.744ff. 참조.

히 도시계획과 같이 행정이 광범위한 관련자의 이해관계를 고려해
야 하고, 그들의 이해관계를 반영하는 절차와 규정을 마련해야 하는
영역에서 두드러진다. 오늘날 행정법관계가 '행정 대 사인'이라는 二
面的 관계에서 '사인간의 분쟁을 해결하는 행정'이라는 多面的 관계
로 변화하였으므로, 행정은 이제 사인간의 협상을 위한 중재자의 역
할을 떠맡도록 요구된다 할 것이다.[27]

　　이러한 특성과 관련하여 베르는, 사회적 정의에 기여하는 행정임
무들의 경우 그 자원분배방식에 있어서는 개별적 결정에 의하게 되
지만, 그 개별결정은 다른 많은 조종결정과의 연관하에 이루어진다
고 하면서, 예를 들어 사회부조(Sozialhilfe)에 관한 결정은 단지 한 사
람에 관련된 결정이지만, 수많은 목표그룹의 고려하에 성취되는 행
정규칙, 프로그램 및 법률에 기인한다고 지적한다. 봘(Rainer Wahl)도
사회적 역무(sozialer Dienst)에서의 형성기능과 관련하여, 개인적인 보
호(personale Betreuung)는 사람에 의존적일뿐만 아니라, 복잡한 대상
분야와 관련되어 있다고 언급하고 있다.[28]

3) 행정임무의 수행방식

　　임무의 수행과 관련하여, '행정임무는 어떤 방식으로, 즉 어떠한
절차와 조직을 통하여 수행되는가', '이러한 임무수행의 지도원리는
무엇인가'에 관하여 공통적인 특징을 도출해볼 수 있다. 이러한 질문
의 배경에는 어떠한 절차와 조직을 통하여 임무를 수행하는 것이 임
무를 실현하는 데 가장 적절하고 효율적인가에 관한 관심이 들어 있
다. 그리고 이 문제에 대한 답변에는 행정절차법과 조직법이 중요한
역할을 한다. 관련 조종요소로서는 절차, 조직, 자원 그리고 구조적

---

27) 박정훈, 앞의 책, 270면.
28) Wahl, a.a.O., S.206.

도그마틱으로서의 효율성 문제가 검토될 수 있다.

(a) 절차

행정임무의 수행과 관련하여 절차에 관한 지침, 즉 행정절차법이 중요한 역할을 한다. 그 배경에는 '행정임무는 특정한 절차에서 가장 잘 이행될 수 있다'는 가정이 있다. 몇 가지 예를 들면, 환경법을 비롯한 각종 계획법제에 도입되어 있는 의견청취(Anhörung) 및 다양한 형태의 참여권 제도는 정보를 획득하고, 당사자를 만족시키며 설득하는 기능을 한다. 공공조달법상의 각종 제도들은 시장매커니즘을 보호할 뿐만 아니라 부패를 방지하고 체계적이고 통제가능한 임무이행을 보장한다. 사회적 정의와 미래를 보장하는 임무에서 행정절차는 다양한 이해관계를 형량하고 이를 조정할 수 있도록 한다. 또한 광범위하게 활용되는 경찰행정영역에서의 신청제도는 사전적으로 임무를 이행하지 않고, 단지 대응적으로 행동하도록 행정의 부담을 줄여준다.[29]

(b) 조직

행정임무의 조종에 있어서 조직형태를 제안함으로써 '무엇이 임무인지와 어떻게, 누구에 의하여 임무가 이행될지'가 결정되는데, 여기서 특히 행정조직법이 매우 중요한 의미를 갖게 된다.[30] 그에 따라 행정내부조직은 물론 공법상의 특별법인, 공법상 영조물, 회사법상의 조직, 민관협력방식(PPP)에 의한 참가기업 등과 같은 다양한 형태의 행정조직이 제안될 수 있다. 조직형태의 구별에서 임무의 수행방식과 관련된 중요한 기준은 그것이 전통적인 관료제의 형태를 갖는지, 사법상의 조직과 같은 유연한 형태를 갖는지 여부이다.[31] 또한

---

29) Baer, § 11 Verwaltungsufgaben, S.738f. 참조.
30) Baer, § 11 Verwaltungsufgaben, S.738.

조직의 법형식이 행정과의 관계에서 독립성을 갖는지도 임무수행을 위한 중요한 조종요소가 된다. 가령, (행정에 대해 조직적으로는 독립되어 있으나 독립된 법인격을 갖지 않는) 자영기업(Eigenbetrieb)에 비해 유한회사의 형태가 좀 더 독립적이고, 더 나아가 주식회사 형태는 행정의 조종가능성이 매우 제한적이어서 공기업의 형태로 적합하지 않을 수도 있게 된다.[32]

(c) 자원

보통 행정임무에 관한 연구에서 강조되는 점은 법적인 조종이 임무에 따라서 한정적인 역할을 담당하는 반면, 자원(Ressource)에 의한 조종은 상대적으로 중요한 역할을 담당할 수 있다는 점이다.[33] 비물질적인 자원으로는 규정, 정보 및 지식, 관계, 명성 등이 있고, 물질적인 것으로는 인력, 돈, 시간, 공간 혹은 대상이나 기술 등을 포함한다. 광의로는 절차와 조직도 자원에 속한다. 행정임무와 자원은 상호의존적으로 연관되어 있다. 먼저 행정임무와 관련하여 자원의 공급은 두 가지 방향으로 기능하는데, 하나는 임무를 적극적으로 실현되도록 하는 것이고, 다른 하나는 임무에 대하여 사실적인 한계를 설정하는 것이다. 현대국가의 만성적인 재정문제와 관련하여, 예산에 의한 자원조종(인력배치 등)은 임무수행에 매우 중요한 역할을 한다. 더 나아가 부족한 자원을 임무에 맞추어 적절히 배분하는 문제도 발생한다. 반대로 행정임무에 맞추어 자원을 공급할 의무도 법적으로 인정될 수 있다. 따라서 헌법에 규정된 사법의 임무로부터

---

31) Wahl, a.a.O., S.194 참조.
32) Gunnar Folke Schuppert, § 16 Verwaltungsorganisation und Verwaltungs-organisationsrecht als Steuerungsfaktoren, in: Hoffmann-Riem/Schmidt-Aβmann/Voβkuhle (Hrsg.), *Grundlagen des Verwaltungsrechts Bd. I*, München 2006, S.1073ff. 참조.
33) Baer, § 11 Verwaltungsufgaben, S.739ff.; Wahl, a.a.O., S.209 참조.

법원에 적절한 인적설비를 공급할 의무가 발생한다.[34]

임무의 수행과 관련하여 특히 행정의 지식과 정보가 강조된다. 이는 예측에 기초한 미래에 대한 보장임무나 자료를 완전히 스스로 획득할 수 없는 위험관리 등의 영역에서 현저하게 드러난다. 또한 정보의 분배나 차단이 행정활동을 현저하게 조종하므로, 정보획득은 보편적 행정임무로 여겨진다.[35] 물론 전통적인 위해방지의 분야에서도 임무수행을 위하여 공무원의 특별한 자질, 전문지식, 소양, 자세 등이 요구된다.[36]

(d) 효율성

행정임무에 대한 조종요소로서의 절차, 조직, 자원 등을 선택하고 형성하는데 필요한 지도원리, 즉 행정이 임무를 완수하는데 준수해야 할 중요한 기준이 바로 효율성(Effizienz)이다. 호프만리엠(Hoffmann-Riem)의 설명에 따르면 효율성이란, 얼마의 비용으로 혹은 얼마의 자원으로 목표에 도달할 수 있는가 혹은 어떠한 자원투입으로 어느 정도의 목표달성이 가능하거나 정당화되는가의 문제이다. 즉, 효율성은 목적과 수단과의 관계, 투입과 산출의 관계로 특징지어지는데, 특정한 목표의 달성을 가능한 적은 자원으로 달성하는 것이 문제된다. 이에 비해 효과성(Effektivität)이란 정해진 한계조건에서의 목표달성의 크기 혹은 정해진 사회경제적인 한계조건내에서의 목표달성의 정도를 의미하는 것으로, 효율성과 효과성을 구별하지 않는 견해도 있지만, 대체적으로 효율성은 자원의 투입을 지향하고 효과성은 목표의 달성을 지향한다는 점에서 구별할 수 있다고 한다.[37]

---

34) Baer, § 11 Verwaltungsufgaben, S.741.
35) Baer, § 11 Verwaltungsufgaben, S740.
36) Baer, § 11 Verwaltungsufgaben, S.195.
37) Wolfgang Hoffmann-Riem, Effizienz als Herausforderung an das Verwaltungsrecht-

효율성의 원칙은 임무의 조종요소인 인력과 금전과 같은 자원의
투입과 우선적으로 관련이 되지만,[38] 절차나 조직은 물론 법형식의 선
택과 같은 문제에도 적용된다.[39] 이 중 '규범화의 효율성'(Normierungs-
effizienz)에 대해 살펴보면, 행정지침이나 선례와 같이 특정한 결정을
하는데 적용되는 법규범에서 접근성과 사용성이 최적화되어야 한다
는 측면(법적용의 효율성)과 쉽게 이해되고 효과적으로 행위를 조종
하기에 적합해야 한다는 측면(법설정의 효율성)으로 구별된다. 그에
따라 법규정이 행위를 조종하여 가급적 법원이나 다른 감독기관의
개입이 불필요하게 된다면, 가장 빨리 그 효율성이 달성될 수 있다
는 점이 지적될 수 있다.[40]

한편, 베르는 경제적 관념인 효율성을 비경제적 문제에 적용하는
문제점을 설명하면서, 비용과 수익 사이의 경제적 관계로서의 효율
성은 단지 상품화할 수 있는, 즉 상품형태로 규정될 수 있는 임무에
서만 문제될 수 있다고 지적한다.[41] 따라서 효율성의 관념은 국가의
존속보호임무 중 재정적이고 조직적인 측면과 사회적 정의보장임무
중 인간의 생존보호에만 적용될 수 있고, 미래의 보호와 관련된 자
원예방행정과 혁신행정의 분야에서는 분명한 수익이 없으므로 효율
성을 통하여 조종될 수 없으며, 수익이 불분명한 삶의 질 보장임무
에서는 (그 임무는 개별적으로만 정의될 수 있으므로) 단지 가정적
인 평균효율성만이 측정될 수 있다고 본다. 행정임무의 수행에 있어
서 임무의 성격에 따라서는 단지 효율성만으로 평가할 수 없는 부분

Einleitende Problemskizze in: Hoffmann-Riem/Schnidt-Aβmann (Hrsg.) *Effizienz als
Herausforderung an das Verwaltungsrecht*, S.16ff.

38) 호프만리엠은 효율성이 적용되는 자원의 차원을 재정, 조직, 절차, 인력,
정보, 규범화로 나누어 고찰하고 있다. Hoffmann-Riem, a.a.O., S.28ff. 참조.

39) Baer, § 11 Verwaltungsufgaben, S.751.

40) Hoffmann-Riem, a.a.O., S.30.

41) Baer, § 11 Verwaltungsufgaben, S.751.

이 있다는 점에서 베르의 견해는 타당한 것으로 보인다. 다만, 이러한 분야에서도 다른 요소(가령, 시민의 만족도, 임무수행의 적절성 등)를 도입하는 방식이나 혹은 효율성을 단순한 경제적인 관점을 넘어 다른 요소를 수익에 포함하는 방식으로라도 행정의 임무수행성과는 평가되어야 한다는 것이 오늘날 행정에 요구되는 개혁과제라고 하겠다.

3. 행정임무의 3유형에 따른 도그마틱적 특징

행정임무를 유형별로 구분하는 가장 큰 목적은 그 유형별로 완전하지는 않더라도 어느 정도 공통적인 도그마틱적 특징을 도출하려는 데에 있다. 이러한 유형별 특징은 위에서 살펴 본 행정임무에 대한 조종요소들(즉, 조종주체, 조종형태, 절차와 조직, 자원 등)과 도그마틱적인 징표(행정임무의 지속, 목표그룹의 수와 형태, 임무의 정의형식 등)의 적절한 조합으로 설명될 수 있으며, 해당분야에 대한 상이한 규율방식 및 규율강도를 나타낸다. 앞에서 행정임무의 유형분류시 간략히 살펴본 바와 같이, 베르는 행정임무를 '국가존속의 보호', '사회적 정의의 보장(조종)', '미래에 대한 보호(조종)'의 3유형으로 구분하고 있다.

국가존속의 보호는 국가 자체가 존속하기 위하여 필요한 것으로서 임무의 결정과 수행방식에 있어서 매우 폭넓은 국가의 관여를 특징으로 한다. 이에 비해 사회적 정의의 조종은 국가의 광범위한 사회국가적 활동과 관련된 것으로서 한편으로 시민의 생존이나 사회의 유지에 매우 중요한 활동을 포괄하고, 다른 한편으로 생존보다는 시민의 삶의 질과 관련되어 있어서 형성의 여지가 넓은 분야까지 미친다. 미래에 대한 조종임무는 불확실한 미래와의 관련성으로 인하여 광범위한 행정의 자유와 사인과의 협력을 특징으로 한다. 그러나 이러한 개괄적인 특징만으로는 구체적인 행정의 활동범위나 임무의 도그마틱적 특징이 명확하게 드러나지 않는다. 따라서 본서에서는 행정목적 및 기능이행의 측면에 따라 '위해방지영역에서의 집행기능', '계획영역에서의 형성기능', '금전급부행정에서의 집행기능', '배려하는 사회적 역무에서의 형성기능'에 따라 행정임무를 4유형으로 세분하는 발(Wahl)의 연구를 추가로 참고하여 각 유형의 도그마틱적 특징을 검토하고자 한다.

1) 국가의 존속보호

국가의 존속보호임무의 도그마틱적 특징을 살펴보기 위해서는, 먼저 국가의 존속을 보호하는 것이 의미하는 바를 명확히 할 필요가 있다. 베르는 이러한 임무유형에 대하여, 비폭력과 평화의 보장을 의미하는 것으로, 재정적, 조직적, 이상적으로 파악될 수 있다고 설명하고 있다.[42] 또한 이러한 임무의 특징으로는 외부로부터의 위협이나 필수적 자원의 손실 혹은 정치적 위기로 인한 내부로부터의 손실과 관련되어 있기 때문에, 우선적인 고권적 이행, 즉 국가의 수중에 남아 있는 조직과 자원에 대한 조종이 요구된다는 점을 들고 있다.[43] 따라서 위 임무유형은 임무의 수행방식 중 고권적인 임무수행방식과 관련된 이른바 핵심임무(Kernaufgabe)에 속하는 것으로 판단된다.[44]

고권적인 임무수행의 대표적인 것은 고전적 질서행정으로, 이는

---

42) Baer, § 11 Verwaltungsufgaben, S.734.
43) Baer, § 11 Verwaltungsufgaben, S.752.
44) Baer, § 11 Verwaltungsufgaben, S.755; 한편, 필리츠(Schulze-Fielitz)는 고권적 임무수행의 방식으로 명령적 행정, 급부행정, 보장행정을 나눈다. Schulze-Fielitz, a.a.O., 2006, S.772ff. 참조.

내·외적인 안전보장, 즉 위험방지라는 고전적이고 핵심적인 국가임무를 수행하는 것을 목적으로 한다. 발은 이러한 (고전적) 위험방지임무의 특징으로, 고전적 행정법의 법적 도구로서의 세부성과 특정성, 조건프로그램 형태의 법형식, 권력분립체계에서의 행정의 (법률을 집행하는) 도구적 기능, 관료제적 조직모델, 법률집행에서의 평등, 법률집행을 목표로 한 전문지식 및 권한을 갖춘 인력의 채용 등을 들고 있다.[45] 그러나 베르의 국가존속의 보호가 발의 이러한 위험방지임무와 일치하는 것인지는 의문이다. 국가존속의 보호에는 재정적 혹은 조직적인 임무수행과 관련된 것으로 군대의 임무나 기본법 제115조의 예산결정과 같은 것이 예시되는데, 여기에 발이 언급한 고전적인 위험방지 중 국가 자체의 위험방지와는 직접적인 관련이 없는 질서행정분야, 예컨대 영업허가나 건축허가 등과 관련된 임무는 들어설 여지가 없기 때문이다. 더 나아가 최근 고전적 위험방지와 구별하여 그 특징을 검토하는 것이 일반적으로 여겨지는 예방적 리스크 방지와 같은 경우도 유형상 포함하기 어려워 보인다.[46]

베르는 국가의 존속보호에 관한 임무일수록 국가, 특히 행정에 의해 일방적으로 임무가 定義된다고 한다.[47] 즉, 이 분야의 임무내용에 대해서는 헌법이나 법률에 개괄적인 근거만을 규정하여 두고, 구체적인 활동목표는 행정 자체의 결정에 의하는 것이 보통이라는 것이다.[48] 또 이 임무의 경우 재정적이고 조직적인 측면에서만 효율성을 검토할 수 있다는 것이 그의 견해이다.[49] 그리고 이 임무의 가장 큰 특징은 소위 핵심임무로서 협력적 행정의 가능성이 적다는 점에

---

45) Wahl, a.a.O., S.192ff. 참조.
46) 이 임무의 특징에 대해서는 Wahl, a.a.O., S.216f. 참조
47) Baer, § 11 Verwaltungsufgaben, S.755
48) 이 점에서도 베르의 분류는 고전적인 행정법상 위험방지의무와는 일치하지 않는다.
49) Baer, § 11 Verwaltungsufgaben., S.751.

있다. 즉, 군대의 임무나 예산결정과 같은 임무는 私化에 적합하지
않다는 것이다.[50]

2) 사회적 정의의 보장

사회적 正義의 보장은 사회국가원칙에서 기본권과의 상호작용
하에 도출되는 생존배려의 국가임무를 추구하는 것이지만, 그 임무
의 내용, 조직 및 절차, 법적 규율방식 및 특성 등에 있어서 스펙트
럼이 다양하다. 이미 살펴본 바와 같이 베르는 이 임무의 하부유형
으로서 시민의 생존에 관한 임무와 삶의 질에 관한 임무를 구분하고
있다. 시민의 생존보장은 국가의 존속보호와 유사하게 국가적으로
규율되는 특징을 보이는 반면, 삶의 질의 보장은 미래의 보호와 마
찬가지로 사적인 규율에 맡기는 것에 호의적이 된다.[51] 이처럼 임무
의 스펙트럼이 넓은 만큼 어떠한 구체적 임무를 하나의 하부유형에
귀속시키는 데에도 많은 어려움이 따른다. 그리고 유형의 귀속만으
로 해당 유형의 도그마틱적인 특징을 도식적으로 도출할 수 있는 것
도 아니다.

하부유형의 특징을 이해하기 위해서는 다시 발의 연구를 참고해
볼 필요가 있다. 그는 사회국가적 급부행정의 영역을 금전급부에 의
한 집행기능과 사회적 역무(Sozialer Dienst)에 의한 형성기능으로 분류
하였다. 금전급부영역에서는 대량의 업무처리, 임무에 대한 법률적
인 철저한 규범화(Durchnormierung), 예산에 대한 재정적인 부담, 행정
의 도구적 성격, 시민친화적인 혹은 시민지향적인 행정, 행정행위를
통한 급부자격결정, 지속적 급부관계, 조직의 세분화와 관료제화의
문제 등의 특징이 있는 반면, 사회적 역무영역에서는 사람에 의존적

---

50) Baer, § 11 Verwaltungsufgaben, S.752.
51) Baer, § 11 Verwaltungsufgaben, S.753ff. 참조.

인 특징을 가진 공역무 종사자에 의한 개인적인 보호(personale Betreuung), 단순행정작용(사실행위)에 의한 역무수행, 종사자의 현저한 형성여지, 분산적이고 고객에 접근한 비관료적 조직, 전문적인 인력양성 등을 특징으로 한다. 이러한 특징은 거꾸로 베르의 하부유형에 대한 검토에서도 많은 부분 참고가 될 수 있다52).

베르는 사회정의의 보장(혹은 조종)임무와 관련하여, 기본권의 기능을 강조하고 있다. 그는 사회정의에 관한 임무 중 특히 생존의 관점이 문제될 때에는 기본권이 적극적으로 행정이 어떠한 임무를 이행해야만 하는지를 정한다면서, 국가적으로 규율되는 환자부양 및 사회보장관청의 급부, 평등의 관점에서의 계약자유의 제한 등을 예로 들고 있다.53) 이처럼 기본법이나 유럽인권협약으로부터 기본권에 대한 단순한 침해방어권으로서의 의미를 넘어서 적극적인 장려의무 내지 보호의무를 도출함으로써 개인의 생활, 건강 및 신체적 완전성에 대한 국가의 보호의무와 적절한 정도의 안전보장을 위한 근본적인 국가의 임무를 도출하려는 시도는 최근의 독일 공법학에서의 새로운 경향의 하나이다.54) 더 나아가 이러한 임무에서 제3자의 기본권 침해로부터의 보호를 추구하는 권리, 즉 안전권이 도출될 수 있다고 논의되고 있다.55)

한편, 베르는 사회적 正義보장의 실존적인 영역에서 상대적으로 높은 수준의 일방적 임무定義의 경향이 있다고 주장한다.56) 그러나 기본권과의 관련성에서 볼 때 혹은 뷜이 지적한 것처럼 사회적 금전급부영역(가령, 사회부조 내지 사회보장보험)에서 예산상의 부담을 예측할 수 있도록 사전에 가능한 정확하게 철저한 규범화가 이루어

---

52) Wahl, a.a.O., S.203ff. 참조.

53) Baer, § 11 Verwaltungsaufgaben, S.752f.

54) Christof Gramm, *Privatisierung und notwendige Staatsaufgaben*, 2001, S.70 참조.

55) 송석윤, 『헌법과 사회변동』, 경인문화사, 2007, 26면 이하 참조.

56) Baer, § 11 Verwaltungsaufgaben, S.755 참조.

져야 한다는 점 등을 고려할 때,[57] 그의 주장은 설득력이 떨어진다. 그러나 임무의 일방적 定義가 성립되는 기준을 단순히 임무에 대한 입법자의 관여가 적어서 행정이 재량적으로 행동할 수 있는 여지가 많은 것을 의미한다고 볼 것이 아니라 행정을 포함한 국가가 사회나 개인과의 협력없이 일방적으로 임무의 내용을 정의하는 것이라고 선해한다면, 위 주장의 논리적 일관성은 유지될 수 있다고 보인다. 이러한 점에서 일방적 혹은 타율적인 임무정의라는 기준보다는 국가적으로 규율되느냐 아니면 사적으로 규율되느냐를 도그마틱의 기준으로 삼는 것이 좀 더 적절한 것으로 판단된다.[58]

사회적 정의의 보장임무는 생존에 관한 하부유형에서도 사적인 주체에게 임무를 분배하거나 私化를 하는 것이 가능하다. 그러나 이 경우에 국가의 보장책임이 확보되어야 하고 경우에 따라서는 생존 배려의 측면에서 고권적으로 임무가 이행될 수 있다. 반면 삶의 질에 관한 하부유형에서는 훨씬 높은 정도로 임무수행이 사인에게 맡겨질 수 있다. 여기서 베르는 기본권보호의무와 관련하여 私化나 탈규제화가 이루어진 후에도 행정은 생존의 필수품이 위협받지 않도록 관심을 기울여야 한다고 강조하고 있다.[59] 마찬가지로 제도적 보장과 관련하여 사인에게 공적 임무가 분배되더라도 헌법적 제도 자체가 위협받도록 해서는 안 되는 것이다.[60] 그리고 생존적인 문제에서는 산출(Output)과 결과(Outcome)를 측정하여 효율성 여부를 검토할 수 있지만, 삶의 질과 관련된 문제에서는 투입(Input)과 절차형성에 대해서만 조종할 수 있으며,[61] 사회적 정의의 보장에서의 절차, 규

---

57) Wahl, a.a.O., S.203.
58) 제3장 제2절 4항 소결 참조.
59) 베르는 폐기물처리, 미국에서의 항공교통의 탈규제화, 私化된 에너지공급 분야를 예로 들고 있다. Baer, § 11 Verwaltungsufgaben, S.753.
60) 교회, 대학 혹은 매체를 예로 들고 있다. Baer, § 11 Verwaltungsufgaben, S.754.
61) Baer, § 11 Verwaltungsufgaben, S.753.

정, 행정의 행위형식 등은 그 임무의 목표그룹의 수 및 성격과 밀접
한 관련이 있다는 점은 앞에서 살펴본 바와 같다.

3) 미래의 보호

미래의 보호임무는 미래를 인식하고 미래의 삶을 가능하게 하는
임무인데, 그 임무의 성질상 고권적이기 보다는 사적으로 이행되기
에 적당하고, 행정은 내용적인 사전결정을 자제해야 한다고 설명된
다. 가령, 미래를 위한 혁신임무는 사전에 구속된 것이 강하면 이행
될 수 없고, 국가의 보장책임도 결과에 대하여 개방적으로 작업해야
만 하는 성질을 가지므로 미리 정해두기 어렵다는 것이다.[62] 그런데
이러한 미래의 보장임무유형이 전통적인 행정활동분류상의 계획행
정(planende Verwaltung)과 동일한 것인지가 문제된다. 계획행정이란,
정해진 발전목표를 프로그램화하고, 구체화하며 미래에 맞게 형성하
는 행정분야를 의미하는데,[63] 보통 도시계획행정과 같이 법적 구속
력을 가지면서도, 행정에 광범위한 형성의 여지를 두고 있는 임무수
행방식을 포함한다. 발에 의하면 계획임무의 특징은 다양한 이해관
계의 상호의존성과 상호관련성, 관계의 복잡성, 통합적이고 전체적
인 조종, 미래관련성, 목적프로그램적인 규정형식, 행정의 현저한 행
위여지, 합의도출과 이해관계고려 및 분쟁결정 등 정치적인 행정, 관
할을 넘는 제한적으로 관료제에 대체적인 조직(팀제, 프로젝트그룹
등), 창조적이고 혁신적인 인력 등이다.[64]
그러나 이러한 전통적인 계획행정과 달리 베르가 설명하는 미래
의 보장임무란, 미래관련성과 형성의 여지 등의 특징에 있어서는 공

---

62) Baer, § 11 Verwaltungsufgaben, S.754.
63) Wolff/Bachof/Stober/Kluth, a.a.O., S.45.
64) Wahl, a.a.O., S.196ff. 참조.

통적이지만, 행정이 고권적으로 실행하기 곤란한 순수한 미래세대의
삶의 보장과 관련된 영역, 가령 환경보호나 학문의 진흥과 같은 임
무만을 의미한다고 보인다.[65] 그렇다면 베르의 유형론에서 도시계
획과 같은 전통적인 계획행정의 임무는 어디에 속하는가. 행정에게
계획고권과 광범위한 형성의 자유로 인한 일방적인 임무정의가 인
정될 수 있다는 점에서, 아마도 이는 사회적 정의의 보장임무 중 생
존적인 하부유형에 가깝다고 할 수밖에 없을 것이다. 다른 한편으로
계획입안의 권한이 상당부분 사인에게 위임될 수 있고, 사회로부터
다양한 이해관계자가 (외부적) 임무정의에 관여한다는 점에서 삶의
질에 관한 임무의 측면이 있음을 부인할 수 없다.

4. 소 결

1) 3유형론의 도식

결론적으로 베르는 행정임무에 관한 도그마틱적인 연구를 통하
여 규제에 관한 단계적인 도식을 도출하고 있다. 이 도식의 한쪽 끝
에는 역사적으로 지배적인 그리고 고권적으로 이행해야 하는, 일방
적으로 정의된 국가의 보호가 있고, 다른 쪽 끝에는 역사적으로 최
근에 사적으로 이행된, 타율적으로 정의된, 미래의 보호가 위치한다.
그 사이는 줄어드는 국가적 주체에 의한 이행경향, 국가책임 인수의
줄어드는 정도 및 자원과 절차규정에 대한 조종의 증가로 묘사된다.
이러한 내용을 베어는 아래와 같은 도표로 표현하고 있다.[66]

---

65) Baer, § 11 Verwaltungsufgaben, S.754 참조.
66) Baer, § 11 Verwaltungsufgaben, S.755.

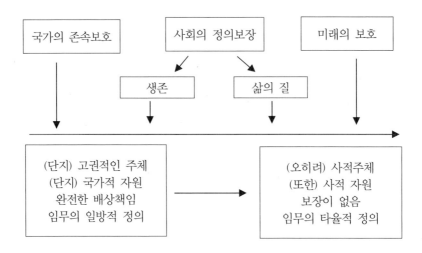

위 도표는 왼쪽에 국가의 존속보호가 위치하고, 여기서 오른쪽으로 가면서 사회적 정의의 생존보호 및 삶의 질의 보장이 놓이며, 오른쪽에 미래에 대한 보호가 차지하고 있다. 임무의 성질상 왼쪽으로 갈수록 고권적인 주체에 의하여 임무가 이행되고, 임무이행에 국가적 자원이 투입되며, 국가에 대한 배상책임이 인정되고, 임무가 일방적으로 정의된다. 반대로 오른쪽으로 갈수록 임무이행에 사적주체가 참여하고, 임무이행에 사적 자원이 투입되며, 국가가 임무이행에 대하여 보장책임을 부담하는 정도가 줄어들며, 임무가 행정 이외의 다른 주체에 의하여 타율적으로 정의되는 것이다. 다시 말하면, 국가의 보호가 문제될수록, 더 국가적으로 조직되고·규율되며·자금이 조달되고·이행되지만, 미래임무가 문제될수록 더 사적으로 조직되고·자금이 조달되며·보장되고·정의된다는 것이다.[67]

---

67) Baer, § 11 Verwaltungsufgaben, S.755.

2) 의의 및 평가

이러한 베르의 연구는 행정임무의 전반을 개관하고, 이를 유형화하여 특징을 도출함으로써, 행정임무에 관한 도그마틱의 가능성을 열었다는 점에서 평가할 만하다. 더욱이 그는 기존의 행정활동의 분류론과는 달리 순수하게 행정의 목적과 임무의 내용을 중심으로 이를 구조화하여 유형기준을 설정하였다는 점에 남다른 의의가 있다. 특히 광범위한 사회적 정의의 보장임무를 다시 생존보호임무와 삶의 질의 보장임무로 나누어서 도그마틱적 특징에 차이가 있다고 추정한 것은 실제 제도를 분석함에 있어서 상당한 유용성을 가질 것으로 판단된다.

반면, 그의 유형론은 유형의 분류기준이 분명하지 않고, 행정임무를 포괄한다고 보기 어려우며, 실제 전통적인 행정법상의 도그마틱적 개념들과 모순될 수 있는 문제를 안고 있다. 가령, 전통적으로 국가의 내적인 안전을 보호하고 위험의 방지를 임무로 하는 질서행정의 상당부분은 아마도 베르의 체계에서는 국가의 보호임무에 속하지 못할 가능성이 높다(예: 영업허가, 건축허가 등). 미래의 보호임무에 관한 설명도 전통적인 계획행정의 일반적인 특징과는 일치하지 않는다.

임무의 定義에 있어서 일방적 혹은 타율적이라는 기준은 행정에 대한 법률유보, 행정의 재량, 행정의 관할 및 국제관계 등과 같이 다양한 기존의 논의들과 관련되어 있어서 명확한 개념파악에 어려움이 있고, 경우에 따라 전통적 행정법 도그마틱과 모순될 우려도 있다. 즉, 위 도표의 왼쪽에 해당하는 국가의 존속보장임무나 시민의 생존보호임무는 일방적 임무정의에 적합하다고 설명되지만, 그렇다고 이러한 임무가 행정에게 법률유보의 예외나 광범위한 재량을 인정하는 것인지는 의문이다. 특히 사회적 정의의 조종과 관련하여 어떤 임무가 시민의 생존에 관련된 것인지, 어떤 임무가 시민의 삶의 질에 관련된 것인지를 파악하는 것도 상당한 어려움이 따른다. 임무 유형에 따라서는 국가의 존속보장에서부터 미래의 보호에 이르는 다양한 행정목적을 지닌 임무가 존재할 수 있다는 것도 어려움에 속한다.[68]

베르의 유형론에서는 국가의 보호임무가 바로 광범위하게 행정적으로 이행되어야 하는 핵심임무(Kernaufgabe)의 성격을 갖는 것으로 판단된다.[69] 가령, 교도소나 경찰의 순찰임무와 같은 임무의 私化 여부가 문제되는데, 만일 이러한 임무가 국가의 존속보호에 속한다면, 私化가 제한되어야 할 것이다. 그러나 베르는 국가의 보호를 주로 조직적이고 예산적인 분야에 한정하여 파악하므로, 경찰의 순찰임무와 같은 것은 오히려 사회적 정의의 보호 중 시민의 생존보호에 속하게 될 가능성이 높다. 이로써 국가의 존속보호에 직접 속하지 않는 경찰이나 사법행정과 같은 내적 안전과 관련된 임무는 私化가 가능할 수는 있지만, 보장책임 등의 국가책임이나 국가의 고권적 개입가능성이 높게 남아있어야 한다고 추정해볼 수 있을 것이다.

이러한 유형분류상의 여러 가지 난점에도 불구하고 행정임무의 유형에 따라 도그마틱적 특징을 도출하려는 노력은 행정법학에서 실질적 의의를 인정할 수 있다.[70] 매년 각 부처의 예산획득을 위한 치열한 경쟁, 정권교체기마다 생겨나는 정부부처조정 및 인력재배치의 문제, 행정에 부여된 새로운 과제의 실현(가령, 새로운 전염병이

---

68) 베르는 어떤 행정임무가 핵심임무에 속하면서 구조보장임무에 속할 수도 있다고 언급하는바, 이러한 특성은 그의 3유형론에 있어서도 마찬가지로 적용될 수 있다. Baer, § 11 Verwaltungsaufgaben, S.732 참조.

69) Baer, § 11 Verwaltungsaufgaben, S.755 참조.

70) 가령, 그람이 주장하는 기간시설재(Infrastrukturgüter)와 같은 재화를 공급하는 임무나 리스크 예방임무와 같은 유형을 별도로 고찰하는 것도 한 방법일 것이다.

나 질병의 예방, 신종범죄에 대한 대응, 노령인구의 증대, 국토의 균형개발) 등과 같이 현대 행정은 기존에 접해보지 못한 새로운 문제와 계속 마주치고 있다. 그런데 이러한 행정이 하나의 단일한 주체에 의해 행정행위와 같은 무색무취한 최종적인 행위형식만을 사용한다는 전통적인 행정법 도그마틱만으로는 더 이상 문제를 해결할 수 있는 가능성이 없다. 현대 행정이 대응해야 하는 산적한 문제는 행정개혁이라는 목표하에 행정의 자원, 조직과 절차 더 나아가 법규범에 대한 새로운 조종을 요구하기 때문이다.

행정이 단일하고 통일된 크기로 존재한다는 행정의 單一性이라는 관념은 이제 더 이상 통용되지 않는다.[71] 행정은 모든 행정기관을 관통하는 단일한 주체로서 최종적인 법적 결정만을 내리고 이를 전적으로 혼자서 책임지는 것이 아니라, 행정에 부과된 과제를 적절히 이행할 수 있도록 끊임없이 임무에 적합한 조직과 절차를 선택하고, 자원의 배분과 투입에 있어서 가장 효율적인 선택을 하는 과정을 통하여 자신에 부과된 과제를 해결하려고 노력해야만 하는 것이다. 결국 행정에 부과되는 새로운 과제들은 행정임무에 대한 폭넓고 깊은 고찰을 통하여 얻어지는 지식과 정보에 의해서 더 적합하게 해결될 수 있는 것이다. 행정법의 개혁 및 현대화는 행정임무론의 계발과 진전에 기대하는바 크다고 본다.[72]

3) 수정 및 제안

이상에서 살펴본 베르의 도식에 대한 비판적 평가를 바탕으로 아래와 같이 베르의 도식을 수정해 볼 수 있을 것이다〈그림 2〉. 필자가 제안한 수정도식은 베르의 3유형의 도식적인 특징을 원칙적으로 수

---

71) 박정훈, 앞의 책, 244면 이하 참조.
72) 행정임무와 행정개혁에 대해선, Baer, § 11 Verwaltungsaufgaben, S.756f. 참조.

용한다. 그러나 베르의 도식과 다른 가장 큰 특징은 우선 행정법학에서 전통적으로 많이 논의되어 왔으나 베르의 유형에서 언급되지 않던 몇 가지 행정의 목적과 임무를 찾아서 적절한 위치에 배치한 점에 있다. 여기에는 위험방지 및 리스크예방에 속하는 사법행정, 범죄예방, 질서행정, 환경보호 등의 활동과 계획행정 그리고 에너지공급과 관련된 다양한 활동 등이 포함된다. 그러나 수정도식은 보통 생각할 수 있는 행정활동영역이나 행정부의 소관분야를 모두 포괄하려는 의도로 고안된 것은 아니며, 행정임무에 관한 도그마틱적 특징을 더 정확히 드러내기 위해서 마련된 것이다.

이렇게 새로 추가된 활동들은 일응 동일한 목적을 가지면서도 그 임무의 성격은 다양한 스펙트럼을 포함하는 것으로 파악된다. 가령, 내적 안전의 보호라는 목적과 관련하여 공통적으로 파악되는 위험방지 및 리스크예방과 같은 경우, 사법행정이나 범죄예방과 같이 직접적인 물리력을 사용하는 활동에서부터 질서행정(건축허가, 영업허가)이나 환경보호와 같이 고권적인 권한에 근거하여 사인의 활동을 규율하는 것을 본질로 하는 활동들도 있다. 이러한 활동들은 국가의 강제력 및 규율의 정도 혹은 사인과의 협력의 가능성 등에 있어서 매우 광범위한 스펙트럼을 갖는다. 따라서 이러한 활동들이 베르의 3유형에서도 하나 이상의 임무유형에 속할 수 있다는 점에 주목해야 한다. 가령, 위험방지를 위한 행정임무영역은 재판권의 행사나 형사소추 및 형벌집행과 같이 엄격한 국가의 규율이 필요한 국가의 존속보장에 속하는 활동에서부터 질서행정이나 환경보호와 같이 광범위한 사인과의 협력이 가능한 삶의 질 보장 내지 미래의 보호임무에 가까운 활동까지 광범위하게 포괄한다고 할 것이다. 마찬가지로 에너지공급임무에 속하는 전력망관리, 발전소 건설, 전력공급, 원료구입과 같은 활동들도 세 가지 유형에 광범위하게 걸친 넓은 스펙트럼을 가지고 있다.

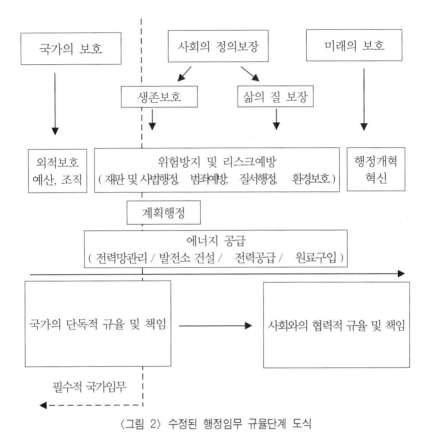

〈그림 2〉 수정된 행정임무 규율단계 도식

　베르의 도식이 갖는 도그마틱적 특징과 관련하여 배상책임이나 국가적 자원과 같은 요소는 이를 반드시 도식적으로 인정하기에는 어려움이 있다. 가령, 도식의 왼쪽으로 갈수록 완전한 배상책임이 인정된다는 설명은 재량권이나 행정의 일방적 임무定義의 관점에서는 모순될 수 있다. 따라서 위 수정도식에서는 논란의 여지가 있는 요소를 제거하고 용어를 변경하여 왼쪽으로 갈수록 국가의 단독적 규율 및 책임이, 오른쪽으로 갈수록 사회와의 협력적 규율 및 책임이 인정되는 것으로 단순화하였다.

마지막으로 수정도식은 제2장에서 다룬 필수적 국가임무가 인정될 수 있는 대략적인 범위를 표시하였다. 앞에서 살펴본 바와 같이 필수적 국가임무는 절대적으로 私化가 불가능하다는 의미가 아니라 상대적으로 私化의 여지가 제한된다는 의미를 갖는다. 이러한 관점에서 볼 때 사회의 정의보장 중 시민의 생존보호와 관련된 임무에 있어서도 일정한 영역까지 私化가 제한되는 필수적 국가임무가 인정될 수 있을 것이다. 즉, '생존'이라는 개념요소가 사회의 존속을 유지하기 위하여 본질적인 핵심가치라는 점에서 이를 국가의 '존속'과 결정적으로 동일한 개념적 징표로 파악하여, 국가가 이에 대하여 상대적으로 직접적인 책임을 질 수밖에 없다고 보는 것이다. 이러한 도그마틱적 특징은 다양한 분야의 행정임무를 분석하는 데에 있어서 유용한 분석의 틀을 제공할 수 있을 것으로 본다. 특히 에너지 공급과 같이 넓은 스펙트럼을 갖는 임무영역에서 '생존'이라는 개념적 징표를 매개로 하여 필수적 국가임무를 인정할 수 있는 가능성이 열릴 수 있다고 본다. 이에 대해서는 제4장에서 검토한다.

제3절 행정임무의 수행강도

1. 행정책임의 단계적 이해

행정책임이란 '권한'(Kompetenz)과 '행동의무'(Verhaltenspflicht)와의 연관성 하에 파악되는 개념으로서, 권한이 할당된 자는 그 권한을 질서있게 행사할 의무를 진다는 의미로서,[1] 전통적 도그마틱에서 사용되는 배상책임(Haftung)이나 형사책임과는 다른 의미이다. 독일의 유력한 견해에 따르면 행정책임은 "공행정이라는 체계를 법적·정치적으로 구성하면서, 책임성과 절차, 관할과 특수한 활동여지 등을 연계시키는 전체"를 의미하는 것으로 설명된다.[2] 이처럼 행정책임이라는 개념은 법도그마틱이라기 보다는 법학과 사회학 및 행정학의 논의를 연결시키는 핵심개념이면서 생존배려와 같이 오늘날 학문간의 이해를 구조화하고 촉진하는 연결개념에 해당한다.[3] 따라서 그 개념의 이해에 있어서도 엄밀한 자기완결적 정의보다는 유형화와 비교를 통한 체계적인 이해가 적절하다고 하겠다.

행정은 법률의 한도 내에서 공공복리의 확립을 최적화해야 할 특별한 책임이 있다.[4] 그에 따라 법률을 통하여 공공복리의 실현을 가

---

1) 제3장 제1절 2항 참조.
2) Rupert Scholz, Verwaltungsverantwortung und Verwaltungsgerichtsbarkeit, in: VVDStRL H.34, 1976, S.149.; Pitschas, Rainer, *Verwaltungsverantwortung und Verwaltungsverfahren*, 1990, S.10.
3) Hans-Heinrich Trute, Verantwortungsteilung als Schlüsselbegriff einen sich verändernden Verhältnisses von öffentlichem und privatem Sektor in: Schuppert (Hrsg.) *Jenseits von Privatisierung und „schlankem" Staat*, 1999, S.13.
4) Helmuth Schulze-Fielitz, § 12 Grundmodi der Aufgabenwahrnehmung, in: Hoffmann-Riem/Schmidt-Aβmann/Voβkuhle(Hrsg.), *Grundlagen des Verwaltungsrechts Bd. I*, 2006, S.829.

능하게 하는 구조를 확립하는 것은 입법자의 의무이다. 전통적인 국가와 사회의 구별 아래에서, 공공복리의 실현이라는 행정의 임무를 설정하는 것은 입법자에게 부여되었으며, 행정은 엄격하고 공정한 법률의 집행을 이상으로 삼았다.[5] 그러나 현대행정에 있어서 위와 같은 국가와 사회의 구별이 흔들리면서, 행정의 활동은 법률에 대한 단순한 집행에서 점차 사인과의 협력을 포함한 복합적인 행정결정과 행정절차들을 통하여 법률목표의 달성을 추구하게 된 것이다. 즉, 현대사회에 있어서 행정은 더 이상 공공복리의 독점적 이행자가 아니고 사인과의 협력을 통하여 공공복리를 추구하는 것이며, 이러한 사인의 자율규제를 통하여 공공복리를 추구할 수 있는 한계조건을 정하는 것이 오히려 국가의 역할이 되는 것이다.

협력을 통한 임무수행의 구조적 특징은 행정과 사인과의 관계에서 행정임무 수행방식의 다양한 스펙트럼을 통하여 드러나게 된다. 임무란 '책임의 준거로서 활동의 객관적 범위'로 정의할 수 있으므로, 반대로 책임의 개념은 임무와의 관련 속에서 파악될 수 있다. 국가는 원칙적으로 스스로 임무를 이행할 책임이 있지만, 그 임무가 사인에게 양도되거나 타인에게 위임될 경우 임무에 따르는 책임의 내용도 변화하며, 또 제3자와의 관계에서 책임이 분배되는 경우도 있다.[6] 여기서 행정이 자신의 임무를 어떠한 강도로 이행할 것인가, 또한 행정이 비국가적인 사적주체와의 관계에서 어떠한 방식으로 임무를 수행할 것인가의 문제가 부각된다. 이러한 문제를 해명하는 핵심적인 관념이 바로 '행정책임의 단계'(Verantwortungsstufung)와 '행정책임의 분배'(Verantwortungsteilung)라는 관념이다.[7] 즉. 私化나 사인과의 협력적 임무수행이 진행되는 과정에서 행정이 직접 임무를 이

---

5) 박정훈, 『행정법의 체계와 방법론』, 244면 참조.
6) 제3장 제1절 2항 참조.
7) Gunnar Folke Schuppert, *Verwaltungswissenschaft*, 2000, S.402ff. 참조.

행하는 정도를 나타내는 용어가 '책임단계'이고, 사인이 행정의 임무 수행에 있어서 참여하거나 다양한 방식으로 협력하는 방식과 정도를 나타내는 용어가 '책임분배'인 것이다.

행정책임은 임무에 상응하여 다양한 형태로 나타난다. 즉, 임무의 종류를 세분하는 정도에 따라 그에 상응하는 다양한 책임이 만들어진다.[8] 행정의 직접적 이행의 정도가 약화됨에 따라 대개 사인과의 협력의 정도는 강화되기 마련이므로, 책임단계와 책임분배는 서로 밀접한 관련이 있다. 먼저 공공복리의 실현과정상의 책임분배라는 관점에서 시간적 순서에 따라, 기준설정책임(Maβstabsverantwortung), 준비책임(Vorbereitungsverantwortung), 절차책임(Verfahrensverantwortung), 이행책임(Implementationsverantwortung), 감독책임(Kontrollverantwortung), 실현책임(Realisationsverantwortung), 후속책임(Folgenverantwortung)이 구별되어 분석될 수 있다.[9] 이는 임무의 이행과정이나 私化의 진행과정에서 행정이 부담하는 책임의 변화를 강조한 분류라고 하겠다.

일반적으로 행정의 책임단계는 행정의 임무수행 강도 내지 정도에 따라 분석하게 된다. 임무수행의 강도는 행정의 직접적 이행정도와 결과에 대한 책임부담정도를 표현하는 것이다. 행정은 자신에게 속한 조직을 이용하여 직접 임무를 이행하는 것에서 가장 높은 수행 강도와 책임을 부담하며(이행책임), 사인이 자율적으로 규제하고 국가가 이를 수용하는 경우에 국가가 결과에 대한 책임을 지는 경우(협력결과에 대한 국가책임), 감시와 감독을 하는 경우(감시책임), 단순히 사인간의 이해를 조정하는 틀을 설정하는 경우(틀설정책임) 등

---

8) Eberhard Schmidt-Aβmann, *Verwaltungsveratworutng und Verwaltungsgerichtsbarkeit*, VVDStRL H.34, 1976, S.232ff. 참조.

9) Voβkuhle, Gesetzgeberische Regelungsstrategien der Verantwortungsteilung zwischen öffentlichem und privatem Sektor, in: Schuppert(Hrsg.) *Jenseits von Privatisierung und „schlankem" Staat,* Baden-Baden 1999, S.69ff. 참조.

에는 그 책임의 강도에 현저한 차이가 있다고 볼 수 있다.[10] 이런 관점에서 공적 분야에서의 급부의 정도에 따라 혹은 가능한 세분화된 임무수행의 강도에 따라 이행책임(Erfüllungsverantwortung), 감시책임(Überwachungsverantwortung), 자금조달책임(Finanzierungsverantwortung), 조직책임(Organisationsverantwortung), 자문책임(Beratungsverantwortung), 지원책임(Einstandsverantwortung) 및 사회적 완충책임(soziale Abfederungsverantwortung) 등이 언급되기도 한다.[11] 이처럼 행정책임을 단계화하여 파악하는 것의 장점은 각각의 행정임무에 걸맞는 책임개념을 통하여 적절한 행정의 역할과 조종방식을 도출할 수 있고, 임무에 특화된 私化의 논의는 물론 책임의 분배에 대한 논의를 이끌어 낼 수 있다는 점에 있다.[12] 이하에서는 책임단계의 대표적 유형으로서 제시되고 있는 이행책임(Erfüllungsverantwortung), 보장책임(Gewährleistungsverantwortung) 그리고 보충책임(Auffangverantwortung)이라는 행정책임의 기본적인 3유형에 관하여 검토한다.

2. 책임의 기본 3유형

1) 이행책임

행정의 가장 기본적인 임무수행형태는 자신의 임무를 스스로 이행하는 것이다. 즉 행정이 각각의 해당임무를 법률의 기준에 따라서

---

10) Trute, Verzahnungen von öffentlichem und privatem Recht −anhand ausgewählter Beispiele− in: Hoffmann-Riem/Schmidt-Aβmann(Hrsg.), *Öffentliches Recht und Privatrecht als wechselseitige Auffangordnungen*, 1995, S.198f. 참조.

11) Schuppert, *Verwaltungswissenschaft*, S.404.

12) 책임의 단계와 관련된 좀 더 상세한 논의에 대하여는 Schuppert, Jenseits von Privatisierung und "schlankem" Staat: Vorüberlegungen zu einem Konzept von Staatsentlastung durch Verantwortungsteilung, in: Gusy(Hrsg.), *Privatisierung von Staatsaufgaben: Kritierien-Grenzen-Folgen*, 1998, S.79f. 참조.

자신의 운영으로 자신의 인원을 가지고 직접적으로 이행하거나, 자신의 영향하에 있는 사인을 개입시키면서 간접적으로 이행하고 이러한 '이행을 책임지는', 이행책임 혹은 결과책임(Ergebnisverantwortung)이라는 개념이 가장 먼저 등장한다.13) 여기서의 사인은 조직적인 독립성은 있더라도 행정의 추종자(Verwaltungstrabant)에 해당하면서 행정에 종속적인 관영기업 형태를 의미한다.14) 이러한 이행책임은 주로 질서행정 및 급부행정의 분야에서 목표달성을 위하여 사용되는 것이다.15) 따라서 국가가 영향력을 행사할 수 있는 공기업의 형태로 급부행정이 수행되는 경우에도 이는 이행책임의 범주에 속한다고 할 것이다.16) 마찬가지로 행정이 자신의 임무를 이행하기 위한 도구로서 사법형식을 사용할 수도 있으나, 제3자가 개입되지 않는 한 이는 여전히 이행책임의 범위에 속한다.17)

먼저 이행책임은 행정이 직접적인 행정조직을 이용하여 임무를 이행하는 직접적 이행책임(예: 경찰, 조세행정)과 행정시스템의 추종자(Trabant)를 이용하여 임무를 이행하는 간접적 이행책임(예: 괴테문화원과 같이 외국의 문화정책을 담당하는 중간조직, 독일학술진흥재단을 통한 국가의 연구관료조직에 대한 대체)으로 구별할 수 있다.18)

---

13) Schulze-Fielitz, a.a.O., S.830.
14) Schuppert, *Verwaltungswissenschaft*, S.404 참조; Trabant는 원래 고어로는 영주의 경호원, 하인, 현대어로는 위성이라는 뜻을 가지고 있다. Duden -Das Fremdwöterbuch, 9.Aufl. 참조.
15) Schulze-Fielitz, a.a.O., S.830.
16) 독일에서의 공기업의 정의에 관한 논의는 대체로 유럽공동체조약 제90조에 대한 1980. 6. 25. 위원회지침에 규정된 "소유권, 참여지분, 자치규칙 혹은 기업의 활동을 규율하는 기타의 규정에 근거하여 공공주체가 직접 혹은 간접으로 지배적인 영향력을 행사할 수 있는 모든 기업"을 공기업으로 정의한 것을 전제로 한다. 이원우, 「민영화에 대한 법적 논의의 기초」, 『한림법학포럼』 7권, 1998, 226면 참조.
17) Trute, Verzahnungen von öffentlichem und privatem Recht, S.199.
18) Schuppert, *Jenseits von Privatisierung und "schlankem" Staat*, S.79.

더 나아가 이행책임은 다음과 같은 몇 가지 단계로 세분될 수 있다.[19] 행정목적을 구체화하는 책임을 비롯하여(특히 재량결정에서 두드러진다),[20] 법치국가적인 법률의 구속 안에서의 적법하고 효율적인 집행책임[21] 그리고 하위규범의 제정을 통한 법률에 대한 발전책임, 더 나아가 예측, 방법의 선택, 권한조정, 행정행위의 계속성 등과 관련된 계획의 실행에 대한 책임 및 마지막으로 법률들과 행정결정들의 준비를 위한 발의책임(Initiativverantwortung) 등으로까지 구분될 수 있다. 결국 이러한 이행책임은 행정이 자신의 고유한 임무를 사인에게 맡기지 않고 자신의 책임으로 수행하는 과정에서 나타나는 것으로서, 고권적인 행정활동과 관련되어 있으나, 후술하는 私化의 결과로서 나타나는 행정의 활동양식변화와 관련된 다른 책임단계형태와는 대립되는 개념이다.[22]

2) 보장책임

행정이 수행하던 혹은 수행할 수 있는 임무는 사인에 의하여도 수행될 수 있다. 이 경우 행정의 역할은 사인의 활동을 장려하거나, 유도하거나, 그 활동의 범위를 설정하고, 처벌 및 강제수단을 통하여 강요하는 등의 방식으로 사인이 공공복리를 실현할 수 있도록 하는 것이 보통이다. 이러한 관점에서 보장책임이란 (국가로부터 독립적인) 사인이 공공 임무의 전체 또는 일부를 이행하는 모든 상황에서 제대로 된 임무수행의 보장을 위하여 행정에 남아 있는 책임을 의미한

---

19) Schulze-Fielitz, a.a.O. S.830f. 참조.

20) Scholz, a.a.O., S.145(216ff.) 참조.

21) Eberhard Schmidt-Aβmann, Verwaltungsverantwortung und Verwaltungsgerichtsbarkeit, in: VVDStRL H.34, 1976, S.232 참조.

22) Schulze-Fielitz, a.a.O, S.831.

다.[23] 오늘날 私化와 협력의 경향에 따라 국가가 이행책임을 지던 많
은 임무가 사인이 수행하는 것으로 변화하게 되면서 국가의 임무수행
방식의 본질이 보장책임에 있다는 점이 보장국가(Gewährleistungsstaat)
라는 표현으로 강조되고 있다.[24]

보장책임의 기본적인 이행구조는 기본법에 의해서도 충분히 예
견할 수 있다. 기본법 제87조의f는 연방이 우편 및 통신의 영역에서
적절하고 충분한 서비스의 제공을 보장하고(제1항), 이 서비스는 사
경제적 활동으로서 독일 연방체신청의 특별재산으로 설립된 기업과
다른 사적 공급자에 의해서 제공되도록(제2항) 규정하고 있다. 즉,
국가는 충분한 임무수행이 이루어지도록 제도의 틀을 제공하고, 실
제 임무수행은 사인에 의해 이루어지는 형태인 것이다. 이러한 기본
적 틀에 따라 법률에서 보장책임의 수많은 발현형식들이 규정되고
있는 것이다. 이처럼 보장책임구조는 사인에 의하여 급부가 제공되
는 경우를 전제로 하므로, 국가와 급부주체, 피수급자 사이의 3면 관
계를 통하여 파악될 수 있다.[25] 예를 들어 사회부조제도의 경우를
살펴보면, 독립적인 사적 급부주체는 그의 임무를 자신의 책임으로
피수급자에게 이행하는 반면, 피수급자는 국가에 대하여 사회부조의
지급을 요구할 권리가 있으므로, 국가는 급부주체가 임무를 이행하
지 못할 경우 자신이 스스로 급부를 이행할 책임(보충책임)을 부담
한다. 결과적으로 국가는 급부주체의 독립성 보장, 피수급자의 권리
보호 및 재정적으로 부담할 수 있는 사회부조제도의 유지라는 공공

---

23) Schulze-Fielitz, a.a.O., S.833.
24) Schuppert, Der Gewährleistungsstaat - modisches Label oder Leitbild sich wandelnder
   Staatlichkeit?, in: Schuppert(Hrsg.), *Der Gewährleistungsstaat – Ein Leitbild auf dem
   Prüfstand*, Baden-Bden 2005, S.11 참조.
25) 트루테는 금전급부를 제외한 사회부조(Sozialhilfe)를 예로 하여 이러한 3면
   관계에 대하여 설명하고 있다. Trute, Verzahnungen von öffentlichem und
   privatem Recht, S.201f. 참조.

의 이익까지 전체적으로 보호해야할 전반적인 책임을 부담하게 되는 것이다.

보장책임의 대표적 발현형태에는 감시(Überwachung) 및 규제(Regulierung)책임이 있다. 감시책임은 보험이나 은행감독과 같은 경제감독 분야에서 많이 문제되는데, 여기서 국가의 역할은 기업의 자기감시를 보충하고, 관찰과 통제 등을 통하여 공적·사적 이해관계를 지속적으로 조정하는 것이다. 이에 비해 규제책임은 보통 사인이 공공임무를 가능한 한 가장 잘 실행할 수 있도록, 조직과 절차의 형태로 적절한 법적 구조를 제공하는 것을 의미하며,[26] 순수한 고권적인 활동에 속한다.[27] 가령, 운송사업에 대한 특허나 에너지공급에서와 같이 특허권자와 이용자와의 관계에서 발생하는 문제들을 해결하기 위해서 어떠한 규제구조를 취할지가 문제된다.[28] 규제책임은 私化가 이루어진 이후 국가에 남아 있는 핵심적인 기능으로 이해되며, 이런 점에서 현대국가는 私化국가 내지 규제국가로도 표현된다.[29]

한편, 보장책임의 일종으로서 틀설정책임(Rahmenverantwortung)이 별도로 강조되기도 한다. 틀설정책임이란, "공공복리와 조화되는 사인간의 이익조정에 관한 국가의 기초적 책임"을 의미한다.[30] 주로 기본권적으로 예민한 영역에서 문제되는 "사적 자율조정에서도 공정한 이익조정의 최소조건을 보장하는 국가의 기초적 책임"으로서, 국가와 사적주체사이의 협력적 임무수행의 스펙트럼에 있어서 행정

---

26) Schulze-Fielitz, a.a.O., S.835.

27) Schuppert, *Verwaltungswissenschaft*, S.407.

28) 트루테는 전형적인 문제들로서, 활동가능성의 부여를 통하여 만들어진 이점의 회수, 특허의 분배 및 시장메커니즘에 의해 보호되지 않는 특허권자의 행동에 대한 제3자의 보호를 들고 있다. Trute, Verzahnungen von öffentlichem und privatem Recht, S.202ff. 참조.

29) Schuppert, *Verwaltungswissenschaft*, S.407 참조.

30) Schmidt-Aßmann, *das allgemeine Verwaltungsrecht als Ordnungsidee*, 2.Aufl., 2006, S.170f.

의 수행강도가 가장 약한, 즉 이행책임의 반대극단에 놓이게 된다.
가령, 독일학술진흥재단과 같은 사법적인 자율조종조직이 국가의 보
조금지급기준에 따라 학자들에게 보조금을 나눠주는 경우에 국가는
보조금기준이라는 틀을 설정할 뿐 그 결정이나 조직 혹은 절차에 대
하여 원칙적으로 책임을 부담하지 않는다.31) 더 나아가 입법자가 임
차인이나 소비자보호와 같은 특별사법을 포함한 私法규정을 제정함
으로써도 이러한 책임은 이행된다. 즉, 개인은 원칙적으로 사적자치
와 계약의 자유에 의하여 자기책임 하에서 자유롭게 경제질서를 만
들어 가지만, 이는 결코 국가와 상관없는 자기만족적인 질서가 아니
라 일정한 기준틀 내에서 이루어져야 하는 것이기 때문에, 이러한
틀을 설정하는 규정을 마련할 필요가 있으며, 입법자는 이러한 私法
규정을 마련함으로써 분쟁을 조정하고 공적 목적을 추구하는 역할
을 하게 되는 것이다.32)

경우에 따라 보장책임의 일종으로서 기간시설책임(Infrastruktur-
verantwortung)이 언급되는 경우도 있다.33) 현대국가에서 인간의 생존
이 전력망시설과 같은 국가의 기간시설(Netzinfrastruktur)에 필수적으

---

31) Trute, Verzahnungen von öffentlichem und privatem Recht, S.204ff. 참조. 한편, 이
행책임의 반대개념으로 보충책임을 언급하기도 하지만 보충책임은 특수
한 경우에 나타나는 예외적인 책임이라고 본다면 실질적인 수행강도에 있
어서는 이행책임과 틀설정책임이 양극단에 서게 된다.

32) Schmidt-Aβmann, *das allgemeine Verwaltungsrecht als Ordnungsidee*, S.171, 285f.;
이처럼 공법적인 사고형태와 유사한 사법규정의 기능은 공법과 사법의 중
간영역(Übergangsbereich)으로도 표현된다. Trute, Verzahnungen von öffentlichem
und privatem Recht, S.175; 또한 공법을 공익목적에 봉사하는 법률관계로 보
아 사법과 구별하는 이익설과도 맥락을 같이한다. 결국 이러한 관점에서
사법규정도 공법상 국가임무론의 연구대상이 되는 것이다.

33) Georg Hermes, *Staatliche Infrastrukturverantwortung*, 1998, S.323ff.; Reinhard Ruge,
Die Gewährleistungsverantwortung des Staates und der Regulatory State, 2004,
S.173ff.

로 의존할 수밖에 없기 때문에 오늘날 기간시설책임의 중요성은 매우 크다고 할 수 있다. 이는 본서의 연구사례인 전력산업과 관련되므로 제4장 제2절에서 자세히 다룬다.

3) 보충책임

보충책임이란 私化를 통하여 평소 독립적인 사인이 자신의 책임으로 급부를 공급하고 행정은 단지 보장책임을 부담하게 되었을 때, 그 급부가 충분히 보장되지 못하는 경우 국가가 명령행정 및 급부행정수단을 사용하여 스스로 임무를 이행하는 것을 의미한다.[34] 이는 제3자의 자율규제적인 활동이 충분하게 목표를 수행하지 못할 때에, 또는 조종의 결핍이 인식되었을 때, 국가에 내재하는 이행책임으로서의 보장책임이 현실화되어 국가가 교정적이고 대체적으로 활동하는 것으로도 이해된다.[35] 보충책임은 국가가 자신의 고권적 이행수단을 가지고 사인을 대신하여 스스로 활동하는 지원책임(Einstands-verantwortung)과 제3자에게 발생한 원하지 않는 사회적 결과에 보상하는 완충책임(Abfederungsverantwortung)을 포함한다.[36] 보충책임은 별도의 책임유형이 아니라 보장책임에 당연히 속한 내용으로 이해되기도 한다. 이 책임은 구체적으로 철회권의 유보나 행정계약상의 복귀조항(Rückfallklausel), 해지권 등을 통하여 급부를 제공하는 사인과의 협력을 종료하는 형태로 발현될 수도 있고,[37] 극단적인 경우에

---

34) Schulze-Fielitz, a.a.O., S.836.

35) Wolfgang Hoffmann-Riem, Tendenzen in der Verwaltungsrechtsentwicklung, DÖV 1997, S.433ff. (Schuppert, *Verwaltungswissenschaft,* S.407에서 재인용).

36) Schulze-Fielitz, a.a.O., S.836.

37) 이 경우 사적인 급부제공자의 인도의무를 규정하는 것이 문제되고, 응급구조, 병원, 대학의 직업교육 등과 같이 사적인 급부제공자를 대신하여 급부를 제공할 기업을 국가가 이중적으로 운영하는 것도 고려될 수 있다고

국가가 법률상의 '환수선택권'(Rückholoption)에 근거하여 혹은 헌법상
의 보호의무에 근거하여 私化과정을 철회해야만 하는 경우도 포함
할 수 있다.[38]

3. 소 결

1) 임무유형별 임무수행의 강도

이상과 같은 책임의 단계, 즉 임무수행의 강도는 행정이 스스로
이행하는 정도에 따라서 혹은 결과에 대한 책임여부에 따라서 단계
적으로 고찰할 수 있다. 대부분의 문헌에서 언급되는 이행책임과 보
장책임 그리고 보충책임은 다양한 책임단계의 대표적인 이념형을
나타낸다. 그러나 그 중간단계로 보장책임의 일종으로서 혹은 별도
의 책임형태로서 자금조달책임, 지원책임, 감독과 규제책임, 틀설정
책임과 같은 다양한 유형의 책임형태와 그 혼합형태가 등장할 수 있
다. 더 나아가 보장책임의 발현형태로 관찰, 감시, 진흥, 자금조달,
자문, 조직, 규제, 조정, 기본시설, 틀설정, 기본, 병행, 보충, 지원, 잔
여, 확보, 사회적 완충, 결과 내지 정당성 등에 관한 책임으로 열거될
수 있다.[39] 이러한 책임 사이에는 행정의 역할이나 결과에 대한 책
임 여부 등에서 무시할 수 없는 차이가 있다. 그러나 공공복리와 관
련되어 있는 한 적어도 사적 영역에서도 국가는 사법규정을 제정함
으로써 최소한의 기초적 책임을 부담한다고 할 것이다(틀설정책임).

한다. Voβkuhle, Beteiligung Privater an öffentlichen Aufgaben und staatliche Ver-
antwortung, in: VVDStRL H.62, 2003, S.326. 참조.

38) Schulze-Fielitz, a.a.O., S.836.

39) Schulze-Fielitz, a.a.O., S.833. 참조. 이러한 책임들은 문헌에 따라서 보장책임
과 별도로 언급되기도 한다.

책임단계는 다시 구체적인 임무유형에 따라 구별되어 나타날 수
있다. 물론 이는 입법자의 형성의 자유가 있는 부분이지만, 임무에
따라서 국가의 단독적 이행이 적합한 것이 있는 반면 사인과의 협력
적 임무이행에 좀 더 적합한 임무가 있다는 것은 이미 살펴본 바와
같다.[40] 이러한 관점에서 지방자치행정의 차원에서의 임무비판의
전제로서 임무유형별로 책임의 단계를 다음과 같이 제시하는 견해
가 있다.[41]

〈표 1〉 라이하르트의 임무와 책임단계에 관한 도식

	보장책임	자금조달책임	집행책임(이행책임)
국가의 핵심임무	공적주체의 책임	공적조직의 책임	공적조직의 책임
자금조달책임을 진 국가의 보장 및 보충임무	공적조직의 책임	공적조직의 책임	비국가적 주체의 책임
자금조달책임이 없는 국가의 보장 및 보충임무	공적조직의 책임	비국가적 주체의 책임	비국가적 주체의 책임
사적 임무	비국가적 주체의 책임	비국가적 주체의 책임	비국가적 주체의 책임

이 견해에 따르면 국가의 핵심임무에 우선 외적·내적 안전, 경제
및 통화질서의 감시, 재판권, 조세징수와 같은 고권적 임무와 그밖에
비국가적 주체(nicht-staatlicher Träger)가 성질, 리스크, 남용, 평등의 이
유에서 이행할 수 없는 다른 임무가 속한다. 반면 보장 및 보충임무
에서는, 보충성원칙에 따라 공적조직(öffentliche Einrichtung)이 해당임
무를 전반적으로 비국가적 주체보다 더 잘 이행할 수 있을 때에 한

---

40) 제3장 제2절 4항 참조.
41) Christoph Reichard, *Umdenken im Rathaus, Neue Steuerungsmodelle in der deutschen Kommunalverwaltung*, 1994, S.41.

하여 집행주체로 되어야 한다고 설명된다. 그리고 국가의 보장임무
는 공공복리와 명시적으로 연관된 공공임무에 속하지만 국가의 보
충임무는 공공복리와는 명시적으로 연관이 없는 비공공임무에 속한
다고 한다.[42]

　한편, 공적조직은 임무의 지속적인 제공에 대하여 보장책임을 인
수할 수 있지만, 자금조달책임과 집행책임은 해당 임무와 관련하여
부가적으로만 수행할 따름이다.[43] 이러한 도식에서는 임무를 이행
하는데 필요한 자금을 마련하는 자금조달책임이 보장책임과는 별도
로 언급되는데, 자금조달책임은 국가의 보장임무에 있어서 공적조직
이 마련하는 경우도 있지만 사적주체가 그 책임을 부담하는 경우도
있다. 그리고 이러한 책임은 임무의 전 실현단계에서 동일한 형태로
나타나지 않고 단계별로 상이한 방식으로 나타날 수 있다. 예를 들
면 기간시설의 자금조달은 계획과 투자단계에서는 사인에 의하여
조달되다가(리싱모델), 운영단계에서는 요금징수로 조달될 수 있다
고 한다(권한위임, 특허모델 등).[44]

　이처럼 책임의 단계는 임무유형은 물론 국가와 사적주체 사이의
책임의 분배와 밀접하게 연관되어 있다. 현대국가는 공공복리의 수
행을 독점할 수는 없으며 대부분의 임무가 사인과의 협력을 통해서
혹은 사인의 자발적인 주도에 의해서 온전하게 이행될 수 있기 때문
이다. 따라서 이행책임에서 보장책임을 거쳐 보충책임으로 이어지
는 책임의 단계는 반대로 사인과의 협력과 사인의 독립성이 점점 강
화되어 가는 것으로 파악할 수 있다. 이런 관점에서 공법 질서와 사
법 질서의 맞물림 현상에 유의하여 '협력적 임무수행에 있어서 국가
책임의 강도'를 '협력결과에 대한 국가의 책임', '사인의 급부제공에

---

42) Reichard, a.a.O., S.40.
43) Reichard, a.a.O., S.39f.
44) Reichard, a.a.O., S.41.

서의 국가의 보장책임', '경제 및 기간시설영역에서의 국가의 규제
및 조정책임', '자율적인 이익조정에 대한 국가의 틀설정책임'으로
세분하는 견해도 나름대로 설득력을 가지고 있다.[45]

2) 수정된 유형에 따른 책임단계

본서에서 임무유형의 분석틀로 사용하고 있는 베르의 도식 및 수
정도식에 있어서는 책임단계를 적용하여 어떻게 도식화할 수 있는
가가 문제된다. 베르의 도식에서 국가의 핵심임무에 상응하는 것은
국가존속의 보호이고, 여기서부터 사회의 정의보장임무 중 시민의
생존보호 및 삶의 질의 보장, 미래의 보호의 순으로 국가의 단독적
규율 및 책임에서 사회와의 협력적 규율 및 책임으로 도그마틱적 경
향이 변화한다. 그러므로 이를 도식화하여 도표로 나타내면 다음과
같다.

〈표 2〉 임무와 책임단계에 관한 수정도식

	보장책임	자금조달책임	이행책임
국가의 존속보호	공공주체의 책임	공공주체의 책임	공공주체의 책임
사회의 정의보장 중 생존보장	공공주체의 책임	공공주체의 책임	사적주체의 책임
사회의 정의보장 중 삶의 질 보장	공공주체의 책임	사적주체의 책임	사적주체의 책임
미래의 보호	[공공주체의 책임]	사적주체의 책임	사적 주체의 책임

---

45) 후자로 갈수록 국가는 급부의 결과를 직접 이행하거나 보장하는 것에서
   벗어나 사인의 독자적인 임무수행이 이루어질 수 있도록 기준을 제시하는
   것에 그치게 된다. Trute, Verzahnungen von öffentlichem und privatem Recht,
   S.197ff. 참조.

다만, 미래의 보호는 순수한 사적 임무가 아니라 국가의 기본적인 보장이 필요한 임무이므로, 원칙적으로 공공주체가 보장책임은 부담한다고 할 것이다.[46] 또 〈표1〉의 공적조직과 비국가적 주체라는 항목은 구별이 명확하지 않으므로, 이에 대응하여 공공주체와 사적주체라는 항목으로 변경하는 것이 적절하다고 판단된다. 그러나 이러한 도식화는 하나의 법정책적인 예시로서의 의미가 있을 뿐이고 실제적으로 입법자나 공공주체에게 사안에 따른 형성의 자유가 인정되어야 할 것이다. 즉, 보장책임이나 사회적 정의보장 등은 광범위한 스펙트럼을 갖는다는 점에서 위와 같은 도표는 하나의 참고에 불과한 것이다. 이제 논의의 초점은 공공주체와 사적주체와의 사이에서 좀 더 구체적인 협력적 임무수행의 방식과 구조를 검토하는 책임의 분배문제로 나아갈 필요가 있게 된다.

---

46) 사적 영역에 있어서도 틀설정책임이라는 의미에서의 보장책임을 부담한다는 점은 앞에서 살펴본 바 있다. 제3장 제3절 2항 참조.

제4절 임무수행방식의 구조

1. 공사영역간의 협력과 책임의 분배

행정의 임무수행에 있어서 공적 분야와 사적 분야 사이의 협력은 국가와 사적주체 혹은 혼합적 주체 사이의 책임의 분배라는 개념으로 파악된다. 책임의 분배(Verantwortungsteilung)라는 개념은 국가임무의 증가와 국가의 활동능력의 감소 및 법의 제한된 조종능력이라는 문제현상에 대응하여 나타나는 개념으로서, 私化, 탈규제화, 민관협력방식(Public-Private-Partnership)[1]과 협력적 행정(kooperative Verwaltung)이라는 현상들을 포괄하는 것이다.[2] 여기에는 현대사회가 국가의 조종능력의 한계에 부딪치게 되면서, 국가의 부담을 경감시키고 사회적인 자율규제를 통하여 국가의 조종을 보완하는 조종형식의 변화가 중요한 관점으로 등장한다.

이와 관련하여 슈페르트는 점점 공적인 분야와 사적인 분야와의 중첩이 이루어지는 행정현실을 지적하면서, 이러한 현실에 대한 조사와 분석을 통해 행정법의 새로운 임무를 발견한 수 있을 것인데, 이것은 전통적인 공적 분야와 사적 분야의 분리관점을 극복하고, 이러

---

1) 민관협력방식(Public-Private-Partnership)은 원래 미국에서 공공주체가 도시건축의 문제지역에서 투자자 및 사회그룹과 협력하는 것에 제한된 개념이었으나, 최근에는 "공공주체와 사적분야의 주체들 사이의 통합, 보충적 목표의 추구에 초점을 맞추는 것, 협업에서의 시너지 잠재력, 절차지향, 파트너의 동일성과 책임은 온전하게 남고 협업은 계약으로 형식화되는 것"을 의미하게 되었다고 한다(좁은 의미). Martin Burgi, *Funktionale Privatisierung und Verwaltungshilfe*, 1999, S.98 참고.

2) Hans-Heinrich Trute, Verantwortungsteilung als Schlüsselbegriff einen sich verändernden Verhältnisses von öffentlichem und privatem Sektor in: Schuppert (Hrsg.), *Jenseits von Privatisierung und „schlankem" Staat*, 1999, S.14.

한 관점을 국가적·半국가적·사적주체 사이의 책임분배현상에 법적인 윤곽을 부여하는 중간영역의 도그마틱(Dogmatik des Zwischenreichs)의 발견을 통하여 보충하는 것이라는 점을 언급한 바 있다. 슈페르트는 이러한 중간영역의 도그마틱의 요소로서 협력적 임무이행의 기준, 조직형태, 절차 및 행위도구를 들면서 이것이 협력적 행정의 행위에 윤곽을 부여하고 법치국가적인 구조요청을 보장할 수 있다고 한다.[3]

더 나아가 국가의 조종과 사회의 자율규제가 어떠한 구조 안에서 가능할 것인지, 국가와 사적주체 사이의 활동기준, 주체, 제도 및 행위도구의 관계, 이러한 주체 사이에서 어떻게 행정의 목적인 공공복리의 실현을 위해 협력할 것인지, 또 어떠한 조건에서 이러한 협력적 임무수행이 가능할 것인지 등이 문제되는데, 이는 규율구조(Regelungsstruktur)라는 개념으로 설명되기도 한다. 트루테는 규율구조(Regelungsstruktur)를 중요한 규제기구의 정책분야와 임무의 규제와 규율도구의 연결에 대한 모든 것을 지칭한다면서, 이것이 법적 한계와 관여된 주체를 전체 임무와 관련시키고 규율구조의 변경을 책임분배를 통하여 분명하게 할 수 있다고 한다.[4] 결국 공사영역간의 책임분배의 문제를 탐구하는 핵심과제는 바로 이러한 중간영역의 도그마틱 혹은 규율구조의 해명에 있다고 하겠다.

2. 책임분배의 출발점으로서의 私化

책임의 분배문제를 검토하기에 앞서, 협력적 임무수행 혹은 협력적 행정이 발생하는 원인으로서 私化의 문제를 간략하게 살펴볼 필요가 있다. 협력적 행정의 형식으로서 행정계약이 언급되기는 하지만, 국가임무에 있어서의 행정책임변화에 더 직접적으로 연관되어

---

3) Gunnar Folke Schuppert, *Verwaltungswissenschaft*, 2000, S.278f.
4) Trute, a.a.O., S.22.

있는 것은 바로 20세기 후반에 광범위하게 전개된 私化의 현상이기 때문이다.

1) 私化의 개념

私化는 정확한 법개념이라기 보다는, 국가가 자신의 임무로부터 후퇴하는 것에 관한, 그리고 다양하고 단계별로 분류된 형태에 대한, 불명료한 집합표시라고 표현된다.[5] 특히 私化는 법형식적으로 상이하게 분류할 수 있는 여러 다른 형태를 총칭하고 있으며, 관련된 규율도 광범위하게 여러 분야를 망라하고 있기 때문에 더욱 그러하다. 그럼에도 불구하고 시도되는 포괄적인 개념정의의 하나로는, 私化를 "국가에 의해서 私法상의 사람에게 모든 종류의 법적 권력이 인도되는 모든 형태"를 의미하는 것으로 보고, 私法상 사람의 범주에는 자연인을 비롯한 모든 종류의 사법상 조직된 법적 주체가 지분권자의 고려없이 속한다는 견해가 있다.[6] 그러나 이러한 개념정의에 있어서는 형식적 私化가 속하지 않는다는 등의 비판이 제기되고 있는 것도 사실이다.[7] 이에 비해 "공기업의 경영 내지 공임무의 수행에 있어서 사적 요소에 의한 공적 요소의 대체" 또는 "공기업의 경영 내지 공임무의 수행에 있어서 사경제적 방식의 도입"으로 파악하는 견해도 있다.[8] 본서는 私化를 국가의 임무수행방식이 변화하는, 즉 행정책임이 변화하거나 분배되는 원인으로 파악하므로, 私化란 『사인에게 임무가 이전되거나 임무의 이행에 사인이 참여하여 국가의 책임

---

5) Christof Gramm, *Privatisierung und notwendige Staatsaufgaben*, 2001, S.27.
6) Jörn Axel Kämmerer, *Privatisierung. Typologie － Determinanten － Rechtspraxis －
   Folgen*, 2001, S.37.
7) Wolf/Bachof/Stober, *Verwaltungsrecht Bd.3, 5.Aufl.*, 2004, S.498 참조.
8) 이원우, "민영화에 대한 법적 논의의 기초", 『한림법학포럼』 7권, 1998, 221면.

단계가 변화하거나 책임이 분배되는 현상』을 통칭하는 것으로 정의
하고자 한다. 이 경우에도 실무와 학계에서 논의되는 私化의 모든
경우를 포괄하는 지에는 의문이 있으나, 행정임무와 관련하여 私化
의 의미를 파악하는 데에는 더 적절한 측면이 있다고 본다.

2) 私化의 유형

(a) 임무 私化

우선, 국가임무와 관련하여 분류할 수 있는 私化의 유형은 이른바
임무 私化(Aufgabenprivatisierung) 혹은 실체적 私化(materielle Privatisierung)
의 형태이다. 임무 私化란, 국가가 어떤 임무에서 완전히 물러나서,
지금까지 국가에 의하여 수행된 임무를 사인, 즉 사회경제적 영역과
거기에서 지배적인 원리인 경쟁원리에 맡기는 것을 의미한다.[9] 사
인에게 완전히 책임을 인계하는 것이기 때문에, 비국유화 또는 "순
수한" 혹은 "좁은 의미에서의 私化"라고도 불려진다.[10] 그런데 임무
私化의 허용여부에 대하여 캐머러는 임무 자체는 법적인 의미에서
양도될 수 없고, 단지 '임무와 관련된(aufgabenbezogene)' 변형만이 양
도될 수 있다면서, 국가측에서 잃어버리는 권리나 임무는 국가와 사
회의 구조적·기능적 차이로 인하여 私法상의 주체가 추가로 획득하
는 것과 일치하지 않으며, 또한 '법권한(Rechtsmacht)'을 넘어서 공통
분모로서의 私化의 대상은 규정될 수 없다고 보기 때문에 국가임무
의 私化는 불가능하다고 주장한다.[11] 이에 비해 국가의 활동이 국가

---

9) Hartmut Maurer, *Allgemeines Verwaltungsrecht*, 16.Aufl., München 2006, S.621.
10) Wolf/Bachof/Stober, a.a.O., S.500.
11) Kämmerer, a.a.O., S.39f.; 같은 견해로는, 이원우, "공기업 민영화와 공공성
　　확보를 위한 제도개혁의 과제",『공법연구』제31집 제1호, 2002. 11., 39-40면
　　참조.

의 조직이나 책임영역에서 면제되거나, 임무현황 자체가 지속적으로
줄어드는 것을 임무 私化의 특징으로 파악하는 견해도 있다.[12]

　이러한 견해들의 차이는 실제 실무상 그러한 '私化가 이루어질
수 있느냐'라는 차원이라기보다는, '私化의 대상을 무엇으로 볼 것인
가' 혹은 '임무를 어떻게 정의할 것인가'와 관련된 개념정의문제로서
의 성격이 크다. 가령, 임무를 사회국가원리나 환경보호와 같은 국
가목적과 그 차원이 동일한 것으로 본다면, 이러한 임무를 수행할
책임은 근본적으로 국가에게 남아있는 것이기 때문에 사인에게 이
전될 수 없는 것이 당연하다. 그러나 임무를 국가목적보다는 구체적
인 것, 예를 들면 수질보전을 위한 감시임무, 상수도의 공급임무 등
으로 파악한다면 이를 사인에게 이전하는 것도 논리적으로 불가능
한 것은 아닐 것이다. 책임과의 관련성에서 임무를 '책임의 준거로서
활동의 객관적 범위'로 파악하는 본서의 입장에서는 국가가 이행책
임을 지고 직접 수행하던 활동범위를 사인에게 이전하여 사인이 자
신의 책임으로 이행하고 국가는 보장책임만을 지는 경우를 임무 私
化로 파악할 수 있겠다.[13] 이러한 입장에서 보더라도 실무에서 임무
私化가 활용되는 예는 많지 않을 것이다.[14]

(b) 조직 私化

　실체적 私化에 대치되는 개념으로 이른바 조직 私化(Organisations-
privatisierung) 혹은 형식적 私化(formelle Privatisierung)가 있다. 이는 국
가가 특정한 급부행정의 임무를 수행하기 위하여 사법적인 조직, 특
히 유한회사[15] 혹은 주식회사의 형태로 자본회사를 설립하는 것을

---

12) Wolfgang Weiss, *Privatisierung und Staatsaufgaben*, 2002, S.29f.
13) Weiss, a.a.O., S.32f 참조.
14) Schuppert, a.a.O., S.371 참조.
15) 독일에서는 유한회사(Gesellschaft mit beschränkter Haftung, GmbH)의 형태도

말한다. 형식적 私化의 장점으로는, 사경제적 경영의 경험을 이용할수 있다는 것을 제외하고도, 사법상의 유연성, 재정법적이거나 공무원임금법적인 구속에서의 해방, 폭넓은 동업자와 출자자 및 책임제한의 고려 등에 있다고 한다.16) 조직 私化는 조직의 형식만이 변경될 뿐 공공주체가 임무의 이행을 포기하거나 그 책임에서 벗어날 수없는 것을 말한다. 따라서 임무 私化에 있어서는 국가가 구체적인임무처리에 있어서의 조종능력을 상실하고 사인이 자신의 책임으로임무를 이행하는 반면, 조직 私化에 있어서는 국가가 여전히 임무처리에 대한 세부적인 책임, 즉 이행책임을 (적어도 부분적으로는) 유지하게 된다.17)

(c) 기능 私化

앞에서 설명한 私化의 두가지 기본유형 사이에서 여러 가지 다른발현형태가 나타날 수 있다. 임무 자체를 완전히 私化하는 것은 법령의 규정이나 헌법구조상 어려운 경우가 많다. 따라서 임무 자체는공공주체에게 남겨두고 임무의 실질적인 수행만을 사인에게 넘겨주는 대안적 모색이 중요하게 된다. 이러한 이행책임과 보장책임의 분리라는 이론적 배경하에서 부각되기 시작한 것이 기능 私化의 범주이다.18) 기능 私化(funktional Privatisierung) 혹은 이행 私化(Erfüllungs-privatisierung)의 개념은 임무주체성과 이행책임이 바뀌는 것 없이, 공법적인 임무이행에 필수적인 실제행동이 사인에게 위임되는 것을

종종 사용되는 것에 반하여, 우리나라에서는 대부분 주식회사(Aktien-gesellschaft, AG)의 형태가 사용되는 것으로 보인다.

16) Maurer, a.a.O., S.620 참조.

17) Weiss, a.a.O., S.33 참조.

18) 이원우, "정부기능의 민영화를 위한 법적 수단에 대한 고찰-사인에 의한공행정의 법적 수단에 대한 체계적 연구-", 『행정법연구』, 1998. 하반기, 110면 이하 참조.

의미한다. 여기서 사인은 단지 공법적인 임무와 기능적으로 관련되어 있는 준비나 수행업무에 부분적으로 기여할 뿐이다. 이러한 개념적 특수성 때문에 부분 私化, 서비스 私化 혹은 민간위탁(contracting out), 외주(Outsourcing)라고도 불려진다.[19] 기능 私化의 경우 행정은 여전히 이행책임을 부담하지만, 행정의 내부에서 임무를 담당하는 사인에게 책임이 분배되게 된다.

실제적으로 나타나는 기능 私化의 발현현상은 매우 다양하게 전개되고 있다. 최근에는 그 임무의 담당을 '임무수행의 단계'라는 관점에서 계획, 수행, 재정조달, 통제라는 4가지 단계로 나누어서 유형화하고, 여기에 절차 私化를 추가하여 설명하는 견해가 유력하다.[20] 기능 私化는 그 다양한 발현형태에 따라 행정책임이 세분화되어 나타나므로, 구체적인 기능 私化의 실현방법은 공공주체와 사적주체 사이의 책임단계와 책임분배의 문제와 밀접한 관련이 있다.[21]

(d) 자산 私化

끝으로 자산 私化는, 국가가 보유자산, 특히 부동산이나 영리기업에의 지분(주식, 유한회사 지분)을 사인에게 매각하는 경우에 발생한다. 이는 무엇보다도 국가가 산업기업을 소유하고 있는 경우와 관련된다. 자산 私化는 일반적인 자산매각과 본질적으로 다를 것이 없으므로, 이를 매각한 이후에는 아무런 후속적인 문제가 남지 않게 된다고 설명된다.[22] 자산 私化는 다시 소유권 私化, 사용권 私化 및 처

---

19) Wolf/Bachof/Stober, a.a.O., S.501
20) 이원우, "민영화에 대한 법적 논의의 기초", 『한림법학포럼』 7권, 1998, 219면 이하.
21) 이원우, "정부기능의 민영화를 위한 법적 수단에 대한 고찰-사인에 의한 공행정의 법적 수단에 대한 체계적 연구-", 『행정법연구』, 1998. 하반기, 112면 참조; 자세한 책임분배의 문제는 제3장 제4절 3항에서 다룬다.
22) Maurer, a.a.O., S.622.

분권 私化로 구별할 수 있다.[23] 자산 私化에서 행정의 책임이 변화하는지 여부는 실질적으로 그 자산을 통하여 어떠한 임무를 수행하였는가에 달려 있다. 그러나 자산 私化가 문제되는 것은 단순한 행정에 귀속된 국유재산(잡종재산)의 처분과 관련된 경우가 많으므로 이러한 경우 행정의 임무는 종료하고 단순한 사인의 개인적 임무에 사용되게 될 것이다. 우리의 경우에는 국유화되었던 민영 은행을 다시 민간에 매각하는 경우를 들 수 있을 것이다.

(e) 평가

이처럼 학문적으로 논의되는 私化의 유형에는 다양한 방식의 조직 및 활동방식의 변화과정을 포괄하고 있으며, 더욱이 실무적으로 문제되는 私化의 발현형태에는 여러 가지 방식이 혼합되어 나타나는 것이 보통이다. 따라서 私化의 개념을 이러한 모든 유형을 포괄하여 일의적으로 정의하는 것은 거의 불가능한 것으로 보인다. 본서에서는 私化를 국가의 임무수행방식이 변화하는 원인으로서 파악하므로, 국가의 책임이 본질적으로 변경되는 임무 私化를 私化의 중심적인 유형으로 파악하고자 한다. 다만 기능적 私化와 같이 사인이 임무이행에 참여하여 책임이 분배되거나 일부 책임의 강도가 변하는 경우에도 私化의 범주에 포함되지만, 책임에 아무런 변화가 없는 경우에는 私化의 범주에 속하지 않는 것으로 보고자 한다. 이러한 입장에서 볼 때 국가가 행정조직의 형태만을 변경함으로서 이행책임의 강도에서만 약간의 변화를 갖는 조직 私化나[24] 책임에 변화가

---

23) 이원우, 「민영화에 대한 법적 논의의 기초」, 219면.

24) 조직 私化의 경우 행정이 자신의 내부조직을 이용하는 직접적 이행책임에서 행정의 영향하에 있는 사법상의 조직을 이용하는 간접적 이행책임으로 변경된다고 볼 수 있으나, 책임이 귀속되는 주체는 여전히 국가 영역에 존재한다.

없는 자산 私化가 私化의 범주에 속하는지는 의문의 여지가 있다.

3) 私化와 책임의 관계

이상의 私化에 대한 논의에서 가장 중요한 핵심은 私化가 단순히 정지되어 있는 사실상태이거나 한번에 그 효과가 완성되는 법적 조치가 아니라 국가의 임무와 책임이 유기적으로 변화하는 하나의 과정으로 이해해야 한다는 점이다. 이 과정은 크게 국가의 직접적인 이행을 통한 이행책임이 실체적 私化를 통하여 보장책임으로 변화하는 것으로 표현된다. 구체적으로 살펴보면 私化의 경과에 따라 변화하는 국가의 책임단계를 이행책임, 감독책임(Kontrollverantwortung), 私化 후속책임(Privatisierungsfolgenverantwortung), 관찰책임(Beobachtungs-verantwortung)으로 나누어 설명하는 견해가 설득력이 있다. 이 중 私化 후속책임이란 행정이 私化조치의 실행 이후에 각각의 조치의 결과에 대하여 계속적으로 영향을 미치는 책임을 의미하고, 여기에는 부분적으로 헌법적인 규정이 문제되기도 하는 남아 있는 인원에 대한 책임이 예시된다.[25] 이 중 특히 눈여겨볼만한 부분은 일단 私化를 위한 조치를 취한 이후에도 후속적으로 국가가 돌보아야 할 조치들이 있으며, 私化가 이루어진 영역에서 사적주체가 공공임무를 충실히 수행할 수 있도록 계속해서 관찰하면서 사적주체의 활동을 위한 적절한 경계를 설정해 주어야 한다는 점이다.

최근에는 私化의 유형 중 기능 私化의 중요성이 점점 강조되는 경향이 있다. 이는 기능 私化가 '全部 아니면 全無'라는 해결방식을 탈피하여 협력적인 임무수행의 가능성을 광범위하게 개척할 수 있게 하기 때문이다. 즉, 자금조달, 수행, 절차와 같은 부분은 사인에게

---

25) Hartmut Bauer, Privatisierung von Verwaltungsaufgaben, in: *VVDStRL H.54*, 1995, S.277ff..

맡기고 행정은 그 임무의 이행을 보장하는 방식으로 책임의 분배가 전개될 수 있는 것이다.[26] 이러한 기능 私化를 위한 법적 수단으로는 공무수탁사인, 행정보조자, 공의무부담과 같은 전통적인 수단은 물론 특허모델(Kozessionsmodell)과 참가모델(Beteiligungsmodell)과 같은 새로운 수단들도 등장하고 있다.[27] 이는 결국 아래에서 본격적으로 검토할 협력적 임무수행, 즉 책임분배를 통한 임무수행으로 나아가기 위한 출발점이 된다.

3. 책임분배의 구조와 도그마틱

1) 구조적 특징

(a) 공법과 사법의 상대화

책임분배 현상의 일차적인 특징은 공법과 사법 사이의 체계적 차이가 상대화되는 것이다. 즉, 임무수행에 사인이 관여하게 되면서 공법적 영역에서의 문제해결방식은 그대로 사법적 영역에서도 공공복리의 추구라는 관점에서 동일하게 적용된다. 여기에 행정사법(Verwaltungsprivatrecht)과 사행정법(Privatverwaltungsrecht)이라는 주제가 등장하며, 그 특징으로서 가령, 私法에 있어서도 제3자 보호가 법체계의 차이에도 불구하고 마찬가지로 관철되어야 한다는 점 등이 언급될 수 있다. 또한 사법상의 제도에서도 기본권의 제3자효 내지 기본권보호의무가 문제된다. 이러한 공법과 사법 질서의 맞물림 현상은 전통적인 경제행정법 영역뿐만 아니라 私化후속법(Privatisierungsfolgerecht) 영역에서도 나타나고, 환경법, 학문법(Wissenschaftrecht) 혹은 정보법

---

26) Schuppert, a.a.O., S.372f. 참조.
27) 이에 대한 자세한 설명으로는 이원우, 「정부기능의 민영화를 위한 법적 수단에 대한 고찰」, 119면 이하 참조.

(Informationsrecht)과 같은 현대적인 법학분야의 특징이기도 하다.[28)]

(b) 국가조직의 다원화 및 사적 조직형태의 이용

책임의 분배를 통한 임무수행의 방식은 임무수행을 위한 조직의 변화로도 특징지어질 수 있다. 이는 먼저 국가조직 자체에서 사회적인 다양한 이해관계를 반영하는 방식으로 이루어진다. 즉, 다양한 이해관계를 대표하는 위원들로 구성된 위원회기구, 전문가의 참여 혹은 사회적 자치조직의 국가제도에로의 편입 등이 나타날 수 있다. 다른 한편으로 사적인 조직형태지만 국가가 영향을 미칠 수 있는 공공복리를 추구하는 중간적 조직(intermediäre Einrichtung)이 활용되는 경우도 있다. 이는 경제분야, 연구분야, 사회보장분야 등에서 나타나곤 하는데, 이러한 조직형태에 대하여는 국가의 참여·자금조달·조직규정이 마련되거나 혹은 특수한 행정법적인 의무가 발생하는 특징을 가진다. 그리고 정책형성과 정책집행에 있어서 국가 및 사적주체 사이에 다양한 형태로 협력하는 협상네트워크(Verhandlungsnetzwerk)가 존재하는 것도 책임분배의 특징 중 하나이다.[29)]

2) 도그마틱적 요소

기존 문헌에서 다루어지는 다양한 논의 중에서 책임분배와 관련된 도그마틱적 요소를 살펴볼 필요가 있다. 행정책임은 단순히 추상적이고 객관적인 형태로만 파악되는 것이 아니라, '임무수행에 협력하는 주체 간에 어떠한 근거에서 책임이 귀속되는가'하는 관점에서 분석되는 것이다.[30)] 따라서 책임분배의 문제에 있어서도 '행정책임

---

28) 이하 구조적 특징부분은 트루테의 견해를 정리한 것이다. Trute, a.a.O., S.26ff. 참조.
29) Trute, a.a.O., S.28ff. 참조.

이 누구에게, 왜, 귀속되는가'라는 점이 이 분야에서 도그마틱을 도출하기 위한 중요한 초점이 될 것이다. 책임이 '구체적으로 어떤 형태로 분배될 것인가'의 문제는 이어지는 책임분배모델 구성의 문제가 된다.

(a) 책임분배의 원칙 및 지침

책임이 공적 분야와 사적분야 사이에서 어떻게 분배될 것인가에 대한 기준은 우선 기본법상의 여러 규정 및 원칙에서 찾을 수 있다. 이러한 법규범들은 국가임무에 관한 접점들이나 私化의 지침이 되는 것들과 밀접하게 관련되어 있다.[31] 이와 관련하여 조직법적인 지침으로서 민주주의원칙, 법치국가원칙, 내용적 지침으로서 기본법상의 기본권 보호의무, 사회국가원칙 등이 열거되고 있다.[32] 그런데 책임분배의 구조에는 광범위한 형성의 여지가 있으므로 위와 같은 기본법상 지침들에 의하여 상세하게 책임분배의 형태를 모두 규율하는 것은 불가능하다. 따라서 위 기본법상 지침의 하위에서 책임분배를 규율하고 그 구조를 구체화하는데 적용하게 될 조종수단 내지 규범적 지침(normatives Leitprinzip)으로서 '규제된 자율규제'(regulierte Selbstregulierung), '협력원칙'(Kooperationsprinzip) 및 '代償원칙'(Kompensationsprinzip) 등이 언급될 수 있다. 슈페르트는 이러한 3가지 조종수

---

30) 책임의 개념을 여섯 가지 요소, 즉 활동주체, 책임의 객체, 책임주체와 객체 사이의 귀속, 책임을 인수하는 전제로서 고유한 결정여지, 책임을 위한 기준, 책임에 대한 판단주체 등으로 분석하는 견해로는, Andreas Voβkuhle, Gesetzgeberische Regelungsstrategien der Verantwortungsteilung zwischen öffentlichem und privatem Sektor, in: Schuppert(Hrsg.) *Jenseits von Privatisierung und „schlankem" Staat*, 1999, S.53ff. 참조.

31) 私化를 결정하는 기본법상의 규정과 원칙 등에 대한 상세한 설명으로는 Won Woo Lee, *Privatisierung als Rechtsproblem*, Köln u.a. 1997. S.63ff.(123f.) 참조.

32) 조직법적 지침과 내용적 지침의 자세한 내용은 Andreas Voβkuhle, a.a.O., 64ff. 참조.

단을 협력을 통한 조종을 위한 새로운 조종전략이라는 차원에서 설명하고 있다. 특히 代償과 협력을 법치국가원칙과 같은 법명제 형태의 원칙(rechtssatzförmiges Prinzip)이기보다는 입법적 구체화에서 기준을 제시하는 규범적 지침이라고 설명하고 있다.[33]

규제된 자율규제란 전형적인 협력적 조종방식으로서 '직접적 조종과 간접적 조종의 조합'으로 파악된다. 직접적인 조종방식은 위험방지와 같은 규제정책의 분야에서 장점이 있는 반면 간접적인 조종방식은 예방과 같은 분야에서 장점이 있다. 따라서 국가의 조종전략은 제공해야 하는 급부의 성질에 맞추어 두 가지 형태를 적절히 결합하는 것이 되어야 한다.[34] 협력원칙은 원래 환경법에서 주로 논의되던 것으로, 환경의 보호에서 국가와 사회의 협력이 원칙적으로 필수적이라는 점을 표현한 것이다. 즉, 이 원칙은 환경보호에 대한 국가의 책임성을 인정하면서도, 사회의 역량을 국가의 환경정책 형성과정에 관여시킬 뿐만 아니라 환경보호조치의 준비와 수행에 참여시키는 것을 가리킨다.[35] 마지막으로 代償원칙은 공행정에 대상기술(Kompensationstechnik)의 활용을 통하여 유연성을 부여하는 것으로서, '全部 아니면 全無의 해결방식'(Alles-oder-Nichts-Lösung)에 고정되지 않고 사적주체에게 자신의 합리성기준에 따라서 규제에 대한 회피나 행위의 선택가능성을 열어주는 것을 의미한다.[36]

이러한 세 가지 구체적 규율방식은 위계적인 조종을 협력적인 조

---

33) Schuppert, a.a.O., S.432ff.(441) 참조.

34) Andreas Finckh, *Regulierte Selbstregulierung im Dualen System. Die Verpackungs-verordnung als instrument staatlicher Steuerung*, 1998, S.44/45. (Schuppert, a.a.O., S.432f.에서 재인용) 참조.

35) Bundesministerium für Umwelt, Naturschutz und Reaktosicherheit (Hrsg.), *Umwelt-gesetzbuch(UGB-KomE), Entwuf der Unabhängigen Sachverständigenkommission zum Umweltgesetzbuch beim Umweltministerium für Umwelt, Naturschutz und Reaktorsicherheit*, 1998, S.111. (Schuppert, a.a.O., S.435f.에서 재인용) 참조.

36) Schuppert, a.a.O., S.437.

종으로 대체하고, 기능적인 등가물로서 좀 더 완화된 조종수단을 사용하며, 국가의 보장적 감독을 이양하는 특징을 갖는 것으로서, 협력적 공공임무의 이행을 보장하기 위한 법적 조종수단에 해당한다. 이는 단순한 국가의 후퇴가 아니라 국가의 임무이행의 변화된 형태를 의미하는 것이다.[37] 이러한 조종수단은 구체적인 책임분배모델을 형성하는 데 있어서 기초가 된다.

(b) 책임의 귀속주체

책임의 분배는 원칙적으로 사적 분야에서 책임을 인수하는 것과 관련되어 있으므로, 구체적으로 어떤 주체가 사적 분야를 대표하는가 하는 점을 밝히는 것이 중요해진다. 이러한 책임귀속의 주체와 관련하여 문제되는 것에는 관련자, 이익단체, 다원적으로 구성된 위원회, 중립적 제3자 등이 있다.[38] 먼저, 행정임무를 수행하는 과정에서 관련자가 법률적 규정의 준수책임을 양도받는 경우가 있다. 가령, 환경영향평가에서의 사실관계 조사나 계획절차에서의 참여, 폐기물처리법에 있어서 사인이 일차적으로 감독책임을 지는 '이중 시스템'(duales System)이 만들어진 경우 등이 이에 속한다. 이에 비해 이익단체는 규범구체화 행정규칙의 제정이나 연방자연보호법(Bundesnatur-schutzgesetz)에서의 국가계획참여 등의 방식으로 자신의 이익을 추구한다. 이처럼 정책의 형성과정에 영향을 미치는 것이 이들 이익단체의 본질적 목적에 해당한다. 관련자가 행정절차에서 잘못된 정보를 제공하거나 법률에 위반되는 행동을 할 경우 구체적으로 배상책임을 지는 것과는 달리, 이익단체에게 명확한 책임을 귀속시키는 것은 매우 어렵다는 특징이 있다.

---

37) Schuppert, a.a.O., S.442.
38) 책임의 귀속문제를 명확히 밝히지 않고, 단순히 "모두가 책임이 있다"는 수사여구로 표현하는 것은 별다른 의미가 없다. Voβkuhle, a.a.O., S.81ff. 참조.

환경감사(Umweltaudit)에 있어서 환경전문가위원회(Umweltgutachter-
ausschuβ)와 같이 다원적인 이해관계에 따라 구성되는 위원회의 경
우, 이러한 다원성은 관련 결정에 대한 균형성과 수용성을 높이는데
기여한다. 하지만 잘못된 결정에 대하여 위원들에게 외부적인 책임
을 귀속시키기는 매우 어려우며 단지 양심과 그들을 파견한 사람들
에 대한 책임을 질뿐이다. 반면에 행정절차에 관여하는 독립적인 감
정인이나 전문가는 중립적인 제3자로서 자신의 잘못에 대해 배상책
임이 있다. 위와 같은 사적주체에게 책임이 귀속되기 위해서는 이들
이 단순히 지시에 따르는 지위에 있는 것이 아니라 독립적인 활동여
지를 갖는 것이 필요하다.39) 그리고 이러한 사적주체에 대한 책임의
분배에도 불구하고 국가는 최종적인 책임을 부담한다고 할 것이다.
따라서 이러한 책임분배의 현상 속에서 사인의 책임은 물론 국가의
최종책임을 명확히 하는 것도 행정법학의 중요한 과제가 된다.40)

(c) 협력상대방의 선정 및 지위보호

협력의 상대방을 선택하는 것은 대부분의 경우 행정에게 주도권
이 주어진다. 그리고 협력을 통한 임무수행에 있어서 실제적인 임무
를 담당하는 자는 대개 협력상대방, 즉 사적인 급부주체이므로 임무
수행의 성과여부는 우선적으로 행정에 의해 협력의 상대방으로 선
정된 사인의 자질에 달려 있다. 따라서 협력상대방의 자질을 선정단
계에서부터 검증할 수 있는 제도를 마련하는 것이 중요하다.41) 이러
한 검증제도로는 우선 협력상대방의 자격에 대한 증명이 요구될 수
있다. 또한 발주절차를 투명하게 하기 위한 각종 법제를 예로 들 수

---

39) Voβkuhle, a.a.O., S.55 참조.
40) Trute, a.a.O., S.32ff. 참조.
41) Voβkuhle, *Beteiligung Privater an öffentlichen Aufgaben und staatliche
Verantwortung*, VVDStRL H.62, 2003, S.312ff. 참조.

있다. 이와 관련하여 특히 경제법이나 개별적인 권한위임의 구성요
건에서의 인사에 관한 요구사항, 제품안정분야에서의 승인절차
(Akkreditierungsverfahren)나 감정인법 등이 예로 들어지고 있다.[42] 특
히 私化에 의하여 국가로부터 인수하게 되는 임무가 거대한 이익을
수반하는 경우 그에 대한 규제의 필요성은 커지며, 다양한 방식의
입찰자 선정방식이 논의되고 있다. 이에 대해서는 통신법에서 주파
수배정의 절차가 경쟁법적인 규제와 함께 문제되는 경우 등에서 볼
수 있다.

책임분배에 있어서는 협력상대방으로 선정되는 자의 지위를 보
호하는 것도 중요하다. 책임분배에 의하여 공공임무의 수행에 관여
하게 된 사인은 다양한 기본권의 주체로서 파악되어야 한다. 문제되
는 것은 종종 경제적 기본권이지만, 학문의 자유, 방송의 자유, 종교
의 자유 및 단체의 자유 등도 문제될 수 있다. 사인이 국가의 책임을
인수하는 것은 일종의 공역무부담(Indienstnahme)으로서 기본권에 대
한 침해가 될 수 있다. 따라서 협력을 이끌어내는 방식과 정도에 있
어서 기본권이 침해되지 않도록 해야 한다.[43] 다만, 협력상대방이 된
사인은 공공주체로서의 지위를 갖게 되는 경우도 있으므로 이러한
경우 기본권보장이 제한될 수밖에 없다.[44] 그리고 상대방의 구체적
인 지위는 계약을 통하여 정해지는 것이 보통이다. 따라서 적절한
형태의 계약유형과 계약조항을 형성하는 것이 협력의 중요한 과제
가 된다.[45]

(d) 제3자의 보호

책임의 분배에 있어서 특별히 강조되는 요소는 제3자에 대한 보

---

42) Voβkuhle, *Beteiligung Privater,* S.313f. 참조.
43) Trute, a.a.O., S.39ff.
44) 이원우, 「정부기능의 민영화를 위한 법적 수단에 대한 고찰」, 121면 참조.
45) Schuppert, a.a.O., S.448.

호이다. 이는 먼저 기본권적인 관점에서 파악해보면 협력의 상대방
이 사법적 형식으로 급부를 제공할 경우에 기본권의 직접적 효력이
미치지 않는 문제가 있다. 따라서 협력에 대한 규율구조를 만드는
데에 있어서도 기본권보호의무의 관점에서 제3자의 지위가 충분히
보장될 수 있도록 해야 하는 과제가 있다.[46]

구체적인 제3자보호의 제도로서 국가는 시장메커니즘에 의하여
필수적 재화의 공급이 충분히 이루어지지 않을 경우 경영의무, 보편
적 서비스 내지 계약강제 등의 방식으로 그 공급을 보장할 수 있다.
소비자보호 혹은 요율규정 등을 통하여 급부와 대가에 대한 적절한
조정이 이루어지도록 하기도 한다.[47] 이와 관련하여 독일 행정절차
법(VwVfG) 제58조 제1항은 "제3자의 권리를 침해하는 공법상의 계약
은 제3자가 문서로써 동의해야 효력이 있다"고 정하고 있으므로, 복
잡한 권한위임이나 행정보조계약은 오히려 방해가 되는 것으로 여
겨진다.[48]

3) 책임분배의 모델

행정임무의 이행에 있어서 책임을 분배하는 구조를 확립하는 것
도 역시 일차적으로는 입법자의 의무이다.[49] 책임분배의 구체적인
방식, 즉 모델을 설정하는 실용적인 목표와 이유는 행정의 효율성추
구와 같은 私化의 동기로서 지적되는 것과 다르지 않다. 다만, 여기
서는 구체적인 공공복리의 실현책임이 좀 더 시민과 사회에게 할당

---

46) Trute, a.a.O., S.42ff. 참조; 한편, 비국가적인 급부제공자의 사법적 형식의 공
    공임무 이행에 있어서, 국가의 영향력 행사의 문제점과 특히 기업에 대한
    영향력 행사의 문제점에 대하여는 Voβkuhle, *Beteiligung Privater*, S.319f. 참조.
47) Trute, a.a.O., S.44.
48) Voβkuhle, *Beteiligung Privater*, S.318.
49) Voβkuhle, *Gesetzgeberische Regelungsstrategien*, S.47.

된다는 점과 결정에 대한 민주주의적인 정당성(Legitimität)과 수용성
(Akzeptanz)이 증가한다는 점이 부각된다.[50]

(a) 전통적 행정법상 형식

협력적 임무수행과 책임분배의 모델을 분석하기에 앞서 전통적
인 행정법상의 법형식들을 살펴볼 필요가 있다. 이는 私化의 관점에
서는 주로 기능 私化와 관련하여 논의된다. 공무수탁사인, 행정보조
자 및 사인의 공의무부담이 그것이다. 공무수탁사인(Beliehene)은 특
정한 공법상의 임무와 권한을 자신의 이름으로 그리고 공법상의 활
동형식으로 수행할 권한이 허가된 사법상의 자연인 혹은 법인을 의
미한다.[51] 공무수탁사인은 사법상의 주체이지만 기능적으로 제한된
범위 내에서는 고권적으로 활동하며 이 점에서 간접적 국가행정에
포함된다.[52] 공무수탁사인을 임무 私化의 일종으로 파악하는 견해
도 있지만, 공무수탁의 경우 임무의 귀속이 변경되는 것은 아니라는
점에서 기능 私化, 즉 임무담당의 私化에 해당한다는 보아야 할 것
이다.[53]

행정보조자(Verwaltungshilfe)는 관청을 위한 광의의 임시 관리인
(Organwalter)으로서 관청을 위해 비독립적인 보조기관으로 활동하고
단지 고권적 임무의 처리에만 개입되어 있는 사인을 의미한다.[54] 이
는 기능 私化의 일종으로서 외주, 청부, 리싱(Leasing), 경영수행위탁
모델, 민간경영자모델 등의 다양한 형태를 포괄한다.[55] 행정보조자
는 비독립적으로 활동한다는 점에서 자신의 이름으로 활동하며 제3

---

50) Voβkuhle, *Gesetzgeberische Regelungsstrategien*, S.50f. 참조.
51) Wolf/Bachof/Stober, a.a.O., S.509.
52) Maurer, a.a.O., S.617.
53) 이원우, 「정부기능의 민영화를 위한 법적 수단에 대한 고찰」, 121면 참조.
54) Wolff/Bachof/Stober, a.a.O., S.525.
55) 이원우, 「정부기능의 민영화를 위한 법적 수단에 대한 고찰」, 127면 참조.

자와 직접적으로 관련을 갖는 공무수탁사인과는 구별된다.

공의무부담(Inpflichtnahme)은 행정임무의 원활한 이행을 위하여 사인에게 부과된 직업상, 재산 및 기업과 관련된 그리고 국민으로서의 의무를 의미한다.[56] 공의무부담을 임무 私化로 파악하는 일부 견해도 있지만, 일반적으로 의무는 임무 그 자체는 아니고 임무 자체는 여전히 행정에 남아있으므로 기능 私化로 보아야 할 것이다.[57] 여기서의 사인은 일방적으로 법률에 의하여 의무를 부담하는 것이라는 점에서 행정보조자와 구별되고, 고권적 권한을 행사할 수 없고 제3자와의 관계에서는 사법상의 관계가 형성된다는 점에서는 공무수탁사인과 구별된다.

이처럼 전통적인 행정법상의 개념들은 사인의 독립성 및 권한, 제3자와의 관계, 성립의 계기 등에서 차이가 나지만 전체적으로는 이른바 기능 私化의 범주에 속하는 것들로서, 여전히 국가의 이행책임 하에서 공공주체를 도와 행정임무를 수행하는 제도들이라는 점에서 공통점이 있다. 이러한 제도들은 국가와 사인과의 협력적 임무수행에 속하는 것으로서 이들 사이의 내부적인 책임분배가 문제된다. 그럼에도 불구하고 이러한 제도들은 책임분배에 관한 전반적인 발현형태를 포괄하는 모델로서는 부족하다고 할 것이다.

(b) 기본모델

전통적인 행정법상의 제도만으로는 책임분배의 발현형태에 대한 포괄적인 모습을 파악하기가 어렵다고 본다면, 책임분배가 구체적으로 어떤 형태로 이루어지는지를 살펴보기 위해서는 우선 실무상 문제되는 다양한 형태에 대한 서술적 분석작업이 필요하게 된다. 이와 관련하여 분업적인 공공복리의 구체화 실현단계에서의 몇 가지 책

---

56) Wolff/Bachof/Stober, a.a.O., S.542.
57) 이원우, 「정부기능의 민영화를 위한 법적 수단에 대한 고찰」, 122면 참조.

임분배에 관한 기본모델들이 제시되고 있다.[58] 이러한 기본모델들
은 원칙적으로 기능 私化의 범주에 속하는 전통적 행정법상 형식과
는 달리 공공주체 외부의 독립적인 사적주체와의 관계에서 제시되
는 것들이 대부분이다.

먼저 공공 분야와 사적 분야가 동시에 협력해서 함께 일을 한다
는 의미에서의 참가모델(Beteiligungsmodell)은 분쟁중재와 프로젝트관
리 등에서 예를 찾을 수 있는데, 보통 공공주체가 공공임무를 수행
하기 위하여 사인과 함께 참가회사를 설립하는 방식의 책임분배형
태를 의미하고, 민관협동모델 혹은 협력모델(Kooperationsmodell)이라
고도 불려진다. 이는 책임분배의 규범적 지침 중 협력원칙에 따른
것으로서, 그 특징은 공공주체와 사인이 동등한 자격으로 협력관계
를 형성한다는 데에 있으므로 당해 임무는 공공주체와 사인이 공동
으로 수행한다고 할 것이다. 다만, 새로운 참가회사가 창설되는 경
우에는 조직 私化가 수반되게 되므로,[59] 외부에 대한 책임의 주체는
이 참가회사로 변경될 것이며, 공공주체와의 사이에서 내부적인 책
임의 분배가 이루어지므로 공공주체의 절차지배를 실무적으로 보장
할 것인지가 문제된다. 그러나 공공주체가 참가회사를 지배하는 한
에서는 여전히 (간접적) 이행책임을 부담한다고 보아야 할 것이다.[60]

수용모델(Rezeptionsmodell)은 행정이 필수적인 전문지식이 부족할
때 외부의 전문가들에게 의존하는 것이 불가피하게 되는 경우, 사회
의 영역에서 이미 완결된 모델을 수용하는 형태를 의미한다. 행정이
사적인 규범설정을 받아들이거나 사적인 입지감정, 개발계획 등을
실질적으로 그대로 수용하여 개발계획을 입안하는 것에서 예를 찾

---

58) 이하 기본모델에 관한 설명은 주로 위 포스쿨레의 견해를 정리한 것이다.
   Voβkuhle, *Gesetzgeberische Regelungsstrategien*, S.78ff. 참조.
59) 이원우, 「정부기능의 민영화를 위한 법적 수단에 대한 고찰」, 134면 참조.
60) Voβkuhle, *Gesetzgeberische Regelungsstrategien*, S.78 참조.

을 수 있다. 이 모델은 보통 실무상 위원, 관리인, 전문인 등으로 통칭되는 수임인(Beauftragte)들이 공공주체의 결정과정에 사실상 관여하는 형태로서, 이들은 이미 공공주체의 조직에 편입되어 있으므로 임무수행에 있어서 별도의 사적주체로서의 지위는 상실한다고 볼 것이다.[61] 이러한 형태의 모델에서는 공공주체의 책임은 변경되지 않는다고 보아야 할 것이나, 사인이 임무의 실질적인 내용을 사실상 주도적으로 定義한다는 점에서 책임(Verantwortung)의 분배가 이루어질 수 있을 것이다.[62]

전권위임모델(Delegationsmodell)은 공공임무를 사인에게 부여하여 그 임무를 독립적으로 수행하게 하는 것이다. 여기서 국가의 사후 검증이 없는 사적인 임무수행은 필수적인 민주주의적인 구속이 상실될 위험이 있으므로 사인의 결정에 대한 상세한 규범이 있는 곳에서만 가능하다. 예를 들면 중립적인 이해의 조정이 가능한 기술법(Technikrecht)의 영역이나 독일 학술진흥재단을 통한 국가의 연구보조 등이 이에 속한다. 이러한 전권위임모델은 사인이 독립적으로 공공임무를 수행하게 된다는 점에서 공공주체의 일부로 편입되는 행정보조자와 구별된다. 사인은 원칙적으로 고권적 권한을 행사하지 않고 독립적으로 사법적 관계를 형성한다는 점에서 특정한 권한이 위임되어 고권적 권한을 행사하는 공무수탁사인과도 구별된다. 국가는 원칙적으로 사인의 결정이나, 조직 및 절차에 대하여 책임지지 않으며 단지 틀을 설정할 책임만을 부담할 뿐이다.[63] 이 모델은 사인들이 독립적으로 임무를 이행한다는 점에서, 공공주체가 임무를

---

61) 이원우, "정부기능의 민영화를 위한 법적 수단에 대한 고찰", 124-125면 참조.
62) Voβkuhle, *Gesetzgeberische Regelungsstrategien*, S.79 참조.
63) Trute, Verzahnungen von öffentlichem und privatem Recht −anhand ausgewählter Beispiele− in: Hoffmann-Riem/Schmidt-Aβmann(Hrsg.), *Öffentliches Recht und Privatrecht als wechselseitige Auffangordnungen*, 1995, S.205 참조.

이행하는 과정에서 사인들이 공공주체의 내부에서 임무를 定義하는
데 관여하는 수용모델과도 차이가 있다.[64]

질서법적 영역에서 사회의 자기조종적인 요소를 통합하면서 대
체가능성을 제공하는 代償모델(Kompensationsmodell)은, 기능적으로
대체관계에 있고 통일적인 규율목표를 지향하는, 다양한 규율방식을
개인들에게 제공한다. 이는 책임분배의 조종수단으로서 代償원칙을
적용한 것이다. 폐기물처리법, 공해방지법(Immissionsrecht) 내지 수질
보호법(Wasserrecht) 등의 영역에서 부과된 의무의 직접적 이행 대신
제안된 대체조치를 취하도록 하는 경우 등이 예로 들어질 수 있는
데, 불가피하게 최저의 규제수준을 설정하려는 입법성향을 보완할
수 있는 선택권을 제공함으로써 입법의도가 훨씬 용이하게 실현되
게 하는 장점이 있다. 이 모델은 국가가 가진 보장책임(규제책임)의
집행을 용이하게 하기 위하여 규제의 대상이 되는 사인의 협력을 이
끌어내기 위한 방식이다. 다만, 원래부터 규제의 목적이 되는 환경
보호 등의 임무는 사인도 공동으로 부담하는 것이므로, 공공주체와
사적주체 사이의 책임이 근본적으로 바뀌지는 않는다. 오히려 이 모
델은 아래 유인모델과 함께 법률관계보다는 규제영역에서 협력을
이끌어내는 독특한 방식이라는 점에 특징이 있다.[65]

마지막으로 유인모델(Anreizmodell)은 국가가 단지 사인에 의한 자기
책임적인 공공임무의 수행을 유도하거나 자극하는 형태로서 책임분배
의 규범적 지침으로서 규제된 자율규제를 적용한 것이다. 이를 위한
중요한 조종수단에는 조세감면, 보조금지급 혹은 장래의 법률상 부담
(Auflage)에의 위협 등이 있으며, 환경법 분야에서의 환경감사(Öko-Audit)
나 경영위탁(Betriebsbeauftrage) 및 환경정보법(Umweltinformationsgesetz)
등에서 그 예를 찾을 수 있다. 이 모델에서 감독의무, 보고의무 및

---

64) Voβkuhle, *Gesetzgeberische Regelungsstrategien*, S.79 참조.
65) Voβkuhle, *Gesetzgeberische Regelungsstrategien*, S.79f. 참조.

공개의무 등을 규범화하는 중요한 책임은 여전히 국가에 남아 있다. 代償모델과 마찬가지로 보장책임을 이행하기 위하여 사인의 협력을 이끌어내기 위한 국가의 수단이라는 점에 이 모델의 특징이 있다.[66]

(c) 평가

이상 살펴본 책임분배의 기본모델은 공적 분야와 사적 분야에서 책임이 분배되는 여러 양태를 분석하기 위한 기본적인 형태와 방법, 그 장단점을 제시했다는 점에서 의미가 있다. 원칙적으로 이러한 기본모델은 사인들이 공공주체와 대등한 지위에서 협력과 책임분배를 이끌어내는 방식, 형태, 구조 등에 중점을 두고 구상된 것들이다. 따라서 기본모델은 전통적 행정법상의 형식과는 모델구성의 관점에 근본적인 차이가 있다. 앞에서 살펴본 바와 같이 공무수탁사인, 행정보조자, 공의무부담과 같은 전통적 형식은 권한과 의무라는 법률관계를 중심개념으로 삼고 있다. 전통적 논의에서는 법규정, 행정행위, 계약과 같은 법률관계가 만들어지는 원인에 관심을 가지나, 실제로 이러한 관계가 어떠한 과정으로 성립되는지에는 관심이 없다. 그리고 전통적 형식은 원칙적으로 공공주체가 사인에 대해 절대적인 우위에 있다. 또한 제3자와의 관계에서 어떠한 법률관계를 맺을지가 결정적으로 모델간의 차이를 만들어낸다.

이에 비해 기본모델은 책임(Verantwortung)이 분배되는 형태라는 조종이론의 관점에서 모델을 구성한 것이므로 법률관계보다는 어떻게 구조가 만들어져서 임무를 이행하는가에 관심을 갖게 된다. 이러한 모델들은 대부분 공공주체와 사인간의 자발적인 협상과 협약을 원인으로 생겨나게 되나, 책임분배의 원인보다는 실은 책임이 분배되는 모습 자체에 더 큰 관심이 있다 할 수 있다. 기본모델은 대등한

---

66) Voβkuhle, *Gesetzgeberische Regelungsstrategien*, S.80f. 참조.

주체 사이의 협력에 관심을 가지므로 제3자와의 법률관계에 대해서
는 별다른 정보를 제공하지 못한다. 협력적으로 공공임무를 이행한
다는 점에서 기본모델이 염두에 두고 있는 제3자는 원칙적으로 임무
의 목표그룹이 되는 수많은 공중이 될 것이다.

한편, 기본모델을 책임분배의 조종수단 내지 규범적 지침과 관련
하여 분석해보면 참가·수용·전권위임모델은 협력원칙과, 代償모델
은 代償원칙과, 유인모델은 규제된 자율규제와 관련되어 있다고 평
가할 수 있다. 그에 따라 앞의 3개 모델은 공공주체와 사인간의 구체
적인 협력이 이루어지는 형태나 모습에 관련된다면, 代償모델과 유
인모델은 주로 질서법적인 규제영역에서 사인과의 자발적 협력을
통하여 행정의 규제목적을 달성하기 위한 수단이라는 측면과 관련
이 있다고 보인다. 또한 책임단계의 관점에서는 대부분의 모델이 독
립적인 사적 주체와의 협력을 통한 임무수행의 형태를 다룬 것으로
서 주로 보장책임이 문제되나, 참가모델과 수용모델에 있어서는 행
정이 이행책임을 부담하는 경우도 있다.

이처럼 기존 행정법적 형식과는 별개의 관점에서 구상되어 기존
행정법적 모델이 다루지 못하는 관계를 보충하는 것이 기본모델이
가지는 장점이자 의의라고 할 것이다. 그러나 기본모델에는 앞에서
제시한 형태 외에도 여러 가지 다른 형태의 유형과 중간유형이 존재
할 수 있으며, 도그마틱적인 관점에서 누구에게 어떤 책임이 귀속되
는지에 대해서 아직 구체적인 기준을 제시하지 못한다는 단점이 있
다. 또한 경우에 따라 기존 행정법적 형식과 기본모델이 중복된다든
지 두 가지 이상의 기본모델에 포함되는 책임분배의 형태도 존재할
수 있을 것이다. 따라서 이러한 점은 책임분배의 근거를 이루는 구
체적 법령에 대한 실증적 분석을 통하여 보완되어야 할 것이다.

(c) 법령을 통한 구체적 책임분배의 예시

이제 구체적인 법령에서의 책임분배의 형태를 살펴볼 필요가 있다. 그러나 책임분배의 관점에서 협력적 임무수행의 가능성과 기준을 정하고 있는 법령의 범위는 매우 넓을 뿐만 아니라 실제적으로 나타나고 있는 발현형태도 다양하다. 따라서 여기서는 문헌상 나타난 몇 가지 예를 제시하는 것에 그친다.

① 환경법상의 이중책임

먼저 독일 실정법 체계에서 적용되는 전형적인 책임분배의 특징은 환경법 영역에서 소위 국가와 사회 사이의 '이중의 책임'(duale Verantwortung)이라는 개념으로 두드러지게 나타난다. 이는 규제된 자율규제방식이 적용되는 규율형태로서, 기업이 자신의 책임으로 환경정책에 부합하는 환경보호 조치를 먼저 취하고 이에 대하여 국가가 관리하는 형태로 이루어지는 환경감사(Öko-Audit)나 유사한 형태로 국가와 사인간의 책임이 분배되는 노후차량규정(Altauto-Verordnung), 포장규정(Verpackungsverordnung) 등의 제도가 언급될 수 있다.[67] 이러한 제도는 앞에서 살펴본 기본모델 중 代償모델이나 유인모델에 해당하는 것으로 판단된다.

② 통신법상의 보편적 서비스의 보장

통신법상의 '보편적 서비스'(Universaldienstleistung)를 보장하기 위한

---

67) Schuppert, Jenseits von Privatisierung und "schlankem" Staat: Vorüberlegungen zu einem Konzept von Staatsentlastung durch Verantwortungsteilung, in: Gusy(Hrsg.), *Privatisierung von Staatsaufgaben: Kriterien-Grenzen-Folgen*, 1998, S.105ff.; ders, *Verwaltungswissenschaft*, S.414f.; Silke Ruth Laskowski, Duale Verantwortungsstrukturen in Umweltrecht und Umweltpolitik: Privatisierungstendenzen im Recht Anlagenüberwachung, in: Schuppert(Hrsg.), *Jenseits von Privatisierung und „Schlankem" Staat*, 1999, S.93ff. 참조.

제도는 국가 영역과 경제사회적 영역간의 고도로 세분화된 맞물림 현상을 보여준다.[68] 독일 통신법에서 보편적 서비스는 다음과 같은 다섯 단계에 걸쳐서 보장된다(통신법 제6장 78조 내지 87조).

먼저, 법령에 의하여 규범적으로 확정된 보편적 서비스가 시장에서 규제당국의 개입없이 공급되는 것을 기대한다. 두 번째로, 보편적 서비스가 충분하고 적절하게 공급되지 않거나 그 제공이 위험해지면, 특정한 급부제공자가 보편적 서비스가 제공될 수 있도록 기여하는 법적 의무를 진다. 셋째로, 이러한 법률상의 사전경고시스템이 성과가 없게 되면, 규제관청은 관보에 어떤 관련 시장에서 보편적 서비스가 적절하게 혹은 충분하게 제공되지 않고 있다는 점을 고시하고, 만일 일정기간 내에 보편적 서비스를 제공한다고 선언하는 기업이 없는 경우 고권적인 절차가 개시될 것을 예고한다. 넷째로 위 기간이 성과없이 경과하면 규제관청은 특정 기업자에게 보편적 서비스의 제공을 부담시킨다. 이는 행정행위의 형식으로 이루어지고 기능적으로 사인의 공역무부담에 해당한다. 다섯째로 규제당국은 보편적 서비스의 제공을 부담하는 기업자를 위하여 재정적인 보상을 마련하는데, 이는 보편적 서비스를 위하여 관련 시장의 다른 기업자에게 부과하는 부담금의 형태로 조달된다.

이러한 형태는 전통적인 행정법 형식상 공의무부담에 해당하지만, 사인에게 자발적인 공공임무의 수행을 유인한다는 점에서 유인모델에 해당한다고 할 것이다. 보편적 서비스는 보장책임 및 보충책임의 관점에서 대표적인 규제모델에 해당하는 것이고, 책임분배의 도그마틱으로서 제3자 보호가 문제되는 경우이다.

---

68) Schuppert, *Verwaltungswissenschaft*, S.415f.; Friedrich Schoch, Verantwortungs-teilung in einer staatlich zu regelnden Informationsordnung, in: Schuppert(Hrsg.), *Jenseits von Privatisierung und „Schlankem" Staat,* 1999, S.221ff. 참조.

③ 시설감시에서의 대체목록 및 개방조항

환경법상의 증가하는 자기책임의 경향은 국가의 관청을 통한 감시가 후퇴하는 계기가 된다. 즉, 기업가가 스스로 자기감독을 통하여 국가의 감독에 대한 기능적 등가물(funktionale Äquivalenz)을 제공함으로써 점점 국가의 규제로부터 면제되는 법제도가 제안되고 있는 것이다. 이러한 경향의 일부로서 바이에른을 비롯한 독일의 여러 주들은 공해보호, 물 및 폐기물 관련 분야에서 환경감사명령(Umwelt-Audit-VO)에 의한 규제를 대체할 수 있는 대체목록(Substitutionskatalog)을 만들어서, 기업가의 신고 내지 정보제공의무 등 기능적 등가물로 대체하도록 하는 시범프로젝트를 운영하였다.

이러한 실험은 1998년의 『'작은 국가'(Schlanker Staat)의 전문가위원회의 최종보고서』에서 환경감사시스템과 관련하여 탈규제화 및 규제대체가능성에 대한 제안으로 이어졌다. 여기서 장래에 감사를 받는 기업이 질서법적인 요구로부터 해방될 수 있는 다양한 개방조항(Öffnungsklausel)이 논의되었는데, 이에 따르면 감사를 받은 기업은 특정한 조건하에서 법률상의 규제가 경감되어 질 수 있다는 것이다.[69] 이러한 형태는 대표적인 代償모델의 예이다.

4. 소 결

국가와 사회와의 구별과 밀접한 연관을 갖고 있는 행정책임의 개념은 80년대부터 등장하여 90년대 들어와 과거의 개념들을 대체하기 시작하였다.[70] 행정책임의 개념은 행정임무의 수행방식을 이해하기 위한 핵심개념으로서 기능하는데, 이는 책임의 3유형에서 살펴본 바

---

69) Laskowski, a.a.O., S.102ff.

70) Reinhard Ruge, *Die Gewährleistungsverantwortung des Staates und der Regulatory State*, 2004, S.160ff. 참조.

와 같이 책임강도에 관한 이해를 바탕으로 하여 공적 분야와 사적 분야 간의 책임분배라는 현상에서 종합적인 문제해명의 틀을 갖추게 된다. 현대행정은 자신의 능력만으로 행정에 부여된 임무를 수행할만한 조종능력을 상실하게 되었다. 따라서 협력적 임무수행은 행정현실에서 선택이 아닌 필수가 되었으며, 행정은 '어떻게 하면 사인의 창의력과 역동성을 살려서 공공복리의 실현에 이바지하도록 하는가'하는 것이 새로운 임무로 부각되고 있다. 이에 상응하여 행정법에게도 협력적 임무수행이라는 새로운 현상을 분석하여 그에 걸맞는 도그마틱을 도출하는 새로운 과제를 갖게 되었으며, 그 해결의 실마리는 바로 책임분배에 있다고 할 것이다.

그런데 책임분배의 개념은 민주주의원칙과 관련하여 일정한 한계를 가질 수밖에 없다. 이는 '책임의 분배에 의해서도 포기할 수 없는 국가의 최종책임을 어떻게 보장할 것인가'하는 관점과 함께 '국가결정에 사인이 개입하는 현상을 어떻게 정당화 할 것인가'하는 문제로 나타난다. 더욱이 책임분배의 구조적인 한계로 인하여 규범적인 구체화와 검증의 필요가 요구된다. 또한 법치국가적인 관점에서도 책임의 분배는 국가가 이해관계로부터 거리를 두어야 한다는 관점에서 문제가 될 수 있다. 따라서 투명성과 공개성, 적절한 감독의 필요는 협력적 임무수행에 필수적인 전제요건인 것이다.[71]

효과적인 책임분배의 구조를 마련하는 책임은 일차적으로 입법자에게 있다. 私化를 통한 국가의 책임경감은 규제라는 차원에서의 새로운 부담으로 국가에게 돌아올 수 있다. 따라서 법정책적인 차원에서 책임의 분배를 위한 분명한 규율구조와 도그마틱을 마련하여 복잡성을 제거하는 등의 노력이 필요하다고 하겠다.[72] 이러한 관점에서 본서는 한국 실정법에 대한 분석을 통하여 행정임무와 행정

---

71) Trute, *Verantwortungsteilung als Schlüsselbegriff*, S.32ff. 참조.
72) Voβkuhle, *Gesetzgeberische Regelungsstrategien*, S.83ff. 참조.

책임에 대한 도그마틱을 실용적으로 검증하는 단계로 나아가기로
한다.

제4장 한국 전력산업에서의
국가임무론의 적용

현대사회에서 저렴하고 안정된 에너지공급이 갖는 중요성은 그 무엇보다 크다. 에너지의 공급은 모든 재화와 서비스 생산의 전제가 되며, 더 나아가 국민의 일상생활과 생존의 필수조건이 되므로 현대 사회의 갖가지 분야에서 석유, 가스, 석탄, 전력 등의 공급이 없는 생활은 상상하기 어렵다.[1] 국민생활에 필수적인 전기, 가스 등의 공급과 이를 위한 부족한 화석연료 자원의 확보는 국제사회에서 언제나 뜨거운 '정치적' 관심사가 되고 있다. 이에 상응하여 환경보호의 문제와 새로운 에너지원의 개발과 이를 위한 기술경쟁은 날로 심화되고 있다. 우리나라에서도 주요한 에너지원인 석유과 가스를 수입에 의존하고 있어서 이러한 자원의 수입가격상승은 정치경제적인 불안요소로 작용하고 있다. 우리나라 에너지원별 소비는 2006년 기준, 석유 43.6%, 석탄 24.3%, 원자력 15.9%, LNG 13.7%, 기타 2.5%의 점유율을 보이고 있다. 또한 우리나라의 에너지 소비는 연간 226백만 석유환산톤(TOE, Ton of Oil Equivalent)으로서 세계 10위, 전세계 에너지의 약 2.1%를 소비하고 있으며, 에너지의 97%를 해외수입에 의존하고 있다.[2] 2000년 미국 캘리포니아 주에서의 정전사태나 1970년대의 오일 쇼크 등의 예를 살펴보더라도 안정된 에너지공급의 중요성을 간과할 수 없게 만들고 있다. 이와 관련하여 에너지공급의 안정을 위한

---

1) 국가와 사회에 있어서 에너지공급의 의미에 대해서는, Matthias Schmidt-Preuβ, § 93 Energieversorgung, in: HdbStR Bd. IV, 3.Aufl., 2006, S.922 참조.

2) 국무총리실 외, "제1차 국가에너지 기본계획 -2008~2030-", 2008. 8. 27. 9면, 38면 참조. 2014년 수립된 제2차 에너지 기본계획에 의하면 2012년 기준 에너지원별 소비는 석유 48.9%, 석탄 15.4, 전력 19.3%, 도시가스 11.9%이고, 여전히 에너지 소비량은 세계 10위이나 수입의존도가 96%에 달한다고 한다. 산업통상자원부, 『제2차 에너지기본계획』, 2014. 1., 11면, 42면 참조.

정책적 조건으로서 수입의존도의 완화, 에너지의 자유로운 세계무역, 지정학적 고려에 의한 에너지 공급선의 다양화, 기술적 차원에서의 에너지공급의 안전 등이 언급되고 있다.[3]

한편, 법학에서의 에너지공급에 대한 관심은 주로 망에 의하여 공급되는 전기와 가스에 집중되고 있다.[4] 이는 에너지 공급이 장거리의 수송을 요하며, 저장하기 어렵다는 에너지의 속성과 함께 망의 관리에서 오는 규제의 특수성으로 인하여 독특한 법적 문제를 야기하기 때문이다. 이러한 에너지공급의 특수성은 전력산업에 대하여 국가의 역할과 활동에 관한 각별한 관심을 불러일으키기에 충분하다. 이와 같은 전력산업의 중요성 때문에 국가가 전력공급에 대한 상당한 임무와 책임을 부담한다는 점 역시 쉽게 이해될 수 있다. 또한 세계 각국과 우리나라 전력산업의 구조개편과정을 살펴보면, 임무의 수행방식에 있어서 다양한 제도적인 변화가 시도되고 있는 것으로 보인다. 이하에서는 이러한 관점에서 망에 의하여 공급되는 전력산업을 중심으로 현행 법률체계에 대한 분석과 국가임무론에 근거한 분석적 검토를 전개하도록 하겠다.

---

3) Schmidt-Preuβ, a.a.O., S.923ff.
4) 독일 에너지산업법(Energiewirtschaftsgesetz) 제3조 14호는 이런 관점에서 에너지를 망에 결합되어 에너지 공급을 위하여 사용되는 전기와 가스로 한정하여 정의한다. 본서에서 사용되는 망(網)이란 용어는 전력망, 가스망, 수도관, 도로, 통신망과 같이 서로 그물처럼 얽혀서 재화와 역무를 제공하는데 사용되는 시설을 의미한다. 전기사업법상으로는 '전기설비'라는 용어가 사용되고 있으나, 이는 네트워크적인 성격을 갖고 있는 특징을 정확히 드러내지 못하므로, 학문적으로 주로 사용되는 망(Netz)이라는 용어를 사용하고자 한다. 전력산업에서 주로 문제되는 망에는 송전망과 배전망이 있다.

제1절 한국 전력산업의 현황

1. 전력산업의 국제적 추세와 한국 전력산업의 구조개편

1) 전력산업의 경쟁도입 추세

한국의 전력산업의 현황을 이해하기 위해서는 현재 세계적으로 이루어지고 있는 전력산업의 경쟁도입 추세를 간략히 살펴보는 것이 필요하다. 현재 우리나라의 전력산업의 변화과정과 전기사업법상의 규제형태는 이러한 세계적인 추세의 영향 하에서 형성된 것이기 때문이다. 종래의 전력산업은 어느 나라에서든 주로 국가나 지방자치단체와 같은 공적주체에 의하여 소유되어, 독과점적인 공급자를 중심으로 정부가 시장에 광범위하게 개입하는 방식으로 운영되었던 것으로 여겨진다. 즉, 국가별로 에너지의 부존여부나 수요의 특성에 따라 차이는 있지만, 대체적으로 발전, 송전, 배전부문을 통합한 거대한 수직통합기업이 독점적으로 전기를 공급하면서 이에 대해 정부가 개입하는 형태가 주된 운영방식이었던 것이다. 그러다 1980년대 말부터 영국을 필두로 하여 전 세계적으로 전력산업에 대한 구조개편이 시도되었다. 구조개편의 추진방향은 기업구조에 있어서 수직결합적 구조에서 기능별 분리형 구조로, 소유지배구조에 있어서 국가소유중심에서 민간소유중심으로, 시장구조에 있어서 독과점적 시장에서 경쟁시장으로 변경하는 것으로 요약될 수 있다.[1]

---

1) 손양훈, "전력산업의 경쟁도입과 민영화", 자유기업원, 2008. 2. 15., 4-5면.; 박명호, "주요 EU국가의 전력산업 구조개편 방안 연구 : 영국과 프랑스를 중심으로", 『EU학연구』 제4권 제2호, 1999, 79면 이하 참조.

이와 관련하여 유럽연합(EU)에 의한 전력산업지침(Electricity Directive)의 도입과정을 살펴볼 필요가 있다. 유럽연합은 1996년 전력시장의 공동규칙에 관한 전력산업시침을 채택하여, 제1단계로 1996-1998년까지 전력시장에 경쟁도입을 추진하였다. 이 지침은 발전의 경쟁도입, 망접속과 관련된 시장개방, 송전부문의 사업분리 등을 내용으로 하고 있었다. 이러한 지침에 의거하여 영국, 프랑스, 독일, 이탈리아, 오스트리아, 네덜란드 등 유럽 대부분의 국가에서는 송전망을 법적 또는 회계적으로 분리하여 운영하게 되었다. 그 후 유럽의회와 위원회는 2003년에 새로운 지침을 채택하여 2004년부터 시행하였는데, 새로운 지침은 송전망의 분리에 있어 제1단계의 회계분리의무에서 더 나아가 법적 기능적 분리의무를 부과하는 것이었고, 이에 따라 회원국들은 자국법을 개정하여 법적인 송전망 분리의무를 실천하게 되었다.[2]

이러한 구조개편의 결과 대부분의 국가들이 발전, 송전, 배전부문을 부문별로 분리하여, 송전부문을 제외하고는 다른 부문에서 정도의 차이는 있지만 일정 부분 경쟁체계를 도입하는 변화를 겪게 되었다. 송전부문을 분리하는 방식은 법적으로 별도의 회사를 설립하거나 수직통합회사를 유지한채 기능적 회계적으로만 분리하는 방식이 병행되고 있다. 다만, 발전과 배전부문에서의 경쟁도입을 위하여는 송전망에 대한 자유로운 접근권 보장이 그 전제가 되고 있다. 송전망의 소유는 공공주체에 속하거나 혹은 사적주체에 속한 경우도 있는 것으로 보인다. 또 송전망에 대한 운영권을 독립계통운영자(Independent System Operator, 'ISO')에게 맡기는 경우도 있다.[3]

---

2) 유제민, "전력산업 경쟁력 제고를 위한 구조개편 방안-송전망의 분리와 규제제도 개선을 중심으로-", 『경제규제와 법』 제2권 제1호, 2009. 5., 178-179면 참조.

3) 임원혁, "전력산업구조개편: 주요 쟁점과 대안", 한국개발연구원, 2004. 12.,

2) 중단된 한국의 경쟁도입상황

국내 전력산업은 1898년 고종황제가 '한성전기회사'를 설립하면서 시작되었다. 그 후 일제강점기인 1930년대 북부지역에 대규모 수력발전소가 건설되었고, 광복 이후에는 미군정이 들어서면서 남한에 소재하던 일본인 소유의 3개의 전력회사가 미군정의 관리 하에 들어가게 되었다. 대한민국 정부가 수립됨으로써 위 전력회사는 한국인에 의해 운영되기 시작하였으나 1948년 북한의 일방적인 단전과 한국전쟁으로 대부분의 시설이 파괴되었고, 종전 후 점차 복구되다가 1961년 3사를 통합개편하여 '한국전력주식회사'가 창립되었다. 1982년에는 '한국전력공사'로 되면서 상법상의 회사에서 특별법상 공사의 형태로 변경되어 현재의 한전을 중심으로 한 전력산업의 기틀이 마련되었다.[4]

국내 전력산업에 경쟁체계가 도입되는 계기가 되었던 것은 2000년경 마련되어 추진되었던 전력산업 구조개편안이므로 그 추진경과를 살펴볼 필요가 있다.[5] 정부는 1999. 1. 한국전력공사에 의한 독점체제 하에 있는 전력산업의 효율성을 제고하고 경쟁을 도입하기 위하여 『전력산업구조개편 기본계획』을 마련하였다. 그 후 당시 산업자원부 내에 전력산업구조개편 추진기획단이 설치되어 구조개편작

28면 이하 참조.

4) 산업자원부 전기위원회 외, 『알기 쉬운 전기사업 해설서』, 2005. 9., 14면 이하; 전기위원회, "전력사업 약사", 2005. 5. 16. 〈http://www.leadernews.co.kr/korec_home/elto/pds_view.asp?seq=55&org_part=%BF%AC%B1%B8%C0%DA%B7%E1〉 (2010. 1. 31. 최종방문) 참조.
5) 이하 구조개편의 추진경과에 대해서는 국가기록원, "나라기록포탈 전력산업 구조개편" 항목 〈http://contents.archives.go.kr/next/content/listSubjectDescription.do? id=006612〉 (2010. 1. 30. 최종방문) 참조; 그밖에 구조개편논의에 대해서는 유제민, 앞의 글, 174면 이하 참조.

업을 추진하게 되었고, 구조개편을 위한 법적 기반을 마련하기 위해 2000. 12. 23. 법률 제6282호로 『전력산업구조개편촉진에관한법률』이 제정되었다.[6] 당시 마련된 구조개편안은 다음과 같은 3단계에 걸쳐서 경쟁체제를 도입하기로 예정하고 있었다.

제1단계(발전경쟁단계)로는 한전의 발전부문을 수개의 자회사로 분할하여 발전사업자간 경쟁을 유도하는 단계로서, 자회사의 수는 규모의 경제와 담합 방지 등을 감안하여 6개로 결정되었다. 이 단계에서는 송·배전 및 판매는 여전히 한전이 전담하지만, 발전자회사는 향후 전력수급 안정, 한전의 대외부채 현황을 고려하여 단계적으로 私化를 추진하도록 계획되어 있었다.

제2단계(도매경쟁단계)는 배전부문을 한전에서 분리하여 경쟁체제를 도입함으로써 다수의 발전사업자와 다수의 판매사업자간 경쟁에 의해 전력거래가 이루어지도록 하는 단계로서, 송전망을 개방하여 배전회사가 이를 자유롭게 사용할 수 있도록 보장하는 것이다. 그러나 도매경쟁은 당초 2003년부터 실시할 계획이었으나, 계획대로 시행되지 못하고 있다.

제3단계(소매경쟁단계)는 전력시장 경쟁을 완성하는 단계로서 2009년부터 실시하는 것을 목표로 하고 있었다. 이 단계에 들어와 배전망도 개방하여 일반소비자가 전력회사를 직접 선택하여 전력을 공급받을 수 있도록 하는 방식으로, 판매부문의 지역독점이 사라지게 된다.

제1단계 구조개편 추진결과로서, 2001. 4. 한전의 발전부문이 수력·원자력 1개 회사, 화력 5개 회사 등 6개의 발전자회사로 분리되었다. 그리고 정부는 한국수력원자력은 에너지안보와 안전상의 이유로 공기업으로 남겨두기로 하고, 나머지 5개의 화력발전 자회사 중

---

6) 동법은 부칙〈2000. 12. 23. 개정 법률 제6282호〉 제2항에 따라 2009. 12. 31.까지 효력을 가지는 한시법이다.

2개사를 2002년 말까지 민간에 매각하려고 하였으나 첫 매각 대상으로 삼았던 남동화력발전소 매각을 위한 입찰이 실패로 끝나면서 결국 발전소매각은 성사되지 못하였다.[7] 그 후 참여정부 시기인 2004. 6. 노사정위원회의 전력망산업개혁방안 공동연구단은 "배전분할에 의거한 도매경쟁체제의 도입으로부터 기대되는 편익이 불확실한 반면, 해외 사례에서 드러나듯이 이에 따른 사회적 위험 및 비용이 상당히 크게 증대할 위험이 있다는 점을 고려"하여 다수의견으로 배전분할 추진의 중단을 제언하게 되었고,[8] 참여정부가 이를 받아들임으로써 전력산업 구조개편의 추진이 중단된 상태로 현재에 이르고 있다.[9] 이상과 같이 우리나라 전력산업 구조개편안은 3단계에 걸쳐 세계적인 추세처럼 발전부문과 판매부분 등에서의 경쟁을 도입하려고 의도하였으나 1단계 발전부문경쟁의 도입과정에서 중단되었다.

현재의 상황을 살펴보면, 당초 구조개편을 통해 추진하고자했던 경쟁도입의 목표를 달성하지 못하는 것은 물론 여러 가지 측면에서 비효율을 안고 있는 것으로 드러난다. 먼저, 전력시장에서 효율적인 경쟁이 이루어지기 위해서는 모든 시장참여자가 공급과 수요의 측면에서 충분한 경쟁을 할 수 있는 환경이 조성되어야 한다. 이를 위해서는 공급자인 발전사뿐만 아니라 도매와 소매시장에서 다수의 수요자가 시장에 참여하여 경쟁이 가능해야 하므로 사실상 2단계 및

---

7) 유제민, 앞의 글, 175면; 박노영, "전력산업 구조개편 및 사유화에 관한 비판적 고찰", 『한국사회학』 제37집 제5호(2003), 84면 참조.
8) 노사정위원회, 『노사정위원회 합리적인 전력망산업개혁방안 공동연구단, 최종보고서 요지』, 2004. 6. 16. 참조.
9) 정부는 2008년 10월 제3차 공기업 선진화 방안을 발표하면서 한전을 私化 대상에 포함시키지 않았으나, 각계의 논란을 계기로 정부도 새롭게 구조개편안을 마련하려고 하였다. "전력산업 구조개편 '원점 재검토'", 한겨레신문 2009. 11. 3. 〈http://www.hani.co.kr/arti/economy/economy_general/385669.html〉 (2010. 1. 31. 최종방문) 참조.

3단계의 계획이 모두 실현된 이후에야 진정한 시장경쟁이 이루어지고 그에 대한 성과가 평가될 수 있는 것이다. 그러나 현재는 발전시장에서의 공급자만이 사실상 한전이라는 단일한 수요자를 상대로 거래를 하고 있는 양상이다. 1단계 추진과정에서 발전자회사의 매각이 실패함으로써 사실상 동일한 공급자와 수요자가 시장에서 거래를 하는 것에 불과하다고 할 것이다.

다른 한편으로, 공기업의 私化를 통하여 추진하려던 국가의 재정수입의 확보나 효율적인 경영과 같은 정책목표도 발전자회사가 사인에게 매각되어 공사의 성격을 벗어나지 못하는 이상 달성하기 어려운 상황이다. 다만, 한전이 2006. 9.부터 노사정위원회의 권고안에 따라 내부적으로 배전사업부문의 독립 사업부제를 도입하여 운영하고 있고,10) 발전시장에서의 경쟁강화가 지속되고 있으나,11) 이러한 조치들만으로 원하는 성과를 얻을 수 있을지는 의문이다. 오히려 현재의 구조개편을 전제로 한 한전의 조직분리 그리고 전기사업법상 전기위원회나 전력거래소와 같은 별도 규제기관의 운영 등 과도기적 상황은 행정의 비효율성만을 증가시키고 있다고 보이며, 따라서 앞으로 이러한 과도기적 상황을 정리하여 전력산업의 구조개편을 올바르게 추진하는 과제가 부여되고 있다고 할 것이다. 여기에 본서가 인근 학문의 관점이 아닌 국가임무론이라는 법학적 관점에서 전

---

10) "기획점검 – 한국전력공사 독립사업부제는 지금?", 이뉴스투데이 2008. 4. 2
2. 〈http://e-today.co.kr/news/section/newsview.php?TM=news&SM=04&idxno=200967〉
(2010. 1. 31. 최종방문) 참조.

11) 전력산업 구조개편이 중단된 이후에도 2011년 한전의 발전자회사들을 시장형 공기업으로 지정하고, 전력거래소가 설립되어 계통운영과 도매전력시장의 운영을 담당하고 있으며, SK, 포스코, GS 등 대기업이 투자한 민간발전소와 지역난방공사, 수자원공사, 소규모 발전업체와 집단에너지 사업자들이 경쟁하고 있다고 한다. 남일총, "전력산업에 대한 경쟁정책』, KDI 연구보고서 2012-02", 2012. 10, 34면 참조.

력산업의 문제를 다루려는 배경이 있다.

2. 전력산업의 법률체계

국가임무론에 입각한 분석을 하기 위해서는 먼저, 전력산업과 관련된 법률체계를 개관하여 현재의 전력공급임무가 어떤 내용을 갖고 있고, 어떻게 이행되고 있는지를 살펴볼 필요가 있다. 이러한 목적에 따라 고려해야할 중요한 법률로는 에너지법, 전기사업법, 한국전기공사법 등이 있다. 전력산업을 비롯한 전체 에너지공급과 관련된 기본법인 에너지법은 "안정적이고 효율적이며 환경친화적인 에너지수급구조를 실현하기 위한 에너지정책 및 에너지 관련 계획의 수립·시행에 관한 기본적인 사항을 정함으로써 국민경제의 지속가능한 발전과 국민의 복리향상에 이바지함"(제1조)을 목적으로 하고 있다.[12] 동법은 국가임무로서의 '안정적이고 효율적인 에너지공급'과 '에너지공급에 있어서의 환경보호'를 입법목적으로 규정하고 있다. 이에 비해 전력산업에 기본이 되는 전기사업법은 망에 의한 전력공급에 있어서 가장 중요한 제도 및 규제의 틀을 규정하고 있다. 동법은 "전기사업에 관한 기본제도를 확립하고 전기사업의 경쟁을 촉진함으로써 전기사업의 건전한 발전을 도모하고 전기사용자의 이익을 보호하여 국민경제의 발전에 이바지함"(제1조)을 목적으로 한다.

전력공급주체인 공기업과 관련하여 한국전력공사법이 마련되어 있다. 한국전력공사법에 따르면 국가는 "한국전력공사를 설립하여 전원개발을 촉진하고 전기사업의 합리적인 운영을 기함으로써 전력수급의 안정을 도모하고 국민경제 발전에 이바지하게 함"을 임무로 갖게 된다(제1조). 그리고 구 전력산업구조개편촉진에관한법률에 따

---

12) 구 에너지기본법은 2010. 1. 13. 법률 제9931호로 에너지법으로 개정되었다.

라 국가는 "한국전력공사의 분할을 지원하여 전력산업의 구조개편을 촉진함으로써 전력산업의 경쟁력을 높이고 전기사용자에 대한 서비스 수준을 향상하게 하여 전력산업의 건전한 발전에 이바지"한다는 목적도 추구하고 있다. 그밖에 석유 및 석유대체연료 사업법, 도시가스사업법, 석탄산업법, 광업법, 고압가스 안전관리법, 원자력진흥법13) 등이 각 에너지원별 사업내용 등을 규정하고 있다. 결국 우리나라 에너지공급 및 전력산업에 관한 법제는 '안정적인 에너지 혹은 전력의 공급', '효율성과 경쟁', '환경보호' 등을 입법목적으로 삼고 있으며, 이것이 뒤에서 검토할 전력산업에 있어서의 국가임무를 도출하기 위한 단서가 될 것이다.

3. 전력공급과정의 개요

본서는 전력산업에 대한 국가임무의 분석에 목적을 두고 있으므로, 전력이 발전소에서 사용자까지 공급되는 실제 과정인 전력계통을 개괄적으로 살펴볼 필요가 있다. 망을 통하여 이루어지는 전기공급과정은 대개 발전을 위한 연료의 구입, 발전, 망을 통한 전력의 전달 및 배분, 판매 등 몇 가지 단계로 구분할 수 있다. 여기에 발전소와 망시설의 건설 및 관리, 전력의 거래와 같은 요소가 추가된다. 발전소에서 생산된 전압은 일반적으로 수천볼트(6.6kV-24kV)인데 이러한 전력은 전력손실없이 사용자에게 전달하기 위하여 발전소 송출단계에서 고전압(154kV, 345kV, 765kV)으로 변압되어 송전된다. 고압으로 송전된 전력은 사용자 근처의 변전소에서 사용자가 사용할 수 있는 전압(22.9kV)으로 낮추어져 배전선로로 공급된다. 배전선로에서 다시 일반고객이 사용할 수 있는 전압(22.9kV)으로 전력을 수송하거

---

13) 구 원자력법은 2011. 7. 25. 법률 제10909호 원자력 진흥법 및 법률 제10911호 원자력안전법으로 대체되었다.

나 배전변압기에서 가정용 고객이 사용가능한 전압(220V, 380V)으로 낮추어 최종사용자에게 공급된다.[14] 이 과정에서 최종사용자가 일반주택 사용자인지 아파트 사용자인지에 따라서 한전이 배전을 맡고 있는 부분이 달라지는데, 일반주택 사용자의 경우 주택 인근의 전신주에 설치된 배전변압기까지 한전이 전기를 공급하지만, 아파트의 경우는 일단 아파트단지의 경계까지만 한전이 전기를 공급하며 아파트단지 내에서는 단지 내부의 자체시설에 의하여 전기가 공급되는 것이 보통이다.[15]

---

14) 이승훈 외(편), 『전력산업 경쟁도입의 어제와 오늘』, 한국전력거래소, 2006., 14면 참조.
15) 한전 기본공급약관시행세칙(2017. 8. 28.) 제18조【수급지점】참조.

제2절 전력산업에서의 국가임무의 성격

1. 국가의 에너지공급임무

1) 헌법상의 근거

우리 헌법으로부터 국가의 에너지공급임무를 도출할 수 있는 근거로서 먼저 인간의 존엄과 가치 및 행복추구권에 관한 헌법 제10조를 들 수 있다. 에너지공급은 인간의 생존에 필수적인 물질적 기초를 이루는 것으로서 인간의 존엄성과 가치의 전제가 되는 것이기 때문이다. 그러나 헌법 제10조는 헌법질서의 최고가치로서 기본권보장의 가치지표에 해당하지만, 구체적인 권리인 기본권은 아니라고 할 것이다.[1] 따라서 에너지공급임무와 이에 관한 국민의 에너지공급을 받을 권리는 '인간다운 생활을 할 권리'(제34조 제1항)를 직접적인 근거로 삼는다. '인간다운 생활을 할 권리'의 의미가 무엇인지에 대하여, 건강하고 문화적인 최저한도의 생활을 할 권리라고 보는 견해[2]

---

1) 허영, 『한국헌법론』, 2003, 314면 이하; 다만, 이러한 원리에서 구체적인 기본권을 도출할 수는 있으므로, 개별적 기본권 이외에 인간의 존엄과 가치를 실현하는데 필요한 헌법적 수준의 권리는 헌법 제10조와 제37조 제1항을 근거로 하여 기본권으로 포섭된다는 견해로는, 정종섭, 『헌법학원론』, 2007, 346면 참조.

2) 김철수 교수는 "인간다운 생활을 할 권리란 생존권적 기본권 중에서 가장 핵심적인 권리로서, 바이마르헌법의 「인간다운 생활」, 세계인권선언의 「인간의 존엄성에 상응하는 생활」, 즉 건강하고 문화적인 최저한도의 생활을 할 권리를 말한다"고 주장한다. 세계인권선언 22조는 「모든 사람은 각자 사회의 일원으로서 사회보장을 받을 권리를 가지며, 또 각국의 조직 및 자원을 고려한 국가적인 노력과 국제적인 협력을 통하여 자기의 존엄과 자기 인격의 자유로운 발현에 불가결한 경제적·사회적 및 문화적 권리를 가

와 물질적인 궁핍으로부터의 해방을 그 주내용으로 하는 물질적인 최저생활권을 의미한다는 견해3) 등이 대립되고 있다. 헌법재판소는 이와 관련하여 "'인간다운 생활을 할 권리'는 여타 사회적 기본권에 관한 헌법규범들의 이념적인 목표를 제시하고 있는 동시에 국민이 인간적 생존의 최소한을 확보하는 데 있어서 필요한 최소한의 재화를 국가에게 요구할 수 있는 권리를 내용으로 하고 있다"고 판시하고 있다.4)

생각건대 생존권적 기본권인 인간다운 생활을 할 권리는 국가의 재정상태에 연관되어 있는 것으로서 구체적인 권리로서 인정할 수 있는 기본적인 부분은 '물질적 생활을 최소한으로 보장'하는 것에 한정되며 그 이상의 내용은 입법에 의하여 형성된다고 보는 것이 타당하다고 하겠다.5) 그렇다면 에너지공급에 있어서 물질적 생활의 최소한은 어느 정도를 보장하는 것인지가 문제된다. 가령, 최저생활계층이 전기요금을 부담하지 못한다면 전력을 생계에 필요한 최소의 양만큼만 공급하는 정도를 고려해볼 수 있을 것이다. 현실적으로는 전력을 비롯한 에너지의 공급도 시장에 의하여 거래되고 있는 것이므로 생활에 필요한 물질적인 최소한은 사회보장급부의 일부로서 대체 지급하여 국민이 각자 자신의 수요를 만족시키는 수준이면 된다는 견해가 있을 수 있다. 그러나 이러한 정도의 보장만으로는 인간이 생활하는데 필수적인 전제로서의 에너지공급의 의의를 충분히

진다」고 하고, 25조는 「모든 사람은 자기 및 가족의 건강과 복지를 위하여 특히 의식주·의료 및 필요한 사회서비스를 확보하기에 충분한 정도의 생활수준을 보유할 권리를 가지며, 나아가 실업, 질병, 불구, 배우자의 상실 또는 불가항력에 의한 재활불능의 경우에 생활보장을 받을 권리를 가진다」고 되어 있다. 김철수, 『헌법학개론』, 2003, 743면.

3) 허영, 앞의 책, 499면.
4) 헌법재판소 1995. 7. 21. 선고 93헌가14 결정.
5) 정종섭, 앞의 책, 623면 참조.

고려한 것으로 보기는 어렵다.

에너지공급은 거주·이전의 자유, 주거의 자유, 영업의 자유의 기초가 되며 더 나아가 행복추구권에서 비롯되는 일반적 행동자유권의 실현을 위한 필수적인 전제가 된다. 국민은 에너지공급을 기초로 하여서만 자신의 경제활동을 영유하여 창의적인 인격의 발현을 추구할 수 있다. 극단적으로 현대사회에서 한순간이라도 에너지공급이 중단된다면 이는 인간의 삶 자체가 마비되는 결과를 초래한다. 따라서 이러한 의미를 충분히 보장할 수 있도록 하기 위해서는 '적절한 가격으로 에너지를 안정되게 공급받을 수 있는 권리'라는 의미에서의 기본권인 '에너지공급을 받을 권리'가 인간의 존엄과 가치에 관한 제10조, 헌법에 열거되지 아니한 자유와 권리의 보장에 관한 제37조 제1항 등에 근거하여 인정된다고 할 것이다. 이와 관련하여 독일에서는 기본법 제20조 제1항의 사회국가원리 등으로부터 제대로 작동하는 전기공급을 위한 적절한 보호조치를 취하고, 가령 가격감독을 통한 것과 같은 어떤 방식으로, 사용자가 전기사용의 과도한 가격으로 인하여 배제되지 않도록 돌보아야 할 '국가의 의무'를 도출할 수 있다는 견해가 있다. 이는 독일 기본법이 우리나라와 달리 사회권적 기본권을 규정하지 않고 있기 때문에 생겨난 해석방법으로 파악되고 우리의 경우 기본권의 하나라 인정하면 될 것이다.6) 그러나 위에서 언급한 생활에 필요한 최소한의 보장의 정도를 넘어서는 부분에 있어서는 법률을 통하여 구체화된다고 할 것이다. 그리고 이러한 '에너지공급을 받을 권리'라는 기본권에 대한 보호의무를 통하여 국가가 책임을 지는 공공임무인 에너지공급임무가 도출되는 것이다.

그밖에 에너지공급임무를 규정하는 헌법조항 및 헌법원칙으로는

---

6) Reinhard Ruge, *Die Gewährleistungsverantwortung des Staates und der Regulatory State*, 2004, S.232. 참조.

평등권(제11조) 및 공역무 앞에서의 평등의 원칙,[7] 환경권(제35조), 경제에 관한 규제와 조정(제119조 2항), 자원의 보호 및 개발과 이용의 계획에 관한 규정(제120조 제2항),[8] 헌법상의 기본원리로서의 사회국가원칙[9]과 사회적 시장경제질서[10] 등을 언급할 수 있다. 한편, 사법적 형식으로 이루어지는 에너지공급의 특성상 에너지공급주체의 임무수행에 대하여는 기본권 보호의무[11]와 기본권의 객관적 가치질서로서의 성질[12]에서 비롯되는 기본권의 제3자에 대한 효력에 의하여 기본권적 구속이 미친다고 할 것이다. 이로부터 사용자가 에너지공급을 거부당하는 것에 대한 보호가 문제될 수 있다(예: 요금체납으로 인한 단전조치).[13]

2) 법률을 통하여 구체화된 국가의 전력공급임무

전기사업법은 전기사업에 관한 기본제도 확립, 전기사업의 경쟁촉진 및 소비자 보호 등을 입법목적으로 하고 있다(제1조). 이 중 전기사업의 경쟁촉진에 관한 입법목적은 2000. 12. 23. 법률 제6283호로 전면개정된 구 전기사업법에 의하여 처음 도입된 것이다. 전기사업법은 지식경제부장관에게 전력수급의 안정과 전력산업의 경쟁촉진 등에 관한 기본시책을 마련할 의무를 부과하고 있으며(제3조), 전기

---

7) 김동희, 『행정법Ⅰ』, 박영사, 2008, 56면 참조.
8) 헌법 제120조 ② 국토와 자원은 국가의 보호를 받으며, 국가는 그 균형있는 개발과 이용을 위하여 필요한 계획을 수립한다.
9) 우리 헌법은 사회국가원리에 관한 규정은 없으나 정의사회를 구현하기 위해서 사회적 기본권의 폭 넓은 보장을 통해서 사회국가원리를 우리나라의 구조적인 원리로 수용하고 있다는 견해로는, 허영, 앞의 책, 147면 이하 참조.
10) 허영, 앞의 책, 156면 이하 참조.
11) 송석윤, 『헌법과 사회변동』, 2007, 26면 이하 참조.
12) 허영, 앞의 책, 249면 이하 참조.
13) Ruge, a.a.O., S.222f. 참조.

198 독일 공법상 국가임무론과 보장국가론

사용자의 보호(제4조), 환경보호(제5조), 보편적 공급(제6조), 전기공급의 의무(제14조), 전기설비의 이용제공(제20조), 전력거래(제31조) 등에 대하여 규정하고 있다. 이러한 법조항은 위에서 검토한 헌법상 기본권인 '에너지공급을 받을 권리'와 이에 상응하여 '안정적인 전력의 공급', '효율성과 경쟁', '환경보호' 등과 같은 국가목적을 추구하는 여러 가지 국가의 활동범위(임무)를 규정한 것이라고 하겠다.

2. 전력공급임무의 성격: 생존배려 및 기간시설책임

에너지공급에 대한 국가목적 내지 지도이념으로서 독일에서는 국가의 생존배려가 논해지고 있다. 주지하다시피 생존배려의 개념은 오토마이어가 주장한 침해행정과 국가행정의 2분류에 대하여 포르스트호프가 이를 새로운 행정활동의 유형으로서 주장한 것이다. 여기에는 과거에 행정이 급부주체로 등장했던 혹은 아직도 제공하고 있는 급부들, 물, 가스, 전기, 교통수단의 제공, 우편, 전신전화, 청소, 노약자·장애인·실직자에 대한 사전배려 등의 예가 속한다.[14] 포르스트호프는 2차대전 이후 자신의 행정법 교과서에서 생존배려를 "행정의 측면에서 발생하는 것으로, 공중 혹은 객관적인 특징으로 특정된 사람들에게 유용한 급부를 향유하게 하는 모든 것"이라고 다시 정의한바 있다.[15] 국가의 에너지공급은 이러한 생존배려의 범위에 포함될 수 있다.

한편, 생존배려와는 별도로 통신, 전기, 수도, 도로, 가스와 같은 망시설과 관련하여 국가의 기간시설책임이라는 개념을 상정하고 이

---

14) Ruge, a.a.O., S.146 참조.
15) Ernst Forsthoff, *Lehrbuch des Verwaltungsrechts*, 10.Aufl., 1973, S.370; 2차대전 이후 포르스트호프는 더 이상 '생활에 필수적인 필요'에 생존배려의 개념을 연결시키지 않게 되었다는 평가로는 Ruge, a.a.O., S.152 참조.

를 강조하는 견해가 있다.[16] 이에 따르면 기간시설책임의 근거와 기능을 공동체의 발생과 통합, 국가의 통합에서 찾는다. 즉, 제대로 기능하는 망시설(Netzinfrastruktur)이 없이는 인간은 살아갈 수 없으며, 사회적, 경제적, 문화적, 정치적 공동체도 존속해갈 수 없으므로, 이러한 망시설은 현대국가의 필수적인 생존조건인 것으로 본다. 이 견해에서는 기간시설이란 "거리를 극복하고 이를 통해 공간의 통합을 실현하는 모든 수단의 전체"로서 이해된다. 따라서 기간시설은 필수적으로 모든 이해관계인이 접근할 수 있도록 광범위하게 설치되어야 한다. 그러나 기간시설은 사경제주체나 국가와 사적 분야 사이의 협력에 의해서도 제공될 수 있으므로, 이러한 분야에서 행정의 책임은 규제와 감독이라는 보장책임의 성격을 가지게 된다.[17] 또 기간시설책임에 있어서도 자연독점과 시장실패를 전제로 하여 볼 때 국가가 광범위하게 영향을 미치는 기간시설망과 사적인 주체가 관여하여 경쟁원리로써 운영되는 기간시설역무는 분리하여 고찰되어야 한다고 주장된다.

생존배려임무와 기간시설책임 사이의 관계가 문제되는데, 생존배려는 사회국가의 원리에 따르는 것으로서 인간의 생존에 있어서의 의존성을 특징으로 하지만, 기간시설책임은 국가의 통합을 창출하고 공동체의 생존을 위하여야 한다는 책무성을 강조한다는 점에서 차이가 있다. 그러나 기간시설책임은 내용적으로 건강이나 교육제도와 같은 유형의 급부를 포괄하지 않고, 오직 거리를 극복하기 위한 조직이나 급부만을 의미하므로, 생존배려보다는 좁은 개념으로서 생존배려의 본질적인 영역을 발전시킨 것으로 보아야 할 것이다.[18] 오

---

16) Georg Hermes, *Staatliche Infrastrukturverantwortung*, 1998, S.323ff.
17) 기본법 제87조의e, 제87조의f 등을 예로 들수 있다. Rolf Stober, *Allgemeines Wirtschaftsverwaltungsrecht*, 15.Aufl., 2006, S.190f. 참조.
18) Ruge, a.a.O., S.174f.

늘날 독일에서 생존배려임무는 에너지공급분야에서의 지도이념 내지 국가의 목표로서 광범위하게 인정되고 있다. 여기에 망을 중심으로 공급되는 에너지의 특성상 특별한 규율이 필요하다는 점에서 소위 기간시설책임이라는 별도의 임무범위를 추가적으로 고찰하는 타당성이 인정된다고 하겠다. 더욱이 우리나라에서는 앞에서 살펴본 바와 같이 '적절한 가격에 에너지를 안정되게 공급받을 수 있는 권리'라는 의미에서의 '에너지공급을 받을 권리'가 헌법상의 기본권으로 인정될 수 있다. 따라서 우리나라에서도 에너지공급에 관한 국가임무성격을 규정함에 있어서 생존배려라는 국가목적을 추구하면서 망시설과 관련하여 기간시설책임이라는 좀 더 구체적이고 고양된 책임을 부담하는 것이라는 입장을 '에너지공급임무'의 해석원리로서 받아들여도 무방하다고 생각된다.

3. 필수적 국가임무 여부

국가의 전력공급임무를 '국가의 임무로 볼 수 있는지', 더 나아가 '필수적 국가임무로 볼 수 있는지'에 따라서 전력산업의 구조개편 및 공기업인 한전의 私化여부에 대한 법정책적 지침이 달라질 수 있다.[19] 그런데 이에 대한 검토는 각 나라의 전력산업의 운영형태, 헌법규정의 체계 등에 따라서 상이한 결론에 도달할 가능성도 배제할 수 없다. 국가임무가 모든 나라에서 공통되는 국가의 역할을 전제로 하는 개념은 아니기 때문이다.

먼저 전력공급이 국가가 직접적 혹은 간접적으로 스스로 이행한다는 의미에서 국가임무인지를 살펴보면, 우리나라는 다른 외국의 경우와는 달리, 공기업인 한전이 송전·배전·판매 부분을 사실상 독

---

19) 한국전력공사법 제4조에 따르면 한국전력공사는 정부가 100분의 51 이상을 출자한 공기업이다.

점하고 있어서, 국가가 자신의 영향력 하에 있는 공기업을 이용하여 전력공급임무를 국가임무로서 스스로 이행하고 있다고 할 것이다.[20] 그렇다면 이러한 국가의 전력공급임무가 필수적 국가임무인지가 문제된다. 이미 살펴본 바와 같이 私化가 절대적으로 허용될 수 없다는 의미에서의 필수적 국가임무는 인정되기 어려우나, 私化가 상대적으로 제한되고 임무의 전부에 대한 私化가 허용될 수는 없다는 의미에서의 필수적 국가임무는 여전히 인정할 가치가 있다고 할 것이다.[21]

해외의 전력산업 私化의 예를 살펴보면, 정부로부터 독립된 민간기업의 형태로도 발전, 송전, 배전 등의 전력산업이 무리없이 운영되는 경우에는 정부는 단지 규제권한을 행사하는 것만으로 충분하다고 볼 여지도 있다. 이와 관련하여 국민은 '인간다운 생활을 할 권리'로서 생존에 필요한 정도의 최소한의 전력공급에 대하여 구체적 권리를 가지므로, 이러한 권리에 대한 보장은 필수적으로 국가가 책임을 져야 할 '공공임무'임에는 틀림이 없다. 그러나 '인간다운 생활을 할 권리'는 원칙적으로 '물질적 생활을 최소한으로 보장'하는 것을 의미한다고 볼 때, 이러한 보장은 사회보장급부나 최저소득계층에 대한 요금감면 등의 형태로 정부가 규제함으로써 보장될 수 있는 것이지, 국가가 스스로 전력공급을 책임져야 할 필요성을 인정하는 것

---

20) 가령, 프랑스의 경우 국영기업인 EDF가 발전·송전·배전을 통합 운영하다가 송전만을 담당하는 RTE라는 자회사가 생겨났지만, 여전히 국영기업의 형태이지만, 미국의 경우 전기사업자가 민간기업, 공영기업, 국영기업, 전력협동조합으로 구성되어 있지만 전력공급의 대부분은 민간기업이 주도하고 있다. 영국은 국영기업의 독점형태로 운영되던 전력사업이 대처정부가 들어서면서 私化되었다. 유근환, "전력산업 구조개편에 관한 연구 - 한국전력을 중심으로 -", 연세대학교 석사학위논문, 16면 이하; 유제민, "전력산업 경쟁력 제고를 위한 구조개편 방안 - 송전망의 분리와 규제제도 개선을 중심으로 -", 『경제규제와 법』 제2권 제1호, 2009. 5., 180면 이하 참조.
21) 제2장 제3절 3항 참조.

은 아니라고 볼 수도 있다. 물론 많은 학자들이 지적하는 바와 같이 국가의 핵심임무로서의 규제 내지 보장책임은 국가가 포기할 수 없는 영역으로서 국가에 유보되어야 할 것이다.[22]

　이러한 최소한의 물질적 생활의 보장에 대한 보장책임의 정도를 넘어서 에너지공급에 있어서 국가가 스스로 이행하면서 그 책임을 포기할 수 없는 영역은 존재하는가. 이에 대한 물음에 답하기 위해서는 먼저 전력공급에 있어서의 실제적인 임무내용을 분석하여 이를 유형화하고 책임의 관점에서 체계화하는 작업이 선행되어야 할 것이다. 일응 추정해보면, 행정임무의 유형화에서 살펴본 바와 같이 에너지 공급임무는 전력망관리, 발전소 건설, 전력공급역무, 원료구입과 같은 다양한 활동을 포함하는 광범위한 임무이므로, 부분적인 임무분야에서는 국가의 광범위한 규율과 책임이 강화되어 필수적 국가임무가 인정될 가능성이 높다고 할 것이다. 따라서 이하에서는 이러한 관점에서 전력산업에 관한 임무수행방식과 그에 따르는 책임에 관하여 고찰해보고자 한다.

---

22) 제2장 제3절 2항 참조.

제3절 전력산업에 관한 임무수행방식

1. 전력공급에 관한 임무의 유형화: 망과 역무의 분리

망을 통하여 전기를 공급하는 과정은 대개 발전을 위한 연료의 구입, 발전, 망을 통한 전력의 전달 및 배분, 판매 등 몇 가지 단계로 구분할 수 있다. 여기에 발전소와 망시설의 건설 및 관리, 전력의 거래 및 규제를 합하면 대략적인 에너지공급에 관한 전체 과정을 포괄하는 체계적인 분석범주가 도출될 수 있을 것이다. 그러나 이러한 범주분류는 다소 복잡·중복되므로 이를 단순화할 필요가 있다. 학계와 실무적으로 사용되는 대표적인 분류방식은 망(Netz)과 역무(Dienst), 즉 망의 운영·관리와 에너지 자체의 전송, 분배, 판매 등의 공급역무를 분리하여 그 특징을 고찰하는 것이다. 이는 유럽연합국가를 비롯한 전력산업 구조개편을 추진하는 대부분의 국가들에서 나타나는 공통적인 현상이기도 하다.[1]

이러한 특징은 망을 사용하는 다른 산업, 즉 가스, 수도, 도로, 철도, 통신등에 있어서도 공통적으로 발견될 수 있다. 망과 역무가 분리되는 가장 단순한 예는 바로 도로이다. 우리는 도로 자체의 건설 및 운영과 그 도로를 운행하여 화물이나 여객을 운송하는 사업이 별개로 운영된다는 것을 당연한 상식으로 여기고 있다. 철도의 경우에 있어서도 철로라는 망의 운영과 이를 통한 여객 및 화물의 운송은 별도의 특징을 가지고 있다. 최근 급속한 발전을 하고 있는 통신분야에 있어서도 이러한 특징은 쉽게 도출될 수 있다. 과거 유선전화

---

1) 유제민, "전력산업 경쟁력 제고를 위한 구조개편 방안–송전망의 분리와 규제제도 개선을 중심으로–", 『경제규제와 법』 제2권 제1호, 2009. 5., 178면 이하 참조.

만이 존재하던 시절에는 모든 통신시설은 전화국이나 한국통신공사
(KT)의 소유 하에 있었다. 그러나 이제 무선전화는 물론 인터넷과 같
은 새로운 통신역무가 등장함에 따라 통신시장은 다양한 경쟁업체
들로 구성되게 되었다. 이제 우리는 다른 사람과 무선통화를 시도할
때 자신이 가입한 KT나 SK와 같은 하나의 통신회사 시설만을 이용하
는 것이 아니라 상대방이 가입한 다른 통신회사의 시설을 거쳐서도
통화를 하게 된다는 것을 알고 있다. 더 나아가 최근에는 인터넷, 무
선인터넷, 인터넷전화 등의 새로운 역무가 등장함에 따라 더 이상
통신회사를 선택한다는 것이 물리적 망과 결합되어 있지 않다는 자
연스러운 인식에 도달하게 되었다.

　　그런데 이러한 추론을 전력망에 적용하는 데에는 개념적, 기술적
난점이 있었던 것도 사실이다. 전기는 눈에 보이지 않는 도체를 통
한 전자의 흐름이므로, 망이 없다면 이를 공급하는 것이 불가능하며,
흘러가는 전기를 저장하는 것도 불가능하다. 이런 상황에서 망과 전
기공급을 분리하기 위해서는 여러 발전소에서 나온 전기를 동일한
망을 통하여 동시에 여러 사용자에게 분리하여 전달하고, 그 전달된
전기를 서로 구별하여 계산한다는 기술적인 전제가 마련되어 있어
야 가능하다. 이러한 이유 때문에 당초 전력산업의 초기 단계에서는
망과 공급역무를 분리하는 것은 불가능한 것으로 여겨졌다고 볼 수
있다. 그러나 최근에는 기술의 발달로 망과 역무를 조직적, 경제적
으로 분리하는 것이 용이하게 되었다는 것이 일반적인 설명이다.[2]

　　이러한 분리를 전제로 전력산업에 대한 특징을 살펴보면, 전력산
업은 초기망설비의 건설에 막대한 자금이 소요되고 중복된 투자가
어려우므로 자연독점적 성격이 있으며, 망의 장애는 곧바로 광범위
한 범위의 피해로 이어진다는 점에서 위에서 살펴본 인간의 생존이

---

2) Georg Hermes, *Staatliche Infrastrukturverantwortung*, 1998, S.333 참조.

필수적으로 의존하고 있는 전력공급임무의 수행을 가능하게 하는 전제조건임을 알 수 있다.[3] 따라서 망에 대한 관리에는 필수적으로 국가개입의 필요성이 인정된다고 하겠다. 이에 비해 전력의 공급역무 자체는 전력생산과 생산된 전력의 사용자에의 판매 등과 관련되므로 망에 대한 공정한 접속이 보장된다면 경쟁을 통하여 효율성을 높이는 데에 비교적 적합한 구조라고 볼 수 있다. 특히 최근에는 저용량 고효율 발전기의 개발로 소규모의 독립적인 발전사업자가 출현할 수 있는 가능성이 높아졌다. 따라서 망에 대한 임무와 그 망을 이용하여 전력을 공급하는 임무는 상대적으로 상이한 특성을 가지고 있다고 추론할 수 있는 것이다.

이러한 상이한 특성에도 불구하고, 발전소의 건설에 들어가는 막대한 투자비용과 기술적인 문제, 에너지수요의 낮은 가격탄력성 및 에너지 저장의 곤란으로 단기에 공급을 조절할 수 없다는 점[4] 등으로 인하여 전력산업에 있어서 실제로 망에 대한 사업자를 분리하는 것은, 철도나 통신과 같은 다른 망산업에 비하여 용이하지 않은 점이 있다. 그럼에도 불구하고 전력공급임무에 있어서 망에 대한 운영은 공급역무에 비하여 근본적이고 본질적인 측면이 있음은 부인하기 어렵다고 할 것이다.

이러한 특징들로부터 전력공급임무의 유형적 분석의 기초가 도출될 수 있다고 생각된다. 즉, 전체 전력공급임무는 원칙적으로 생존배려를 지도이념으로 하는 사회재의 공급에 해당하는 것으로서,[5] 주로 사회적 정의의 보장임무 중 시민의 생존에 관련된 임무에 해당

---

3) 2003. 8. 미국 북동부와 캐나다 남부지역의 정전사태로 미국과 캐나다 양국은 40-60억 달러에 달하는 피해를 입은 것으로 추정된다고 한다. 윤인하, "최근 미국 동부지역의 정전사태와 미국 전력산업의 문제점", 『월간아태지역동향』 제140권, 2003. 참조.

4) 유제민, 앞의 글, 173면 참조.

5) Christof Gramm, *Privatisierung und notwendige Staatsaufgaben*, 2001, S.329 참조.

한다. 그러나 전력공급은 인간의 생존과 생활에 필수적인 전제로서 경우에 따라서는 국가의 존속과 관련될 수도 있다. 반면, 전력요금에 대한 규제는 사회적 정의의 보장임무 중 삶의 질과 관련된 임무에 속한다고 볼 수 있다. 나아가 새로운 에너지원의 개발이나 발전소의 건설과 같은 임무는 미래의 보호임무와 관련시킬 수 있을 것이다.[6] 여기에 망과 역무제공을 분리할 수 있다는 기초에서 살펴볼 때, 망의 건설과 운영은 국가의 핵심적인 규제와 감독이 미치는 영역으로서 시민의 생존보장 중에서도 국가의 존속보호에 좀 더 가깝다고 할 것이다. 이에 비해 공급역무의 제공은 私化를 통하여 경쟁을 도입하는 방식으로 책임을 분배하는 것에 상대적으로 적합한 분야로서 삶의 질에 관한 임무에 가깝다고 할 것이다.

2. 전력공급임무의 책임단계

1) 간접적 이행책임

전기사업법은 전기사업자의 종류로 발전사업자·송전사업자·배전사업자·전기판매사업자 및 구역전기사업자를 규정하면서(제2조 2호), 이들 각 사업자가 종류별로 허가를 받아 원칙적으로 한 종류의 전기사업만을 영위하도록 규정하고 있다(제7조 제3항). 또한 규제기관으로서의 전기위원회와 전력거래소를 두고 있다. 이는 전기공급임무를 사인인 사업자가 수행하고, 국가는 이에 대한 감독과 규제만을 수행하는 보장책임을 지는 구조를 염두에 둔 규정체계라고 할 것이다. 그러나 실제로 우리나라의 전력산업은 공기업인 한전과 그 자회사들이 사실상 독점적으로 전력공급을 담당하면서 전기사업법에

---

6) 이러한 분류는 베르의 임무유형을 적용한 것이다. 제3장 제2절 4항 〈그림 2〉 참조.

서도 예외를 인정하고 있으므로(부칙 제2조),[7] 사실상 한전과 그 자회사들이 모든 전력시장을 독점하고 있음은 앞에서 본 바와 같다. 이러한 실제적인 임무이행방식을 살펴보면, 결국 우리나라에서는 국가가 한전이라는 독점적 공기업을 통하여 '간접적인 이행책임'을 부담하고 있다고 볼 수 있다.[8]

2) 변형된 보장책임

우리나라 전력산업은 구조개편을 추진하여 私化를 추진하여 왔으며, 전기사업법도 이러한 사정을 전제로 복수의 사업자들이 경쟁하면서 국가는 다만 전력공급에 대한 보장책임을 지는 것을 예정하고 있다. 그러나 현재 이러한 규범과 현실간의 괴리가 존재하는 한 전기사업법을 통한 규제의 측면에서는 국가는 일종의 변형된 보장책임을 부담하고 있다고 이해된다. 이러한 전제 하에서 이제 전기사업법을 중심으로 책임의 단계와 책임의 분배라는 관점에서 행정임무를 분석해보고자 한다.

3. 전력공급임무의 책임분배체계

1) 규제기관과 전기사업자의 관계

전기사업법상 규제권한은 산업통상자원부장관, 전기위원회, 전력

---

7) 전기사업법 부칙 〈2000. 12. 23. 개정 법률 제6283호〉 제2조 (일반전기사업자에 관한 경과조치) 이 법 시행당시 종전의 규정에 의하여 허가를 받은 일반전기사업자는 제7조제3항의 규정에 불구하고 이 법에 의하여 발전사업·송전사업·배전사업 및 전기판매사업의 허가를 받은 것으로 본다.

8) 행정조직을 직접 사용하는 것이 아니라 조직적 독립성은 있지만 행정주체의 영향하에 있는 사인을 이용한 이행책임을 의미한다. 제3장 제3절 2항 참조.

거래소 등에 배분되어 있다. 규제권한의 종류로는 사업허가의 취소
(제12조), 금지행위(제21조), 과징금 부과(제24조), 전기의 수급조절 등
을 위한 명령권(제29조), 전력계통의 운영을 위한 지시권(제45조), 긴
급사태에 대한 처분권(제46조) 등이 있다. 행정임무론에서 규제권한
은 보장책임의 일종인 규제책임과 관련되는 것이지만, 이러한 규제
권한과 관련되어서도 행정의 책임단계는 상대적으로 차이가 있다.
가령, 전력공급을 담당하는 전기사업자의 의무와 관련하여, 전기설
비의 설치 및 사업의 개시의무(제9조), 전기공급의 의무(제14조), 전
기품질의 유지의무(제18조), 보편적 공급의무(제6조)와 같은 것은 전
기사용자에게 안정적인 전기공급을 보장하기 위한 것으로서 보장책
임 중에서도 책임의 단계가 높은 '협력결과에 대한 국가책임'의 경우
에 해당한다.[9] 또한 전기의 안전적인 공급을 위하여 망운영자인 송
전 및 배전사업자에게 수요·공급의 변화에 따라 전기를 원활하게 송
전 또는 배전할 수 있도록 적합한 설비를 갖추고 이를 유지·관리할
의무를 부과하는 것은(제27조) 일종의 공의무부담에 해당한다. 그러
나 이러한 의무는 현재 사실상 한전이 담당하고 있으므로 국가의 간
접적 이행책임으로 파악할 수도 있음은 앞에서 지적한 바와 같다.

전기의 공급약관(제16조) 및 전력시장 및 전력계통의 운영에 관한
규칙(제43조)에 대한 인가는 사적 자치를 통한 사인의 자기책임에 대
한 일종의 틀설정책임으로 이해할 수 있다. 그러나 간접적 이행책임
을 부담한다는 측면에서 보면 약관 및 요금규제는 기본권에 의한 제
한을 받는 시민의 생존에 관한 임무를 이행하는 것으로 판단된다.
따라서 이미 경쟁이 도입되어 국가가 순수한 보장책임만을 부담하
는 다른 망산업에 비해 전력산업에 있어서는 약관 및 요금에 대한
국가의 규율강도가 상대적으로 높아질 수 있다.

---

9) 제3장 제3절 1항 참조.

전기의 수급조절 등을 위한 명령권(제29조) 및 긴급사태에 대한 처분권(제46조) 등은 일종의 보충책임으로 이해할 수 있을 것이다. 그러나 보충책임은 원칙적으로 경쟁체제가 도입되어 국가가 보충책임만을 부담할 때에야 의미가 있지, 국가가 이행책임을 부담하고 있는 현재 전력산업 구조 하에서는 의미가 적다고 할 것이다.

2) 전기사업자 사이의 관계

현재 공기업인 한전이 대부분의 전기공급임무를 이행하고 있는 상황에서 한전은 국가임무를 이행하는 공공주체에 해당한다. 따라서 한전이 거래하는 구역전기사업자와 같은 다른 민간 전기사업자들은 사인으로서 공공주체인 한전과 책임을 분배하고 있다고 볼 것이다. 민간 전기사업자들은 일종의 특허를 얻은 사업자들로서, 공공주체인 한전과 대등한 지위에서 협력하고 있다. 따라서 기본모델 중 참가모델이나 전권위임모델에 해당할 것이다.

3) 규제기관 사이의 관계

지식경제부장관, 전기위원회, 전력거래소는 규제권한을 나누어 가지고 있으므로 이들 기관 사이에서도 내부적인 책임의 분배가 문제될 수 있다. 다만, 전력거래소는 전력시장에 참여하는 전기사업자와 전기사용자 등을 회원으로 하는 일종의 사단법인으로서 사인의 성격도 가지고 있다(제38조, 제39조). 따라서 전력거래소는 규제권한을 행사하는 측면에서는 공무수탁사인이고, 전력시장을 운영하는 측면에서는 공공임무를 사인이 독립적으로 운영하는 전권위임모델에 해당하는 것으로 보인다.

4) 전기시설설치 및 안전관리

전기설비의 설치는 원칙적으로 전기공사업법상 공사업자만이 도급을 받아 시공할 수 있도록 규정되어 있다(전기공사업법 제3조). 특히 망에 대한 임무는 국가임무에 속하므로 한전으로부터 도급을 받아 전기설비를 설치하는 자는 일종의 행정보조자에 해당하는 것으로 볼 수 있다. 전기사업법은 전기의 공사·유지 및 운용에 관한 안전관리업무를 위탁받을 수 있는 전기안전관리자(제73조 내지 제73조의 8) 및 한국전기안전공사(제74조 내지 제81조) 등에 관한 규정을 두고 있다. 전기설비의 유지·관리는 송전사업자 등의 책임이고(제27조), 전기사업자, 자가용전기설비의 소유자 또는 판매자, 한국전기안전공사, 판매사업자에게 정기검사 내지 점검의 의무가 부여되어 있다(제65조, 제67조). 따라서 전기안전관리자 등에 관한 규정은 자가용전기설비의 소유자 입장에서는 일종의 공의무부담이고, 규제된 자율규제를 통하여 규제를 완화한다는 측면에서 기본모델 중 유인모델의 관점에서 파악될 수 있을 것이다.

5) 전기사업자와 전기사용자의 관계

전기사업법은 전기의 최종소비자인 전기사용자를 보호하기 위하여 전기사용자의 이익보호를 위한 방안마련(제4조), 보편적 공급(제6조), 전기공급의 의무(제14조), 전기요금 및 공급조건에 관한 약관규제(제16조), 요금 명세의 항목별 구분(제17조), 전기품질의 유지(제18조) 등에 관하여 규정하고 있다. 이러한 전기사용자를 보호하는 규제제도는 경쟁이 도입되고 행정이 보장책임을 부담하는 단계에서 더욱 필요성이 커진다. 현재의 전력산업체계에서는 私法형식으로 이루어지는 행정작용에 대한 기본권의 적용문제와 관련된다(소위 기본권의 제3자효의 문제). 주로 문제되는 사안은 전기요금 및 공급조건에 관한 약관의 문제[10]와 단전조치 등의 문제이다.

한편, 앞에서 살펴본 바와 같이 전기공급과정에 있어서 아파트단지에 거주하는 사용자의 경우에는 아파트단지의 경계까지만 전기사업자인 한전의 책임으로 전기가 공급되고, 단지 내부에서는 아파트 입주자들이 자신의 시설을 통하여 스스로 전기를 배전하고 있다. 그에 따라 전기요금의 징수도 한전은 아파트 전체의 사용량에 따른 요금을 부과하여 이를 징수하고, 실제 각 세대별 전기요금은 관리사무소를 통하여 정산되고 있다.[11] 이를 책임분배의 관점에서 분석해보면, 사적주체인 관리사무소는 공공주체인 한전과 참가모델 혹은 위임모델의 형태로 책임을 분배하고 있다고 분석하는 것이 가능하다. 또한 아파트단지에 대한 전력공급은 대규모로 고전압이 공급됨으로써 사용자에게 유리한 측면도 있으므로 유인모델에 해당하는 측면도 있다.

4. 소 결

이상에서 살펴본 바와 같이 전력공급임무는 다양한 스펙트럼에

---

10) 대법원 1983. 12. 27. 선고 83다카893 판결 등 참조.
11) 한전 기본공급약관(2017. 1. 1.) 제67조(요금의 계산)② 전기를 고압이상의 전압으로 공급하는 아파트 고객(전원주택단지 포함), 독신자 합숙소(기숙사 포함) 및 집단주거용 사회복지시설은 공동설비 사용량을 포함한 전체 사용전력량을 아파트 고객인 경우에는 호수(戶數), 기타 고객인 경우에는 실수(室數)로 나누어서 평균사용량을 산출하고 이에 대한 기본요금 및 전력량요금에 호수나 실수를 곱한 것을 전체 기본요금 및 전력량요금으로 합니다. 다만, 고압공급아파트 고객이 희망하는 경우에는 한전에서 별도로 정하는 종합계량방식에 의한 아파트종합계약 방법에 따라 호별 사용분은 주택용전력 저압전력요금을 적용하고, 공동설비 사용분은 일반용전력(갑) 고압전력요금을 적용할 수 있습니다.

걸친 임무와 책임을 가진 복합적인 활동영역이다. 망과 역무를 분리하여 살펴보는 분석구조에서는 망에 대한 임무에 있어서 국가의 책임 및 규율강도가 가장 높고, 역무제공에 있어서는 상대적으로 사인과의 책임분배와 경쟁에 더 적합하다고 할 것이다. 망에 대한 임무에서도 송전망의 운영이 가장 책임의 강도고 높고, 그 다음에 송전망의 유지·관리, 송전망의 설치, 배전망의 유지·관리, 배전망의 설치의 순서로 책임강도가 줄어들 것이다. 따라서 망에 대한 임무, 그중에서 적어도 송전망에 대한 임무는 상대적으로 私化에 제약이 있는 필수적 국가임무에 속한다고 볼 것이다.

그런데 망에 대한 임무를 반드시 국가가 스스로 수행해야 하는 것인지에 대하여는 이론이 있을 수 있다. 즉 망의 운영을 사인에게 맡기더라도, 국가가 적절한 규제를 통하여 망의 운영에 필요한 안정성과 공정성을 담보할 수 있을 것이라는 견해가 그것이다. 실제로 독일의 국가임무에 관한 논의에서도 망기간시설(Netzinfrastruktur)과 관련하여 원칙적으로 국가의 재화생산이 사인에 의한 제공보다 우선하는 것은 확인될 수 없다고 주장되고 있다.[12] 그러나 이러한 주장은 적어도 우리나라의 법체계하에서는 다음과 같은 이유에서 타당하지 않다고 판단된다.

우선 망에 대한 임무는 국가의 안전과도 관련된 위험방지적 성격이 있는 분야이므로 고권원리에 의한 국가의 개입이 필수적인 분야라는 점을 수긍할 수 있다는 점이다. 송전망에 대한 운영의 실패는 대규모의 정전사태로 이어져서 현대 문명사회에서의 필수적인 경제생활을 거의 불가능하게 만든다. 안정된 에너지공급이라는 헌법상

---

12) Gramm, a.a.O., S.335 참조; 한편, 이러한 그람의 견해는 독일의 전력산업에서 국가가 송전망을 직접 이행하고 있지는 않다는 점에서 원인을 찾을 수 있다고 판단된다. 독일의 송전망 운영에 대해서는 유제민, 앞의 글, 181면 참조.

의 기본권은 실은 망에 대한 안전한 관리에 달려 있다고 해도 과언이 아니다. 망의 관리 및 운영은 사인에 맡겨지는 것보다 국가가 스스로 이행하는 것이 더 우월한 결과를 보장할 수 있다고 보며, 이는 망의 특성상 국가만이 효율적으로 그리고 모두를 위해 동일한 방식으로 임무를 이행할 수 있기 때문이다. 이러한 국가의 임무수행의 우위는 그람의 국가에 의한 공공재의 생산에 상응하는 것이다.[13]

　망(특히 송전망)은 그 선로가 서로 밀접하게 결합되어 있는 네트워크적인 특징이 있으므로, 어느 한 지역에 망을 건설했을 때의 편익은 그 지역주민뿐만 아니라 전 국민에게 미치게 된다. 따라서 새롭게 개발되는 지역에 망을 건설하는 경우 그 지역의 주민들에게만 건설비를 부담시킨다면 실질적 평등의 관점에서 문제가 생기게 된다. 더욱이 현행 법체계는 전력사업자에게 법률적으로 망설치 및 비용부담의무를 지우면서 이에 대한 비용회수는 불가능한 구조를 가지고 있다. 그 예로 주택법 제28조에 따르면 주택건설사업을 시행하는 경우 해당지역에 전기를 공급하는 자가 간선시설로서 전기공급시설을 설치하고, 그 비용을 부담토록 하고 있다. 이는 일반적인 한전의 망설치방식과는 다른 것으로서 한전의 추가적인 부담이 되고 있다.[14] 그런데 한전의 요금은 정부의 규제를 통하여 전국 단일요금체계로 결정되므로, 추가적인 비용손실을 요금에 전부 반영하여 회수할 수 없게 되어 있다. 즉, 현행법상 망의 설치비용은 수익자부담 원칙에 따라 직접적인 수익자에게 비용을 전부 부담시키는 것이 아니라 국민 전체의 부담으로 삼고 있는 것이다. 이는 결국 한전이 국

---

13) Gramm, a.a.O., S.336 참조.
14) 한전 기본공급약관(2017. 1. 1.) 제83조 (공사비 부담의 일반원칙) 고객이 새로 전기를 사용하거나 계약전력(정액제요금 고객은 사용설비를 말합니다)을 증가시키는 경우 또는 고객의 희망에 따라 공급설비를 변경하는 경우에 배전선로 공사비는 고객이 부담하는 것을 원칙으로 합니다.

가임무를 수행하는 독점적 공기업이라는 점을 고려할 때에만 납득될 수 있는 정책이라 할 것이다.[15] 가령, 대법원은 "전기간선시설의 지중설치는 도시환경 및 도시미관의 개선효과 등의 장점에도 불구하고 그 혜택의 범위는 주로 그 주택단지 안에서 생활하는 주민들로 한정되는 반면, 그 설치비용은 가공설치비용에 비하여 많게는 10배 가까이 더 소요되는데, 전기요금의 과금체계상 지중화 지역과 비지중화 지역의 전기공급가격을 차등화 하는 것은 불가능에 가까운 것이 현실"이라고 판시한 부분은 위와 같은 한전에 대한 이해와 맥을 같이하는 것으로 판단된다.[16]

한편, 사기업은 영리를 목적으로 하는 상법상 회사의 본질로 인하여 비용부담에 있어서의 지역간 균형과 같은 공공목적을 추구하는 데에는 일정한 한계가 있을 수밖에 없다.[17] 만일 사기업이 망운영을 담당하게 될 경우 망설치 및 운영에 투입되는 비용을 추가하는 금액을 요금으로 회수하려고 할 뿐만 아니라 요금산정에 있어서도 평등이나 저소득층에 대한 배려보다는 규제의 한도 안에서 최대한 영리를 추구하는 선에서 이루어질 것이다. 이러한 관점에서 볼 때 영리추구가 아닌 수지균형을 맞추도록 요구받는 공기업이 망운영을 맡는 것이 정책목표를 달성하는데 더욱 적합하다는 점을 알 수 있다.

---

15) 망설치비용과 관련된 판례로는 헌법재판소 2005. 2. 24. 선고 2001헌바71 결정; 대법원 2008. 9. 11. 선고 2006다1732, 2006다1749 판결 등 참조.
16) 대법원 2008. 8. 11. 선고 2005다56131 판결. 공기업을 통한 국가임무의 관점에서 한전의 전기간선시설 설치비용의 문제를 다룬 것으로는 박재윤, "전기간선시설 설치비용 문제에 나타난 공기업과 조세국가의 원리-대법원 2008. 09. 11 선고 2006다1732, 2006다1749 판결-", 『행정법연구』 제28호, 2010. 12, 197면 이하 참조.
17) 이원우 교수는 상법상의 회사가 공익목적을 추구하는데 있어서 상법 제169조에 따른 한계가 있다는 점을 지적한다. 이원우, "공기업 민영화와 공공성 확보를 위한 제도개혁의 과제", 『공법연구』 제31집 제1호, 2002. 11., 46면 이하 참조.

다른 한편으로 우리나라와 같이 발전에 필요한 연료를 대부분 수입에 의존함으로써 전력공급상의 불안요인이 매우 크고 남북간의 군사적 대치로 인하여 상시적인 위기에 처할 수 있는 상황도 안정적인 투자를 가능하게 하는 공기업에게 망운영을 맡기는 것을 지지하는 근거가 된다. 또한 포괄적인 사회적 기본권(제34조 제1항), 경제에 관한 국가의 규제 및 조정권한(제119조 제2항), 자원의 균형있는 개발과 이용을 위한 계획수립의무(제120조 제2항) 등 사회에 대하여 광범위한 국가의 개입을 가능하게 하고, 이를 국가임무로 규정하고 있는 우리나라 헌법구조를 감안해 볼 때에도 적어도 망에 대한 임무는 국가의 광범위한 개입을 가능하게 하는 필수적 국가임무라고 보는 것이 타당한 해석이라고 할 것이다. 실제 광복이후 중화학공업을 비롯한 국가기반산업 전반에 대하여 국가주도로 경제성장이 이루어지는 과정에서 수많은 공기업이 자신의 임무를 수행해온 점은 이러한 해석을 뒷받침한다. 다만 이러한 결론이 망에 대한 관리 등에 있어서 부분적 私化가 불가능하다고 보는 것은 아니며(가령, 망의 유지·보수나 안전점검 등에 사인을 보조자로 사용하는 것), 반대로 에너지공급역무에 있어서는 반드시 私化가 이루어져야 한다고 주장하는 것도 아니다. 이러한 사항은 입법자의 형성의 자유에 맡겨져야 한다고 생각한다.

제4절 법정책적 제안

1. 망설치 및 관리와 전기공급의 분리

위에서 살펴본 바와 같이 망에 대한 임무와 공급역무는 분리될 수 있으며 망에 대한 임무는 필수적 국가임무에 해당한다고 볼 수 있다. 따라서 전력산업에 대한 정책목표도 이러한 특징에 맞는 규율구조를 갖추는 것에 우선순위를 두어야 할 것이다. 먼저 망에 대한 임무는 필수적 국가임무로서 국가 행정조직 내지 그 영향을 받는 공기업에 맡겨 두고 국가가 이행책임을 부담해야 할 필요가 있다. 따라서 현행 법률상으로도 이러한 점을 명시해둘 필요가 있다. 구체적인 입법방식은 현재 논의되고 있는 것처럼 새롭게 송전사업자를 분리하는 방식으로 규정될 필요는 없다고 본다.[1] 현재 송전망은 공기업인 한전에 의하여 운영되고 있으며 향후에도 한전의 소유권이 완전히 私化되지 않는 한 공기업형태의 한전에 남겨두는 것이 효율적이지 새로운 송전망 운영기업을 설립할 필요는 적다고 보이기 때문이다. 오히려 전기사업법상 송전사업자가 별도로 허가를 받을 수 있도록 규정되어 있는 것을 개정하여(제2조 6호, 제7조 제1항), 허가대상에서 송전사업자를 제외하는 것이 필수적 국가임무로서의 망에 대한 임무의 성격을 명확히 하는 것이라고 하겠다.

그러나 이러한 제안이 한전의 분리를 통한 전력산업 구조개편의 재추진과 경쟁도입 자체에 대하여 찬성하거나, 반대로 기존의 구조개편된 결과를 취소하고 한전의 자회사를 다시 통합하자는 반대입

---

[1] 송전망 분리의무의 규정방식에 대하여는 유제민, "전력산업 경쟁력 제고를 위한 구조개편 방안-송전망의 분리와 규제제도 개선을 중심으로-", 『경제규제와 법』 제2권 제1호, 2009. 5., 187면 참조.

장을 전제로 하는 것은 아니다. 현재의 단계에서 전력산업 구조개편이 부작용없이 본래의 목표를 효과적으로 달성할 수 있는지 여부는 경제학적인 분석을 필요로 하는 입법자의 결단에 달려있는 문제이기 때문이다. 국가임무론의 입장에서는 단지 송전망에 대한 임무보다는 역무를 제공하는 다른 부분(발전·배전·판매)이 私化가 가능하고 협력적인 임무수행이 광범위하게 허용될 수 있는 부분이라는 분석이 가능할 따름이다.

한 가지 유의할 점은 배전 및 판매부분의 私化를 통하여 소매시장에서도 경쟁이 도입될 경우 현재와 같이 전국에 단일한 전력요금체계를 기대할 수는 없으며, 다른 요금체계 및 요금규제를 도입해야 할 것이라는 점이다. 그 이유는 위에서 살펴본 바와 같이 현행 법체계상 망건설에 투입되는 비용은 한전이라는 공기업체계에서만 부담시킬 수 있는 성질의 것이므로, 만일 독점적 공기업체계가 아닐 경우 망건설에 투입되는 비용은 그대로 전기요금에 반영되는 것이 경쟁체제 도입의 취지에 맞게 될 것이기 때문이다.[2] 마찬가지로 주택용전기에 있어서도 대량의 수요처인 아파트 단지와 같은 경우 전력시장에서 직접 도입하는 방식으로 가격을 인하할 수 있는 요인이 작용되어야 할 것이다. 전기소비를 억제하기 위한 현재의 전기요금 누진제는 공급과 수요에 의하여 결정되는 경제학의 원리에는 맞지 않으므로[3] 우리가 지금까지 당연하게 전제로 하고 있던 '누구에게나

---

2) 한전은 2008년말 기준 약 3조의 당기순손실을 보고 있으며, 2009년 현재 장기차입금 약 18조, 단기차입금 약 4조에 이른다. 2013년말부터 당기순이익을 보기 시작하여 2016년 결산 기준 7조 이상의 당기순이익을 보았다. 다만, 차입금도 2016년말 기준 장기차입금은 약 45조, 단기차입금은 약 9조로 증가하였다. 공공기관 경영정보 공개시스템 〈http://www.alio.go.kr〉 (2017. 9. 24. 최종방문) 참조.

3) 시장원리적으로는 구매력이 높은 대량구매자에게 더 낮은 가격이 적용되는 것이 타당할 것이다. 2016. 12. 한전 전기공급약관의 변경이 최종인가된 주

평등한 전기요금'이라는 현상은 불가피하게 변화되어야 할 것이다. 헌법상 기본권으로 인정되는 '적절한 가격에 에너지를 안정되게 공급받을 수 있는 권리'는 구체적으로는 망에 대한 접근에서의 평등을 요구한다. 그러나 이것이 최종적인 가격결정에서의 경쟁과 차이를 부정하는 것은 아니라고 본다. 마찬가지로 전기사업법 제6조의 보편적 공급이 있더라도 경쟁으로 인하여 실제 가격이 차이가 나는 것은 인정될 수밖에 없다. 이것이 경쟁체제 도입의 약점이자 강점인 것이다. 물론 경쟁체제 도입 이후에도 전기요금에 대한 규제는 가능할 것이다. 그러나 요금규제에 있어서 사업자간의 차이를 무시하는 획일적 요금을 도입하는 것은 경쟁도입의 본질에 반하므로 허용되기 어렵다.

2. 규제권한 및 책임분배

만일 향후 전력산업에 경쟁도입이 추가로 진행되더라도 안전한 전력의 공급과 소비자의 보호와 같은 정책목표를 수행하기 위하여 국가의 감독 및 규제가 철저하게 이행되어야 할 것이다. 또한 전력 공급임무의 실패는 복구에 막대한 비용과 시간을 요하는 심각한 결과를 야기하므로, 私化 및 경쟁도입에 앞서서 책임의 분배 차원에서 적절한 감독과 명확한 책임의 귀속이 이루어질 수 있도록 하는 구조를 갖추는 것이 무엇보다 중요할 것이다. 현행 전기사업법은 규제권한을 지식경제부, 전력거래소, 전기위원회에 분배하여 규정함으로써 보장책임의 형태로 책임을 분배하고 있으며, 국가는 공기업인 한전 및 그 자회사를 통하여 망 및 역무제공에 대한 간접적인 이행책임을 부담하고 있다. 그런데 이 현행법의 체계는, 규제권한이 중복되고

택용 전기요금 누진제 완화에 대하여는 산업통상자원부, "보도참고자료: 누진제 개편으로 주택용 동·하계 전기요금 부담 15% 경감", 2016. 12. 13. 참조.

여러 기관에 산재되어 있음으로써 책임의 귀속이나 책임의 정도가 분명하지 못하다는 문제를 안고 있는 것으로 보인다. 또한 망과 역무를 분리하여 행정책임의 강도가 달라져야 한다는 관점에서 현행법상의 각종 규제권한과 한전의 책임도 적절히 분배되어야 할 것이다.

1) 망의 설치

송전망의 설치는 필수적 국가임무로서 안정된 전력공급을 위하여 장기적인 관점에서 국가의 지속적인 투자가 필요한 임무라고 할 것이다. 이러한 점은 2003.경 발생한 미국동부지역의 대규모 정전사태를 통하여서도 더욱 분명하게 인식되고 있다. 당시 정전사태에 대한 원인으로 전력망의 안정성 유지에 대한 책임소재의 불분명, 송전부문의 과소투자, 私化 및 발전·송전·배전부문 분리의 문제 등이 지적되고 있다. 특히 미국 정부가 송전부문의 수익률을 11% 수준에서 계속 규제하는 바람에 송전설비의 노후화 및 용량부족현상을 초래하였고, 미국 전력산업의 私化로 발전, 송전 및 배전부문이 분리되면서 전력공급시스템 안정성 유지에 대한 책임이 불분명하게 되고 무임승차하려는 경향이 증대되었다는 점이 지적되고 있다.[4] 이는 私化가 곧 행정책임의 방기를 의미하는 것이 아니라 새로운 차원에서의 규제가 필요하다는 점을 보여주는 예라고 하겠다. 그런데 현행법상 송전망의 설치 및 유지·관리는 송전사업자의 의무로 규정되어 있다 (제9조, 제27조). 그러나 위에서 살펴본 바와 같이 송전사업은 공기업인 한전을 통하여 국가의 간접적인 이행책임의 형태로 규율되는 것이 적당하다고 생각되므로, 국가의 송전망에 대한 확충의무를 선언적으로 규정하는 것이 바람직하다고 본다. 이를 통하여 송전망 설치

---

[4] 윤인하, "최근 미국 동부지역의 정전사태와 미국 전력산업의 문제점", 『월간아태지역동향』 제140권, 2003, 24면 참조.

의 자금조달에 대한 국가의 궁극적 책임이 명확히 규정되는 효과가
있을 것이다.

이에 비해 배전망의 설치는 상대적으로 국가의 책임강도가 약하
므로, 전력산업의 구조개편에 따라 복수의 배전사업자에게 책임이
분배될 수도 있다고 판단된다. 현행법은 배전망의 설치비용에 대해
서는 원칙적으로 수익자가 부담하지만(한전 기본공급약관 제83조),
주택법 등에 의하여 설치의무자인 전기사업자가 부담하는 경우도
있음은 이미 살펴본 바와 같다(주택법 제28조, 도시개발법 제55조
등). 배전사업자에게 책임을 분배하여 협력적 임무수행이 가능하게
하기 위해서는 비용부담의 측면에서도 사업자가 자율적으로 규율할
수 있는 가능성이 열려있어야 할 것이다. 따라서 법률에 의하여 강
제적으로 배전망의 설치비용을 정하는 주택법 등의 조항은 적절하
지 않은 것으로 보인다. 다만, 주택단지의 건설을 원활하게 하기 위
하여 위 조항의 필요성이 인정된다면, 적어도 요금규제에 있어서는
배전사업자의 자율적인 조정을 가능하게 하여 설치비용이 (적절한
범위에서) 요금에 반영될 수 있는 방안이 마련되어야 할 것이다.[5]

2) 망의 운영

전기사업법은 전력거래소가 전력계통운영업무를 담당하도록 규
정하고 있다(제36조 제1항 7호, 제45조). 전력계통운영은 발전기 기
동·정지, 발전정비·휴전계획조정 등과 같은 수급균형 유지업무, 안

---

5) 필자는 박사논문에서와는 달리 이제 배전사업자의 설치비용이 전적으로
요금을 통하여 사용자에게 전가될 필요성은 없으며 공기업과 조세국가의
원리에 기반하여 적절한 범위에서 분배될 수 있다고 본다. 박재윤, "전기간
선시설 설치비용 문제에 나타난 공기업과 조세국가의 원리 — 대법원 2008.
09. 11 선고 2006다1732, 2006다1749 판결—", 『행정법연구』 제28호, 2010. 12,
205- 206면 참조.

정도 유지, 과부하 해소, 계통보호 등과 같은 송전망 안전성업무, 고
장시 조치나 부하차단 등과 같은 비상시 대처업무를 포함하는 전력
공급의 안정성에 있어서 매우 핵심적인 업무에 해당한다.[6] 결국 현
행법상 망에 대한 강도 높은 보장책임과 함께 비상시에 대비한 보충
책임을 일차적으로 담당하는 것은 전력거래소의 임무인 것이다.[7]

이러한 업무의 중요성에도 불구하고 전력거래소는 전력시장에
참여하는 자들을 회원으로 하는 사단법인의 형태로 구성되어 있다
(제38조, 제39조). 이는 국가의 규율의 정도가 매우 높은 필수적 국가
임무로서의 망에 대한 책임체계로서는 적절한 형태라고 보기 어렵
다. 따라서 전력거래소에서 시장운영업무와 전력계통운영업무를 분
리하여 전력계통운영업무는 한전이 담당하게 하되, 규제관청인 전기
위원회에서 직접 규율하는 형태로 규정하는 것이 바람직하다고 생
각된다. 여기에 국가안보의 측면에서 전력망에 대한 보호의무(가령,
테러에 대한 대비)[8] 등을 규정하는 것도 방안이 될 수 있다고 본다.

3) 요금 및 약관규제

전기사업법은 송·배전용 전기설비의 이용요금은 인가를 받고,(제
15조) 판매사업자의 전기요금은 별도로 약관을 작성하여 인가를 받
도록 규정하고 있다(제16조). 그리고 이렇게 정해진 각 전기설비의
이용요금은 원칙적으로 전기요금청구서에서 항목별로 구분하여 명
시되어야 한다(제17조). 그러나 이 규정은 다수 사업자간의 경쟁체제

---

6) 전력거래소, "전력계통운영에 대한 설명", 〈http://www.kpx.or.kr/〉(2010. 1.
   31. 최종방문) 참조.
7) 실제로 이러한 업무를 담당하기 위하여 전력거래소 산하에 중앙급전소가 설
   치되어 있다. "중앙급전소는?", 전력경제신문, 2006. 8. 14. 〈http://www.epetimes.
   com/news/articleView.html?idxno=627〉(2010. 1. 31. 최종방문) 참조.
8) 윤인하, 앞의 글, 25면 참조.

를 염두에 둔 것으로 현재의 상황에서 별다른 의의를 찾기 어렵다. 현재 한전의 구조개편이 중단되어 있어서 전기사용자는 사실상 단일한 판매사업자로부터 전국단일요금제를 적용받고 있다. 즉, 현 체제에서는 사실상 송전망과 배전망의 요금내역은 전기요금을 구성하는데 별다른 변수가 되지 못하는 실정이다. 만일 향후 배전 및 판매부문에서 경쟁체제가 도입된다면, 요금규제제도를 운영함에 있어서도 이러한 취지에 따라 각 배전사업자와 판매사업자별로 별도의 요금체계를 마련하여 경쟁할 수 있도록 유도하여야 할 것이다. 이것이 현행법의 체계에도 부합하는 제도운영이라고 할 것이다.

3. 보편적 공급제도

전기사업법상 '보편적 공급'은 전기사용자가 언제 어디서나 적정한 요금으로 전기를 사용할 수 있도록 전기를 공급하는 것을 의미하고(제2조 제15호), 이는 헌법상의 '에너지공급을 받을 권리'가 구체화된 것이라고 할 것이다. 그런데 전기사업법은 "1. 전기기술의 발전정도, 2. 전기의 보급정도, 3. 공공의 이익과 안전, 4. 사회복지의 증진" 등을 고려하여 지식경제부장관이 전기의 보편적 공급의 구체적 내용을 정하도록 하고 있으나 현재 이에 대한 구체적 규율은 이루어지고 있지 않다(제6조). 따라서 보편적 서비스의 구체적 내용과 이를 이행하는 절차에 대하여 규정하는 작업이 필요하다고 할 것이다. 다만, 현재는 한전이 사실상 독점적 공기업으로서 운영되고 있으므로, 실질적인 문제가능성은 상정하기 어려운 것도 사실이다.

보편적 공급의 구체적인 내용을 규정하기 위해서는 유사한 망산업으로서 보다 발전된 규제체계를 갖고 있는 통신산업의 경우를 참고하는 것이 필요하다고 본다. 전기통신사업법(2017. 7. 26. 법률 제14839호로 개정된 것) 제4조 제3항의 위임에 의하여 규정된 동법 시행령(2017. 9. 5. 대통령령 제28283호로 개정된 것) 제2조는 "1. 유선전화 서비스, 2. 긴급통신용 전화 서비스, 3. 장애인·저소득층 등에 대한 요금감면 서비스"를 '보편적 역무'의 내용으로 정하고 있다. 이러한 내용을 참고로 하면, 전력공급에 있어서의 보편적 공급에는 산간·도서 지역과 같은 낙후지역에 대한 전력망 설치 및 유지,[9] 전력망에 대한 긴급복구작업, 장애인·저소득층 등에 대한 요금감면 등이 포함되어야 할 것이다. 전력산업 구조개편으로 배전과 판매 부문에 경쟁체계가 도입되고 송전망이 분리되는 경우라면, 낙후지역에 대한 전력망 설치 및 유지, 전력망에 대한 긴급복구작업은 송전망을 관리하는 한전이, 장애인·저소득층 등에 대한 요금감면은 판매회사가 담당하는 형태로 책임의 분배를 하는 제도를 상정해 볼 수 있을 것이다. 또한 그에 맞추어 보편적 공급제도에 대한 비용부담의 방식도 정해져야 할 것이다.

4. 소 결

지금까지 전력산업에 국가임무론을 적용한 분석작업을 기초로 하여 법정책적인 제안을 시도하였다. 여기서 국가임무론이 지향하는 바는 행정활동 각 분야에서 법제도와 도그마틱이 임무에 맞게 정비되어 행정이 처한 문제를 효과적으로 해결해야 한다는 점이다. 이러한 관점에서 국가임무론이 지향하는 주된 학문적 성격은 입법학 내지 법정책학이 될 수밖에 없다.

현행법상 전력산업에 나타나는 여러 가지 문제점은 다수의 사업자간에 경쟁을 예상하고 규정된 전기사업법의 규율체계와 공기업인 한전에 의하여 사실상 독점되고 있는 전력산업의 현실이 괴리되어

---

[9] 보편적 서비스로서의 전력망설치는 현재의 여건상 가공설치에 한정될 것이다. 대법원 2008. 8. 11. 선고 2005다56131 판결 참조.

있기 때문에 대부분 발생한 것이다. 현재와 같이 구조개편이 중단되어 경쟁이 도입되지 않은 상태에서는 전력시장에서의 시장참가자들의 효율적 경쟁, 규제기관의 확실한 보장책임수행, 사업자와의 적절한 책임분배 등의 조종수단을 통하여 '안정적인 전력공급'이라는 정책목적을 달성하는 것은 매우 어렵다고 판단된다. 또한 私化를 한 이후에도 행정이 부담해야 하는 私化 후속책임이나 관찰책임의 관점에서도 문제가 있다.[10] 따라서 현 시점에서 전력산업이 처한 법률과 현실의 괴리현상을 해소하는 것이 자연스럽고도 가장 시급한 입법론적인 과제라고 본다. 입법의 과정에서 유의해야할 점은 먼저 전력산업에 대한 국가임무의 유형이 무엇인지를 정확히 파악해서, 그러한 임무의 유형에 맞는 임무수행방법을 시도해야 한다는 것이다. 이러한 차원에서 본서가 시도한 바와 같이 망과 역무를 분리하여 별도의 임무로 파악하는 것은 의미 있는 작업이 될 것이다.

---

10) 제3장 제4절 2항 참조.

제5장 요약 및 결어

지금까지 독일의 국가임무론과 관련하여 법철학에서 시작된 국가목적에 관한 역사적 논의에서부터 국가임무를 도출하고 구체화하는 근거와 기준에 관한 국법학적인 논의 그리고 행정임무의 구조와 수행방식에 대한 행정법학의 논의까지 다양한 방식으로 검토해 보았다. 또한 이러한 독일의 논의가 우리의 현실과 법제를 분석하는 데에도 유용하다는 점을 전력산업에서의 私化라는 연구사례를 중심으로 검증해 보았다.

이제 지금까지 살펴본 논의들을 종합하면서 독일의 국가임무론이 가지고 있는 핵심적 의미를 되짚어보고, 이를 바탕으로 한국적 현실에서 국가임무론이 발전할 수 있을지에 관한 가능성과 과제를 도출하는 것으로 본서를 마무리하고자 한다.

제1절 요약: 독일 국가임무론이 갖는 의미

1. 필수적 국가임무를 통한 국가의 정당화

독일 국가임무론이 인접 학문분과 내지 영미식의 법학적 논의와 구별되는 특징은 어디에서 찾을 수 있는가. 세계화와 신자유주의를 배경으로 영미의 법문화와 이론이 우리의 학계와 실무에 심대한 영향을 미치는 이 시점에서 우리가 굳이 독일의 이론에 주목해야 하는 이유는 무엇인가. 이러한 질문에 대한 해답은 먼저 법철학과 국가학에서 비롯된 독일의 국가임무론이 가지는 독특한 특성에서 찾을 수 있다.

독일 국가임무론은 국가의 성립과 활동을 정당화하기 위한 국가목적에 관한 법철학적 논의에서 개념적 기원을 찾을 수 있다. 따라서 국가임무에 관한 현대적 연구도 단순히 '정부가 어떠한 활동을 하는가'에 관한 실증적 분석이 아니라 '국가가 어떠한 활동을 할 수 있으며, 해야만 하는가'라는 규범적 관점에서 접근하게 된다. 국가목적에 관한 법철학적 논의는 국가가 전권한성을 갖는다는 실증주의적 사상에 직면하여 한계에 부딪치게 된다. 즉, 국가는 사실상 모든 활동을 할 수 있으며, 국가활동을 특정한 국가목적에 고정하여 제약할 수는 없다는 것이다. 이러한 한계는 현대에 와서 국가활동은 최상의 국가목적인 공공복리에 기여해야 하고, 기본권에 의하여 제한될 수 있다는 논의로 극복되어진다.

현대의 국가임무론은 국가목적론이 갖고 있는 이데올로기적 혐의를 벗고 국가활동의 범위에 관하여 객관적 논의를 전개하려고 시도한다. 20세기 들어와 생존배려를 지도이념으로 하는 사회국가적 경향 속에서 국가의 임무는 광범위하게 확대되어 왔다. 그러나 20세

기 후반 전세계적으로 불어 닥친 탈규제화와 私化의 영향으로 국가
가 국민생활에 필요한 모든 급부를 제공해야한다는 관념은 더 이상
설 자리를 잃게 되었다. 기존에 국가에 의해서 보장되던 모든 공적
급부들이 이제 사인간의 경쟁에 의해서 좀 더 효율적으로 보장될 수
있다고 여겨졌고, 사실상 국가의 모든 영역이 私化의 잠재적 범위
안에 포함되게 되었다. 그러나 효율성이라는 경제적 기준에도 불구
하고 일정한 영역이 국가에 유보될 수밖에 없다고 파악된다면 이는
독일의 국가임무론이 갖는 역사적 기원에서 비롯되었다고 할 것이
다. 보통 국가가 자신의 역할을 포기할 수 없는 핵심영역은 국가의
강제력 행사가 필요한 부분이라고 보는데, 이는 곧 국가의 성립과
정당화의 근거가 되는 강제력 독점이 도출되는 영역이기 때문이다.
이처럼 독일 국가임무론의 특징은 법철학과 국가학의 논의를 역사
적 배경으로 하여 私化의 문제를 국가활동의 정당화 및 한계와 관련
된 규범적 근거에 기초하여 해결하려고 시도한다는 점에 있다고 할
것이다.

2. 공공복리의 실현으로서 협력적 임무수행

현대의 국가임무론은 최상의 국가목적인 공공복리를 구체화하는
과정에서 국가임무의 내용이 도출된다고 본다. 공공복리의 내용은
우선 기본법상의 조항 및 원칙을 해석하는 과정에서 유추될 수 있
다. 그러나 기본법의 추상성으로 인하여 실질적인 국가임무는 법률
의 형태로 구체화될 수밖에 없다. 즉, 공공복리의 실현은 우선적으
로 입법자의 과제인 것이다. 공공복리의 실현과정을 설명하는데 있
어서 독일의 논의는 국가와 사회와의 관계에 주목한다. 전통적으로
독일 공법학은 국가와 사회가 엄격히 구별되는 것으로 보아 각각의
영역에서 별개의 질서만이 통용되며, 국가와 사회는 간접민주주의를

통한 선거와 대의제를 통하여서만 두 질서가 서로 소통하는 것으로 보았다. 이러한 관점에서 행정은 법률을 집행하는 도구에 불과하며, 공공복리는 공직자의 행동의무로서의 공직원리에 의해서만 실현될 수 있을 뿐이었다.

그러나 현대에 들어서면서 참여와 협력을 화두로 하여 행정에 시민이 참여함은 물론 행정의 임무수행이 사인과 협력하는 방식으로 이루어지게 됨으로써 국가와 사회의 구별이라는 관념은 커다란 변화를 맞게 된다. 이제 공공복리는 국가만이 아니라 국가와 사회의 분업과정에 의하여도 실현되게 되었다. 이러한 국가와 사회의 분업과정을 구성하는 것이 바로 고권원리와 경쟁원리의 관계이다. 독일 논의는 고권은 사회질서를 구성하는 원리를 결정하는 조건이 된다는 점에서 고권이 경쟁에 우선한다고 본다. 반면 영미를 중심으로 하는 경제학적 논의에서는 정부의 규제와 시장의 자유라는 관점에서 논의를 전개한다. 한편 경제학적 관점에서 보면, 시장이 사회에서 재화를 배분하여 최대의 행복을 도출하는 가장 효율적인 기구이기 때문에 정부의 규제는 시장의 실패가 있는 경우에만 정당화된다.

공공복리는 국가 영역과 사적 영역간의 협력적 임무수행을 위한 광범위한 스펙트럼 사이에서 다양한 형태로 구체화된다. 그런데 독일의 논의는 고권의 역할에 주목하기 때문에 私化나 협력적 임무수행과 같은 현상을 하악할 때에도 행정의 고유한 책임에 주목한다. 즉, 협력의 방식으로 공공복리를 추구하는 가운데 행정이 견지해야 할 책임의 형태가 무엇인지가 논의의 중심이 되는 것이다.

3. 행정임무를 통한 도그마틱의 재구성

독일의 국가임무에 관한 논의는 행정임무의 구조와 수행에 관한 고찰을 통하여 전통적 도그마틱을 조종이론적인 관점에서 재구성하려는 데에서 또 다른 특징을 보인다. 소위 조종(Steuerung)이라는 개념은 전통적 도그마틱의 관점에서 법개념이라고 볼 수는 없지만, 다른 학문분과와의 결합을 가능하게 하는 핵심개념으로서 '어떠한 요소들을 가지고 행정임무의 결정과 수행의 각 측면을 잘 조종해갈 수 있는가'와 같은 관점에서 검토되는 것이다.

행정임무개념은 학문과 실무에서 총론과 각론에 있어서의 괴리를 해결하는 열쇠와 같은 역할을 한다. 행정법학의 연구에서 총론은 각론을 이해하는 틀이 되지만 동시에 행정의 활동과 현상을 권리와 의무, 행정작용과 그 효과, 사법적 구제라는 한 시점에서의 행정의 활동과 현상의 단면만을 포착하는 경향을 가진다. 다른 한편으로 각론은 실정법령의 해석에 치중하여 각 법령간의 유기적인 관계를 종합적으로 고찰할 수 있는 도그마틱이 부족하다는 인상을 갖게 한다. 여기에 일종의 중간적인 분석틀로서 국가와 행정의 임무개념을 도입할 필요성이 대두된다.

임무개념은 행정임무의 유형화와 그에 따른 조종요소의 투입이라는 과정을 통하여 행정의 새로운 현상에 대한 분석틀을 제공하고, 행정법의 새로운 과제해결을 위한 실마리를 부여한다. 그 결과 私化의 경향, 다양한 협력에 의한 행정활동, 기능적 私化, 민관협동방식(PPP)은 행정임무와 책임의 분배라는 관점에서 분석될 수 있다. 더나아가 행정법학이 그동안 소홀히 해왔던 행정조직 내부의 효율성 및 의사형성과정, 행정조직의 개편 등과 같은 문제를 다루는데 있어서 행정임무론은 고전적 행정법의 관심과 한계를 넘어서 새로운 발전방향을 제시한다. 행정학을 비롯한 인접 학문의 연구성과를 포괄하는 통섭적인 연구를 시도할 수 있게 하는 것도 행정임무론이 가진 간과할 수 없는 장점에 속한다. 이러한 특징은 바로 포르스트호프가 강조했던 '현대행정의 현실을 포착하는 도그마틱의 발견'이라는 행정법의 실천과제에 대한 답변인 것이다.[1]

이처럼 독일의 국가임무론은 현대행정의 현상과 행정법에 대한 과제들을 해결하는데 유용한 분석틀을 제공한다는 점에서 오늘날 우리의 현실에서도 효용성을 지닌다고 할 수 있다. 본서에서는 전력산업에서의 국가의 전력공급임무와 관련하여 독일의 논의가 다양한 방식으로 유용하게 적용될 수 있음을 증명하였다. 이러한 논의는 비단 전력산업뿐만 아니라 국가의 활동범위와 그 한계, 국가의 활동방식 등이 문제될 수 있는 다양한 공법분야에서 그 가치와 의미가 인정될 수 있다고 본다. 이는 독일의 논의가 경제학적인 배경에서 비롯된 영미의 논의와는 달리 그 역사적 배경으로 인하여 규범적 문제를 논의의 중심으로 삼고 있기에 가능한 것이라고 하겠다.

---

1) Ernst Forsthoff, *Die Verwaltung als Leistungsträger*, 1938, S.2 참조.

제2절 결어: 국가임무론의 새로운 과제

1. 입법론과 법도그마틱의 조화

국가임무론은 오늘날 우리 현실에서 가지는 현대적 의미에도 불구하고 나름대로 중대한 약점을 갖고 있다. 이는 행정임무, 책임, 책임의 분배와 같은 개념들이 완전한 도그마틱적 개념이라기보다는 문제해명적인 개념에 머물러 있다는 점이다. 그로 인해 전통적인 공법학이 그 해결을 위해 노력했던 제도의 효력에 관한 문제들, 예컨대 법률의 위헌여부, 재량하자, 행정작용의 취소 여부, 국가배상 여부 등에 대하여 직접적인 결론을 내리는 데에 사용하기에는 많은 난점을 갖게 된다. 오히려 국가임무론은 입법론과 관련된 법정책적인 지침과 더욱 관련이 있다. 따라서 국가임무론은 도그마틱이 갖는 법학적인 의미를 약화시키는 것으로서, 행정법학의 정체성을 상실하게 할 위험을 초래할 수 있다.

그러나 국가임무론에서 다뤄지는 논의들이 입법론적인 차원을 넘어서 실정법상의 여러 문제를 해결하는 법도그마틱적 기능도 가질 수 있다는 점에 주목할 필요가 있다. 국가임무로서의 공익 또는 공공복리는 행정이 추구하는 목적으로서 재량이론, 불확정개념, 행정행위의 흠과 같은 행정법상의 여러 이론과 관련하여 항상 등장하는 요건개념이다.[1] 더욱이 국가임무의 도출근거가 되는 기본권규정은 기본권 보호의무와 관련하여 국가임무의 이행을 소홀히 하였을 때 헌법소원을 제기할 수 있는 근거를 제공한다. 또한 책임의 분배와 관련하여 책임개념이 법도그마틱적 성격이 적다는 점을 고려하

---

1) 최송화, 『공익론-공법적 탐구-』, 2002, 21면 이하 참조.

더라도 일정한 요건에서 책임이 귀속되는 자에게 국가배상이나 손해배상책임이 인정될 여지는 충분하다고 할 것이다. 이처럼 독일의 국가임무론이 가지고 있는 객관적인 위상과 한계를 명확히 하는 것이 우리가 이 논의를 받아들일 수 있는 기본전제가 될 수 있을 것이다. 여기서 전통적 행정법학의 방법론과 국가임무론을 조화시켜야 한다는 절대적인 명제가 도출될 수 있다고 본다.

2. 한국식 국가임무론의 가능성 모색

'독일의 국가임무에 관한 논의가 우리의 현실에 그대로 적용될 수 있는지'에는 의문의 여지가 있다. 가령, 본서가 중점적으로 다룬 행정임무의 3유형론이 한국적 현실에서도 그대로 타당할 수 있는가. 국가의 단독적 규율이나 사인과의 협력정도 등에 있어서 많은 차이가 있는 한국의 역사적 현실과 규율체계가 독일식의 임무유형론에 부합하지 않을 가능성은 상존한다.

전통적으로 우리나라는 民보다 官을 중시하는 관료위주의 중앙집권적 정치문화를 가지고 있었다. 여기에 광복 이후 남북대치상황 하에서의 권위주의시대를 거치면서 국가안보를 국가목적으로서 절대시하게 되었고, 정부가 주도하는 성장위주의 경제개발에 의존하는 사회구조를 갖게 되었다. 이러한 국가우위의 사상은 민주화의 과정을 거치면서도 깊은 영향을 미치게 되었다. 예컨대 국가의 성장을 주도하는 새로운 산업을 발굴하고 이를 발전시키는데 국가의 주도적 역할이 항상 강조되어 왔다는 점을 들 수 있다. 과거의 제조업과 중화학공업위주의 경제발전과정이나 최근의 '녹생성장', '사대강개발', '창조경제', '제4차 산업혁명' 등과 같은 미래의 보호를 위한 사회적 의제의 설정과정에서는 상대적으로 국가의 주도현상이 크게 나타나게 되었다. 반면, 사회복지나 교육제도 등에 있어서는 독일에 비해 현저하게 사인의 활동에 의존하고 있는 형편이다. 즉, 우리나라의 경우 높은 사립학교의 비율이나, 높은 사적 사회보장시설의 비율은 광범위한 사회적 정의의 보장에 있어서 사인의 주도와 국가의 후퇴가 폭넓게 인정될 여지를 만들고 있는 것이다.

다른 한편으로, 우리 헌법은 독일 기본법과는 달리 경제에 대한 국가의 폭넓은 규제 및 조정의 가능성을 열어두고 있으며(제119조 제2항, 제120조 내지 제125조), 생존권적 기본권(제34조 제1항)을 비롯한 다양한 사회적 기본권 규정들을 갖추고 있다. 이러한 헌법상의 규율체계는 협력적 임무수행을 위한 책임분배의 과정에서도 국가의 책임을 좀 더 강조하는 방향으로 나타날 수 있을 것이다. 이러한 관점에서 보았을 때 독일의 논의를 받아들이는데 있어서도 그 논의가 갖고 있는 함의와 현실적 적합성의 측면에서 이를 비판적으로 검토하는 노력이 필요하다고 할 것이다. 반대로 우리의 현실을 국가임무론적인 측면에서 개선하려는 입법론적인 노력도 병행되어야 할 것이다. 결론적으로 한국식 국가임무론의 탐구·발전 가능성은 언제나 열려 있다고 생각된다.

제6장 補論: 보장국가론에 대한 검토

제1절 보장국가론의 비판적 수용과 규제법의 문제

1. 들어가며

1) 규제의 현상과 보장국가론

　지난 해 10월부터 시행된 이동통신단말장치 유통구조 개선에 관한 법률(이하 '단말기유통법'이라 한다)이 시행됨으로써 통신시장에 많은 기대와 혼란이 초래되었다. 당초 언론을 통하여 통신요금 등의 인하효과가 있을 것으로 소개되었던 단말기유통법은 시행 초기 시장에서의 극심한 혼란을 거치면서 현재는 "시간이 지나면서 지원금 수준이 회복되어 이용자들의 소비심리가 살아난다", "중저가 요금제 가입자 비중과 중고폰 가입자가 늘어난 것, 부가 서비스 가입이 줄어든 것은 법 시행을 통해 이용자 차별이 사라지고, 이용자들의 통신소비가 합리적이고 알뜰하게 바뀌고 있다"는 등의 긍정적 평가가 있는 반면,[1] "단말기유통법은 보조금 상한제를 통해 이동통신 3사의 마케팅비용을 줄이고 분리요금제를 실시하는 등 일부효과가 있었지만, 단말기가격에 들어 있는 거품을 제대로 제거하지 못하고, 통신사의 축소된 마케팅 금액을 통신요금 인하로 유도하는 장치를 마련하지 못해 매우 미흡한 결과를 가져왔다"는 비판도 제기되고 있는 실정이다.[2] 대표적인 규제산업인 통신산업에서 벌어진 이러한 규제정

---

1) 미래창조과학부/방송통신위원회, "보도자료–단말기 유통법 시행 한달, 이통시장 변화는?", 2014. 10. 30; "보도참고자료–단말기 유통법 시행 3개월 주요 통계", 2015. 1. 6. 참조.
2) 참여연대, "이슈리포트–이동통신요금 대폭 인하 및 단말기가격 거품 제거 방안", 2015. 1. 15. 참조.

책의 혼란은 최근 규제에 관한 논의를 적극적으로 진행하고 있는 한국 행정법학에 있어서도 도전적인 문제의식을 제공한다. 본 연구의 목적은 한국의 규제상황에서 발생하고 있는 문제상황을 출발점으로 하여 이러한 상황을 대처하는 규제정책이 어떠한 이론적 기초 하에서 이해되어야 할 것인지를 모색하는 데에 있다.

문제의식을 (다소 왜곡되는 점이 있더라도) 구체적으로 표현하자면, "(1) 입법자가 통신요금이나 단말기 가격을 인하하는 것을 의도하고 있다면, 왜 가격을 인하하는 직접적인 수단을 사용하지 않는 것인가(가령, 요금인가제 등), (2) 통신시장이라는 망산업 혹은 私化된 시장에서 규제의 방식은 어떠해야 하는가, (3) 私化라는 계기를 거치면서 국가의 역할 자체에 근본적인 변화가 있었는가"라고 할 수 있을 것이다. 점차 추상화되어 표현되는 명제는 결국 현대국가의 변화된 역할을 표상하는 것으로서 최근 우리 행정법학에 큰 영향을 미치고 있는 보장국가론의 논의와 연결되어 있다. 즉, 오늘날 규제산업에 매우 복잡하지만, 간접적인 방식으로 시장의 거래행태를 규제하는 방식을 취하는 현상은 국가와 사회의 역할을 새롭게 규명하는 이론적 배경 하에서 설명할 수 있는 것이다. 본 논문은 이러한 관점에서 우리에게 본격적으로 도입되기 시작한 보장국가론의 논의가 갖는 의미와 그 효력범위에 대하여 비판적으로 검토하려고 한다.

2) 개념상의 혼란

보장국가란 독일의 'Gewährleistungsstaat'를 번역한 것으로서,3) 공공

---

3) 'Gewährleistung'을 보장이라는 우리말로 번역하는 것은, 사회보장이나 안전보장과 같이 국가의 전면적인 책임을 나타내는 용어와 혼동을 나타낼 수 있다는 점에서 오히려 '보증'국가라는 표현이 더 정확할 수 있다. 그러나 두 용어가 단지 어감의 차이만을 나타낸다고 본다면, 이미 굳어진 보장국

복리의 실현에 있어서 국가가 직접 이행하는 대신 사인이 일정한 역할을 하고, 국가는 이러한 임무수행이 제대로 이루어지도록 보장하는 현대국가의 변화된 국가상을 지칭하는 개념으로 이해하는 것이 보통이다[4] 독일의 학자들은 보장국가를 "변화된 국가의 역할에 대한 암호(Chiffre)"라고 표현하면서, 공공복리에 대한 책임을 여전히 고수하지만, 자신의 수단으로 직접 이행하는 것은 부분적으로 포기하고, 여전히 특정한 긍정적인 사회의 상태를 목표로 하고 여전히 이에 대한 최종책임을 지는 국가로 묘사한다.[5] 또한 구체적으로 공공임무 수행에 있어서 국가의 역할은, 많은 영역에 있어서 단지 사인에 의한 문제해결을 위한 구조적인 틀을 제공하는데 그치고, 공공복리를 지향하는 목표를 특정한 방식으로 추구하도록 보장하지는 않는다고 설명되기도 한다.[6]

한편, 지난 20여년간 영미계 국가에서는 복지국가(welfare state)의 대안개념으로 '조성국가'(Enabling State)라는 용어가 사용되어 왔다.[7] 영국의 '제3의 길'에 이어 '활성화 국가'(Activating State)로도 표현되는

가라는 표현을 쓰는 것도 무방할 것이다.

4) 보장국가개념의 일반적인 이해에 관하여는 Gunnar Folke Schuppert, Der Gewährleistungsstaat −modisches Label oder Leitbild sich wandelnder Staatlichkeit?, in: Schuppert(Hg.), *Der Gewährleistungsstaat − Ein Leitbild auf dem Prüfstand*, 2005, S.11; Claudio Franzius, Vom Gewährleistungsstaat zum Gewährleistungsrecht -Kommentar-, in: Schuppert(Hg.), *Der Gewährleistungsstaat*, 2005, S.53 참조.

5) Martin Eifert, *Grundversorgung mit Telekommunikationsleistungen im Gewährleistungsstaat*, 1998, S.18; Wolfgang Hoffmann-Riem, Das Recht des Gewährleistungsstaates, in: Schuppert(Hg.), *Der Gewährliestungsstaat*, S.89 참조..

6) Hoffmann-Riem, Von der Erfüllungs- zur Gewährleistungsverantwortung − eine Chance für den überforderten Staat, in: der, *Mordernisierung von Recht und Justiz*, 2000, S.24.

7) 국내에서 'Enabling State'의 번역어로 학자에 따라 '자립능력 개발국가'나 '능력개발 국가' 등의 용어를 사용하고 있다. 이근식/황경식 편, 『자유주의란 무엇인가』, 2001, 390면; 최항순, 『복지행정론』, 2000, 473면 참조.

이 개념은, 복지국가와 수급자 사이의 '권리와 책임'의 상호성을 추
구하면서, 적극적(active) 시민이 단순한 수동적인 복지수급자가 아니
라 공동생산자로서 적극적으로 사회복지의 생산과 결정과정에 참여
하도록 한다고 설명된다.[8] 공공분야 개혁과 관련되어 추구되는 조
성적 국가의 내용은 그 모호함으로 인하여 19세기식 야경국가로의
회귀라고 비판받기도 하지만, 일반적으로 국가는 시장경제와 시민사
회가 작동하기 위한 필수적인 조건을 창설하여야 하고, 적극적인 정
부가 건강하고 활력적인 사적 영역의 전제가 된다고 보는 점에 의의
가 있다. 조성적 국가의 전제요소로서 신뢰받고 투명한 법률 및 행
정시스템, 신뢰성 있는 재정시스템, 안전한 정책환경, 현대적인 기간
시설, 인적 자원의 발달 등이 언급되고 있다.[9] 독일의 슈페르트는 보
장국가가 영미의 조성국가를 발전시킨 개념이지만, 공공재가 사인에
의하여 제공된 이후의(after enabling) 공적 책임을 강조하면서 감사,
규제 혹은 자금제공 등을 통하여 이러한 재화를 보장하는데 국가가
여전히 중요한 역할을 담당한다는 점에 차이가 있다고 지적한다.[10]
물론 이런 두 가지 국가상에 대하여 국가가 관여하는 시점에 대한
강조점이 달라질 뿐이지 국가가 사용하는 방법론에 있어서는 다양
한 스펙트럼 안에서 유사한 방법을 사용한다는 점에서 큰 차이가 없
다고 평가할 수도 있을 것이다.

　복지국가의 대안으로 새로운 길을 모색하는 유사개념과의 혼란
을 제외하더라도, 보장국가론은 그 구체적 내용에 있어서 학자들 사

---

8) Irene Dingeldey, *Welfare State Transformation between 'Workfare' and an 'Enabling'
　State. A Comparative Analysis*, TranState Working Papers No. 21, 2005, p.1-4 참조.
9) F. M. VAN DER MEER, Public sector reform in Western Europe and the rise of the
　enabling state: An approach to analysis. in: R.R. Marthur (ed.), *Glimpses of Civil
　Service Reform*, 2009, p.180-181 참조.
10) Schuppert, The Ensuring State, in: Giddens(ed.), *The Progressive Manifesto*, 2003,
　p.13 참조.

이에 상당한 차이를 보이고 있다. 가령, 국가의 보장책임의 내용을 私化가 이루어진 경우에 생존배려의 급부, 즉 통신, 전기, 우편과 같은 망산업에서 이루어지는 규제를 중심으로 파악하는 것이 전통적인 견해라면, 검사나 감독과 같은 안전분야에서의 私化와 관련하여 설명하는 견해나 국가가 직접 제공해본 적이 없는 중요한 재화의 경우에도 경제가 수요의 충족을 지속적으로 할 수 없을 때에 잠재되어 있던 국가의 보장책임이 나타날 수 있다는 견해도 존재한다.[11] 더불어 보장국가론이 독일과 같이 기본법 자체에서 통신, 우편 등의 私化에 대하여 규정되어 있어서 경쟁적인 산업체계의 도입이 이루어진 상황에서 적용되는 것을 넘어서 한국과 같이 아직까지 통신을 제외하고는 실체적인 私化가 이루어지지 않은 산업분야가 대부분인 경우에도 적용될 수 있는지도 문제된다. 더 나아가 보장국가론이 각 산업분야에 적용될 수 있는 적절한 행정의 활동수단이나 방법, 즉 규제의 전략을 제공하는 것인지도 의문시 될 것이다. 이러한 문제의식을 바탕으로 이하에서는 보장국가의 개념을 그것이 사용되는 차원과 기능에 따라 구분하고, 이를 바탕으로 한국적 상황에 대한 논의를 진행하려고 한다.

2. 보장국가론의 차원과 기능

1) 수직적 차원과 수평적 차원

전통적으로 보장국가론은 私化의 진행에 따른 국가의 책임단계(Verantwortungsstufe)의 변화와 함께 이해되어 왔다(수직적 차원). 여기서는 책임단계의 3유형이 결정적인 역할을 한다. 급부행정과 같

---

11) Anselm Christian Thoma, *Regulierte Selbstregulierung im Ordnungsverwaltungsrecht*, 2008, 58f. 참조.

은 공공임무의 수행에 있어서 행정이 자신이 운영하는 인원으로 직접 이행하거나 자신의 영향하에서 이행을 책임지는 결과책임(Ergebnisverantwortung) 혹은 이행책임(Erfüllungsverantwortung)을 부담하는 것을 기본적인 형태로 하다가 私化가 진행됨에 따라 행정이 수행하던 임무가 사인에 의하여 수행되면서 제대로 된 임무의 수행을 보장하기 위하여 행정에게 남아 있는 보장책임(Gewährleistung)을 지게 된다는 것이다. 여기에 보장책임의 상태에서 급부가 충분히 보장되지 못하였을 때 국가에 내재하고 있던 책임으로서 보충책임(Auffangverantwortung)이 현실화되는 것이다. 결과책임과 보충책임의 상대적인 관계 속에서 보장책임을 파악하게 되므로, 이러한 책임을 요소로 하는 보장국가론은 독일 기본법 제87조f에서 나타나는 것처럼 私化와 밀접한 관련을 맺게 된다. 그에 따라 (실체적) 私化가 된 이후의 행정의 임무수행방식으로서 규제, 감시 등의 행위형식이 주로 문제되는 것이다.[12] 보장책임의 일종으로 망산업에서 나타나는 기간시설책임이란 개념도 이러한 책임의 단계에 관한 설명을 기초로 하여 설명하는 것이다.[13]

한편, 대부분의 학자들은 보장국가론을 국가와 사회의 협력적 임무수행을 관통하는 책임의 분배(Verantworutngsteilung)의 차원에서도 설명하고 있다(수평적 차원).[14] 사인이 공적 임무의 수행에 관여하는 형태

---

12) 제3장 제3절 2. 참조.
13) 기간시설책임에 관하여는 Georg Hermes, Gewährleistungsverantwortung als Infrastrukturverantwortung, in: Schuppert(Hg.), *Der Gewährleistungsstaat*, S.112ff.; Schuppert, Der Gewährleistungsstaat, S.17; 박재윤, "철도산업에서의 국가책임-철도민영화의 공법적 문제와 관련하여-", 『행정법학』 제7호, 2014. 9, 34면 참조.
14) 위와 같이 보장책임의 개념이 규범적으로 다르게 설명될 수 있다는 맥락에서, 단계모델(Stufenmodell), 분배모델(Teilungsmodell), 분리모델(Trennungsmodell)로 구분하여 설명하는 견해로는 Franzius, *Gewährleistung im Recht*, 2009, S.122ff. 참조.

로서 규제된 자율규제(regulierte Selbstregulierung), 기능 私化(funktionale
Privatisierung), 공사협력방식(public-private-partnership) 등의 현상들이 주
로 문제된다.[15] 이러한 차원에서 보장국가론은 국가와 사인을 포함
한 다수의 행위자들이 협력하는 구조를 분석하고 만들어내는 것에
집중하게 된다. 독일에서 보장국가론의 대표적 주장자인 포스큐레
는 질성행정 및 급부행정과는 다른 독립적인 제3의 영역으로서, 현
존하는 참여의 형태로부터 시작하여 가능한 가장 공공복리를 실현한
다는 관점에서 각각의 단계에서 분업적인 임무수행의 절차를 지도하
는 보장행정의 법(Gewährleistungsverwaltungsrecht)이 필요하다고 보았
다.[16] 보장행정법의 도그마틱으로서 결과보장, 사적 주체의 자격 및
선정, 제3자의 권리보호, 유도 및 통제, 평가 및 교훈, 효과적인 국가
의 환수옵션 등이 언급되는바,[17] 이를 통하여 국가와 사인의 임무수
행을 연결하는 영구적으로 작동하는 보장구조(Gewährleistungsstruktur)
를 확립하고 전체적인 개념을 실현하도록 의도한다는 것이다.[18] 이
차원에서 보장책임이 책임분배의 구조나 시스템을 보장하는 것으로
이해된다면, 민간교도소와 같이 아직 실체적 私化가 이루어지지 않

---

15) Eberhard Schmidt-Assmann, *Das allgemeine Verwaltungsrecht als Ordnungsidee*, 2.Auf., 2006, S.172 참조.
16) Andreas Voβkuhle, *Beteiligung Privater an der Wahrnehmung öffentlicher Aufgaben und staatliche Verantwortung*, VVDStRL 62, 2003, S.305ff. 참조.
17) Voβkuhle, a.a.O., 310ff.; 이러한 관점에서 트루테는 국가 및 사적 주체 사이의 공공복리의 실현을 위한 분석틀로서 규율구조(Regelungsstruktur)라는 개념을 사용한다. Hans-Heinrich Trute, Verantwortungsteilung als Schlüsselbegriff einen sich verändernden Verhältnisses von öffentlichem und privatem Sektor in: Schuppert(Hrsg.) *Jenseits von Privatisierung und „schlankem" Staat*, Baden-Baden 1999, S.22f.; 슈페르트는 협력적 노력을 위하여 필수적인 법적 틀이 갖추어야 할 세가지 요소로서 능력부여(enabling), 구조화(structuring), 제한(limiting)을 제시하고 있다. Schuppert, *The Ensuring State*, p.60 참조.
18) Voβkuhle, a.a.O., S.307; Franzius, *Vom Gewährleistungsstaat zum Gewährleistungsrecht*(각주 4), S.61 참조.

은 채 기능 私化의 단계에 있는 산업에서나 심지어 국가가 직접 임무를 담당한 바 없는 영역에서도 사인과의 협력을 보장하는 구조로서의 보장국가론을 적용할 수 있을 것이다. 다만, 이 경우에 언급되는 보장책임이란, 책임의 분배와 관련되는 것이지, 이행책임과 대비되는 국가의 책임수준을 의미하는 것은 아니므로, 수직적 차원의 보장책임과는 구별되어야 할 것이다.[19][20] 아직까지 기능 私化의 경우에는 국가가 이행책임을 부담한다고 볼 것이기 때문이다.[21]

이처럼 앞서 언급된 개념상의 혼란은 일응 보장국가론의 차원을 구별하지 않고 혼용하여 사용하는 데에서 비롯된 것으로 보인다. 더 나아가 아래에서 보는 바와 같이 보장국가의 이념에 착안하여 국가개혁을 추구하는 정치적 기능이 더해지게 되면, 그 적용영역의 거의 무제한적으로 확대되겠지만, 동시에 개념의 모호성도 증가될 것이다.

2) 분석적 기능과 정치적 기능

보장국가가 사인을 통하여 혹은 사인을 관여시켜서 임무를 수행하게 하고 이를 규제나 틀설정을 통하여 보장하는 임무수행방식의 변화나 국가와 사인 혹은 제3의 영역 사이의 협업적인 임무수행의

---

19) 한편, 교도소 私化와 관련하여 국가가 기반시설책임 등을 부담한다는 견해로는 김유환, "우리 민영교도소제도의 행정법적 문제", 『행정법연구』 제40호, 2014. 11, 97-98면 참조.

20) 다만, 보장책임을 책임단계에 있어서 이행책임에서 보충책임을 거쳐 틀설정책임을 포괄하는 상위개념으로 파악하는 견해에 따르면, 다시 용어의 혼동이 불가피할 것이다. Georg Hermes, *Staatliche Infrastrukturverantwortung*, 1998, S.338 참조.

21) Eifert, § 19 Regulierungsstrategien, in: Hoffmann-Riem/Schmidt-Aβmann/Voβkuhle (Hrsg.), *Grundlagen des Verwaltungsrechts Bd. I*, 2006, S.1339. 참조. 반면, 기능 私化를 보장국가의 전형적인 특징으로 이해하는 견해로는 홍석한, "보장국가론의 전개와 헌법적 의의", 『헌법학연구』 제15권 제1호, 2009. 3, 504면 참조.

구조를 만드는 법체계를 의미한다고 본다면, 실제로 현실에서 발생하고 있는 법체계의 변화를 분석하는 데 유용하게 사용될 수 있음은 물론이다(분석적 기능). 보장국가가 갖는 전형적인 책임구조를 분석해 보면, 국가·사업자·이용자 사이의 3면 관계를 갖는다는 점이 부각된다. 수직적 차원에서 보면, 실체적 私化로 인하여 독립적인 사업자가 급부를 제공하게 되면 국가는 이용자의 권리보호, 제도의 유지 및 공익 전반을 보호해야 하는 책임을 지게 된다.[22] 여기서 국가와 사업자의 관계는 국가가 사업자와 거리를 두고 주로 규제라는 행위형식을 사용하여 일방적으로 규율하는 형식을 갖게 된다. 수평적 차원의 경우 책임분배의 구조에 따라 좀 더 다극적인 관계가 나타날 수 있다. 이 경우에도 최종적으로 사용자의 권리보호가 중요한 것임은 물론이나 사인을 공공 임무에 참여시키는 과정에서 협력의 상대방에 대한 선정과 보호도 중요한 문제로 부각된다. 여기서 상대방과 관계를 맺게 된 원인에 따라 규제 이외에도 계약이나 경영참여 등의 방식으로 보다 직접적이고, 상호적인 규율이 이루어질 수 있다.

보장국가론은 그 개념을 통하여 복지국가나 최소국가에 대립되는 국가개혁모델로서 제시되기도 한다(정치적 기능). 이러한 기능은 이념형으로서 제시되는 국가론의 당연한 귀결로 보아야 한다. 즉, 우리가 당연시하는 법치국가론도 실제 19세기의 국가의 활동상을 그대로 반영하는 것이 아니듯이,[23] 보장국가론도 현재의 국가역량의 약화를 극복하는 새로운 패러다임으로서, 현대국가가 사회의 잠재적인 자기규제능력을 발휘하게 하면서 이를 위한 적합한 법적 구조를 제공하는 활성화 국가(aktivierender Staat)가 되어야 한다고 주장하는 정치적 기능을 갖는 것이다.[24] 조성국가의 착안을 받아들여 보장국

---

22) 제3장 제3절 2. (2) 참조.
23) 법치국가의 이상과 국가역할의 괴리에 대하여는 제1장 제2절 1. 참조.
24) Schuppert, *Der Gewährleistungsstaat*, S.22 참조.

가는 시민에게 스스로의 삶을 발전시킬 수 있는 자원을 제공하는 방
식으로 능력을 부여하면서도(empower), 무엇을 어떻게 할지에 대하
여 말해주지는 않지만, 여기서 더 나아가 신자유주의적인 접근법과
는 달리 국가는 시민에 대한 배려와 보호의 책임을 진다는 점이 강
조되는 것이다.[25] 슈페르트는 이와 관련하여 진보적 관점에서의 공
적 서비스 영역의 구조개혁을 주장하고 있다. 이러한 관점에서 보면
건강보험, 노동시장, 소비자 보호 등과 같이 私化나 사인의 협력과
관계가 없던 공공서비스 전반이 보장국가의 개혁대상으로 등장하게
된다.[26]

　　보장국가론이 국내에 소개되는 과정에서 주로 주목되는 점은 상
당수의 문헌이 국가상의 변화를 강조함으로써 국가나 행정의 개혁
과제를 달성한다는 측면을 강조하고 있다는 것이다. 가령, 보장국가
를 행정개혁에 있어서 방향을 제시하는 이상향으로 제시하거나,[27]
헌법상 사회국가의 새로운 실현방식으로서 그 내용을 현대적으로
정립하려는 구상으로서 의미를 찾고 있는 것이다.[28] 자본주의 4.0과
의 관련 하에서 보장국가론을 소개하는 것도 동일한 맥락에서의 접
근이라 할 것이다.[29] 이제 위에서 살펴본 보장국가론의 다양한 차원
과 기능을 바탕으로 최근 수용되고 있는 한국에서의 논의상황을 보
다 구체적으로 점검할 필요가 있다.

---

25) Anthony Giddens, A New Agenda for Social Domocracy, in: Giddens(ed.), *The Progressive Manifesto*, 2003, p.13 참조.
26) Schuppert, *The Ensuring State*, p.60-61, 67-68 참조.
27) 김현준, "행정개혁의 공법적 과제",『공법연구』제41집 제2호, 2012. 12, 167면 이하 참조.
28) 홍석한, 앞의 글, 518-519면 참조.
29) 김남진, "'경제에 대한 국가의 역할'과 관련하여",『공법연구』제42집 제1호, 2013, 116면 이하 참조.

3. 한국 私化 논의에서의 함의

1) 한국의 기간시설 산업구조와 국가책임

보장국가론이 私化의 전개상황과 관련하여 책임의 단계로서 발전되어 온 것이 사실이지만, 私化의 정도가 각기 다른 국가별 산업구조와 산업별 진행상황에 비추어 어떻게 적용될 수 있는지는 여전히 의문으로 남는다. 막연히 보장국가론의 정치적 기능을 유추하여 私化가 추진되어야 한다고 보는 것은 법학적인 접근방법으로 적절하지 못한 것은 당연하다. 주로 문제되는 통신, 철도, 우편, 전력 등 기간시설의 시장별로 살펴보면 이러한 문제점이 다시금 부각된다.

가령, 통신산업의 경우 이미 실체적 私化가 이루어져서 국가는 사업법(전기통신사업법)에 근거하여 규제의 방식을 사용하고 있다. 물론 이러한 규제에 단순한 경쟁법적인 측면을 넘어서는 목적이 있다는 점에서 보장책임의 단계로 평가하기에 충분할 것이다.[30] 반면, 철도, 전력, 우편산업의 경우에는 규범적으로는 일부 경쟁체제의 도입을 위한 근거를 마련하고 있으나, 여전히 국가나 국가가 지배하는 공기업이 시장을 사실상 독점하고 있는 실정이다.[31] 따라서 이러한 기업은 국가영역에 속하는 것으로서 국가는 간접적이지만 여전히 이행책임단계에 있다고 볼 수 있다. 다만, 이 경우에도 공기업이 사경제적으로 활동하고 있고, 규범적으로는 국가임무를 수행하는 공기업에 대하여도 규제의 수단이 사용되고 있다는 점에서 변형된 보장

---

[30] 보장행정의 작용형식으로서 규제는 질서법적 위험방어에 한정되지 않고, 생존배려적 급부제공의 망경제영역에서 경쟁을 설립하며, 사인이 공공복리에 분업적으로 참여하기 위해서는 규범적인 보장규정을 마련하는 것이 중요하다는 견해로는 계인국, "망규제법상 규제목적의 결합과 그 의의 - 보장행정의 공동선실현 메커니즘 -", 『강원법학』 제39권, 2013. 6, 93-94면 참조.

[31] 철도사업법 제2조, 한국전력공사법 제4조, 우편법 제2조 참조.

책임을 지고 있다고 분석할 수 있다.[32] 이러한 분석은 이 분야에서의 국가의 정책수단이 경쟁의 도입이라는 목적을 넘어서서 또 다른 공익요소를 (상대적으로 더욱) 추구하는 것을 정당화할 수 있을 것이다. 가령, 철도산업에서의 적자노선을 위한 교차보조,[33] 전력산업에서의 간선시설 설치비용의 문제,[34] 장애인의 보호, 보다 강한 가격통제 등이 언급될 수 있다.

2) 私化의 결정단계에서의 고려요소

보장책임이 문제되는 대부분의 기간시설 산업이 이행책임의 단계에 머물러 있는 한국의 상황에서 私化는 아직 그 결정이 유보되어 있는 과제이다. 문제는 私化를 결정하기 위하여 보장국가론이 어떤 역할을 할 수 있는지에 있다. 시민에게 활력을 부여하는 것을 이념적으로 추구하는 보장국가의 이념을 받아들인다 하더라도, 私化된 이후에는 시민에 대한 공공재의 공급이 충분히 이루어지지 않아서, 보장책임하에서도 결과적으로 그 지위를 악화시킬 수 있는 여지가 있으므로, 私化 자체를 당연한 것으로 받아들일 수는 없을 것이다. 다만, 독일에서 보장국가론의 입장에서도 이러한 점에 대한 충분한 논의가 이루어지는 것으로 보이지는 않는다. 일부 견해는 국가의 기

---

32) 제4장 제3절 2. (2) 참조; 박재윤, "철도산업에서의 국가책임", 40면 참조; 독일의 경우에도 공기업의 형태로 독점적 지위에 있는 Deutsch Post AG에 대하여 이행책임을 부담하지만, 국가가 규제라는 형식을 사용한다는 점에서 일종의 잡종적인 지위로서, 규율기술과 책임단계가 비전형적으로 연결되어 있다는 견해로는 Christian Berringer, *Regulierung als Erscheinungsform der Wirtschaftsaufsicht*, 2004, S.74 참조.
33) 박재윤, "철도산업에서의 국가책임", 45-46면 참조.
34) 박재윤, "전기간선시설 설치비용 문제에 나타난 공기업과 조세국가의 원리", 『행정법연구』 제28호, 2010. 12, 200-201면 참조.

본권 보호의무로부터 사인에 의하여 제공될 수 있는 급부에 대하여
는 국가가 스스로 제공해서는 안 되고, 국가의 활동이 원칙적으로
이행책임에서 후퇴하여 보장책임으로 한정되어야 한다고 주장한다.
위 견해에 의한다면 이 영역에서 私化는 당연히 추구되어야 할 과제
로 될 것이다.[35] 반면, 보장책임이 私化된 이후에도 국가가 감시 및
규제시스템을 설립하며 사인에 의한 급부의 이행을 보장하는 것을
의미하므로, 이러한 보장책임의 내용을 실현하는 것이 불가능하다
면, 거꾸로 그러한 私化는 정당화될 수 없다는 입론도 가능할 것이
다.[36] 그러나 대부분의 경우, 보장책임의 구조와 관련하여 민주적인
결단을 통한 틀설정이나 입법자의 역할을 강조하고 있는 실정이
다.[37] 우리의 경우에는 유럽공동체로 인한 시장개방의 압력이 있는
독일과 달리 시장개방의 압력이 적고, 시장규모 등의 측면에서도 상
당한 차이가 있다. 더불어 私化는 단지 보장국가라는 한 가지 이념
형에 의거하여 결정할 수 있는 것은 아니고, 복지국가적 이념형에서
나타나는 재분배적 요소도 조세국가라는 헌법적 원칙과 함께 고려
되어야 할 것이다.[38]

　이러한 국내 상황에서 최근 기간시설의 私化, 특히 철도민영화와
관련하여 독일에서 중요사항유보설에 제도적 법률유보(institutioneller

---

35) Wolfgang Weiss, *Privatisierung und Staatsaufgaben*, 2002, S.430ff. 참조. 더 나아가
　　기본법상 재산권보장(제14조 제1항), 결사의 자유(제9조 제1항, 제3항, 직업
　　의 자유(제12조 제1항), 일반적 행동의 자유(제2조 제1항)으로부터 사적영
　　역우선원칙(Privatheitsprinzip)이 도출되어 이로부터 이를 침해하는 제도에
　　대하여 실체적 私化를 청구할 수 있는 권리가 생긴다는 견해로는 Karl
　　Alberecht Schachtschneider, *Der Anspruch auf materiale Privatisierung*, 2005, S.354ff.
　　참조.

36) Schuppert, *The Ensuring State*, p.60 참조.

37) Hermes, *Gewährleistungsverantwortung als Infrastrukturverantwortung*, S.114-115,
　　120.; Franzius, *Gewährleistung im Recht*, S.126f. 참조.

38) 박재윤, "철도산업에서의 국가책임", 44면 참조.

Gesetzesvorbehalt)의 관점이 포함되어 있음을 강조하면서, 보장국가의 방향에 따라 철도의 私化를 의회유보차원에서 다루어야 한다고 주장이 주목받고 있다.[39] 반면, 보장행정의 영역에서는 형성여지와 절차책임이 사인과의 협력과 결부되어 있고, 행정이 절차의 지배자가 아니므로, 기술안전과 사회보장과 같이 실체적 의미의 법률유보가 제대로 적용되기 어려운 영역에서 중요사항유보설에 절차적 요소를 결부시킴으로써 약점을 보완해야 한다는 주장도 있다. 이에 의하면 입법자는 그 복잡성과 기술성 때문에 사전에 규율할 수 없는 영역에서 사태의 진전을 관철하면서 사후에 조정해야 하는 잠재적 책임이 있으므로, 이를 사후수정의 유보를 의미한다고 한다.[40] 여기서 私化의 과정 통제하기 위해서 구체적으로 어떠한 사항을 중요사항으로 보아 의회에서 결정해야 하는지가 문제될 수 있다. 가령, 위에서 언급한 변형된 보장책임을 띄는 기간시설 산업에 있어서는 이미 면허제도가 사업법에 마련되어 있을지라도, 경쟁체제를 새롭게 도입함으로써 기존의 독점적 사업자를 통한 재분배구조에 근본적인 변화를 가져오는 경우라면 이는 의회에서 결정되어야 할 것이다.[41] 더불어, 개별 국가임무법률에서 국가가 수행할 공임무가 결정되는 경우에 기능 私化가 허용될 수 있는지는 입법자의 의사를 기준으로 판단하여야 하나, 이를 넘어서 임무유형 전체에 적용되는 행정보조의 확립을 위한 일반적 조치가 취해진다면 이는 책임구조의 변경을 목적으로 하는 정책에 관한 문제로서 당연히 법적인 근거가 필요하다고 한다.[42]

---

39) 김남진, "법률유보이론의 재조명", 『법연』 vol.43, 2014. 6, 59-61면 참조.

40) 김환학, "법률유보-중요성설은 보장행정에서도 타당한가-", 『행정법연구』 제40호, 2014. 11, 23-24면 참조.

41) 박재윤, "철도산업에서의 국가책임", 47면; 박재윤, "위임명령을 통한 행정의 통제와 조종", 『공법연구』 제41집 제3호, 2013. 2, 391, 393면 참조.

42) 차민식, "기능사화와 국가책임에 관한 소고-독일에서의 논의를 중심으로-",

3) 私化 이후의 후속책임

私化나 공사협력사업(PPP)과 같은 책임분배가 이루어진 경우에는 보장책임을 실현하기 위한 적절한 규제체제와 함께 잠재적 보충책임을 위한 안전장치가 마련되어야만 한다. 그러나 행정이 실제로 보장국가론이 제시하는 환수선택권(Rückholoption)과 같은 보충책임의 실현을 위한 조치를 취하는 것은 매우 어려운 과제로 여겨진다. 우리 현실에서도 민간투자자가 사회기반시설사업에 참여한 이후에 지나친 이익회수를 지향함으로써 결과적으로 공적 서비스의 질이 위태로워지는 현상이 종종 나타나고 있다.[43] 이 경우 보장책임을 실현하기 위하여 감독과 규제의 수단을 활용하기에는 법률유보의 차원에서 그 제재수단을 법률상 모두 마련해야 한다는 한계가 있다. 더욱이 우리 망산업과 같이 아직 경쟁체제가 도입되지 않은 산업에 있어서는 (그러한 유인이 적으므로) 사후감독을 위한 규제체제가 제대로 완비되어 있지 못한 경우가 많다. 따라서 사회기반시설의 관리·운영과 관련하여 민간투자자에게 보장책임의 관점에서 일종의 제재를 부과해야 할 경우에는 공법상 계약으로서의 실시협약의 구체적 조항을 활용하거나 개별 법령에서의 면허 등에 있어서 부관을 활용하는 방안이 적극적으로 고려되어야 할 것이다.[44] 구체적으로 사회기반시설에 대한 민간투자법 제24조의 실시협약, 제26조 제3항의 시설의 유지·관리책임, 제45조의 감독·명령 등이 고려되어야 할 것이다. 그러나 실무상 이러한 권한이 얼마나 실효적으로 실시되고 있는

『행정법연구』 제29호, 2011.4, 84면 참조.

43) "맥쿼리의 그늘]② 맥쿼리 가면쓰고 혈세 가져간 검은머리는", 『조선비즈』, 2013. 3. 11. 〈http://biz.chosun.com/site/data/html_dir/2013/03/11/2013031101453.html?brief_news02〉 (2015. 2. 8. 최종방문)

44) Voβkuhle, a.a.O., S.326 참조.

지는 의문이다. 오히려 행정이 손해배상을 우려하여 그 권한사용을
자제할 수도 있고, 실제로는 행정이 그러한 권한을 확립하기도 전에
시행과정에서의 문제점으로 분쟁에 처해지기도 한다.[45)]

4. 규제의 개념과 전략

1) 규제의 개념과 범위

보장국가론의 논의는 보장책임을 실현하기 위하여 적절한 규제
의 체제를 모색하는 것으로 이어진다. 이와 관련하여 다양한 형태의
규제형식 중에서 보장국가의 실현에 보다 적합한 규제방식을 종합
하여 선택하는 규제선택이론(theory of regulatory choice)을 고려해볼 수
있다.[46)] 그러나 한국은 이미 독일의 보장국가론을 받아들이기 전부
터 미국의 규제에 관한 논의를 다양한 학문분야에서 수입해 왔다.
따라서 독일에서 논의되는 규제개념(Regulierung)과 미국법상의 규제
개념(Regulation)을 우리의 입장에서 어떻게 이해할 것인가를 정리하
는 것이 선행되어야 한다. 더불어 우리 실정법상의 규제개념이 어떠
한 입장에 있는지도 검토해야 할 것이다.

영미계의 학자들은 학문분과적으로 다양한 의미내용을 담고 있
는 규제개념(Regulation)에 대하여 다음과 같이 3가지 정도로 개념을
구분하고 있다고 한다. 먼저, 규제란 최협의로 "권위적인 복수의 규
칙(rule)의 공포로서, 어떤 메커니즘, 이 규칙의 준수를 감시하거나
증진하기 위하여, 전형적으로 공적 기관(public agency)에 의해 동반되

---

45) SBS뉴스, "국제중재법원 "용인시, 경전철 관련 5천억 지급"", 『SBS뉴스』,
    2011. 10. 6. 〈http://news.sbs.co.kr/ news/endPage.do?news_id=N1001001073〉 (2015.
    2. 8. 최종방문)

46) Schuppert, *The Ensuring State*, p.65 참조.

는 것"을 의미한다. 광의로는 "경제를 조종하기 위한 국가기관의 모든 노력"을 의미하지만, 더 나아가 최광의로는 "비의도적이거나 비국가적 절차를 포함하여 사회 통제의 모든 메커니즘을 망라하는 것"을 의미하기도 한다. 미국에서는 독립규제행정청이 발전하면서, 최협의의 개념을 주로 사용하게 되었는바, 다른 국가에서도 미국의 영향으로 독립규제기관이 발달하면서 이러한 최협의 개념이 좀 더 일반화되고 있다고 한다.[47] 이러한 개념의 다의성은 독일의 규제개념(Regulierung)에서도 나타나고 있다. 즉, 먼저 특정한 사실관계에 대한 규율(Regelung), 규범(Normierung), 질서(Ordnung)를 의미하는 것으로서 "인간의 행위가능성 및 처분가능성에 대한 모든 국가의 혹은 국가로부터 비준된 제한"이라는 탈규제위원회의 정의; 두 번째로 경제학에서 비롯된 경제적 사실관계와 관련된 정의; 세 번째로 최근에 조종학적 관점에서 도입된 것으로 "조종이든 규율의 방식이든, 사회적인 경과나 행정내부적 경과에 대하여든 사실상 모든 영향력의 행사"를 의미하는 정의 등이 그러하다.[48] 이러한 주장을 정리하면서, 독일의 베링거는 법적인 의미에서의 규제의 개념으로, 기업의 시장관련된 행위에 대한 영향으로서, 명령 및 금지에 의하고, 국가에 의하여 일방적, 고권적으로 만들어진다는 것을 기능적 요소로 제시하고 있다. 목적적 요소로는 단순한 위험방지에 머무르지 않고 적극적 요소로서 경제적 혹은 비경제적 목적을 추구하고, 모든 경제활동을 대상으로 하며, 조직적으로는 반드시 독립규제기관일 필요가 없다는 점도 추가하여 언급한다.[49]

이러한 규제개념의 공통적 요소를 추출하여 국내에서는 "행정주

---

47) Jacint Jordana/David Fevi-Faur, The politics of regulation in the age of governance, in: Jordana/Fevi-Faur(ed.), *The Politics of Regulation,* 2004, P.3-5 참조.

48) Berringer, a.a.O., S.85 참조.

49) Berringer, a.a.O., 94ff. 참조.

체가 사적활동에 대하여 공익이라는 목적달성을 위하여 개입하는 것"이라는 주장이 유력하게 제기되고 있다.[50] 이를 좀 더 추상화하여 "규제의 상대방에 대한 직접적 효과를 목적으로 하는 것으로서, 국민의 자유와 활동에 대한 개입 내지 제한이라는 침익적 의미의 것"이라고 보는 견해도 있다.[51] 이러한 견해들은 규제기관을 미국처럼 한정하지는 않지만, "국가기관에 의한 목적적인 개입작용"이라는 형식적인 관점에서의 정의를 시도하고 있다. 행정규제기본법은 규제를 행위의 효과에 주로 착안하여 "국가나 지방자치단체가 특정한 행정 목적을 실현하기 위하여 국민(국내법을 적용받는 외국인을 포함한다)의 권리를 제한하거나 의무를 부과하는 것으로서 법령등이나 조례·규칙에 규정되는 사항"으로 규정하고 있다(제2조 제1호). 이는 규제의 상대방이나 규정의 형식을 조금 구체화한 이외에는 학설상의 입장과 사실상 동일한 것으로 평가된다. 다만, 기업활동 규제완화에 관한 특별조치법은 행정규제를 "국가, 지방자치단체 또는 법령에 따라 행정권한을 행사하거나 행정권한을 위임 또는 위탁받은 법인·단체 또는 개인이 특정한 행정목적을 실현하기 위하여 기업활동에 직접적 또는 간접적으로 개입하는 것"을 말한다고 정하고 있다(제2조 제2호). 이는 기업활동의 규제완화를 목적으로 하는 입법취지상 규제의 상대방을 기업활동으로 한정하고 있는 것이다. 보장책임이 국가의 후퇴를 의미하는 것이 아니라 임무수행방식의 변화를 의미하는 것처럼,[52] 최근 정치적인 개혁과제로 지속적으로 요구되고 있는 규제완화나 규제철폐의 문제도 일종의 규제방식의 전환으로 이해되어야 할 것이라는 점이 지적되고 있다.[53]

---

50) 이원우, 『경제규제법론』, 2010, 11면.
51) 조성규, "전파법상 무선국 허가·검사제도의 법적 문제", 『행정법연구』 제39호, 2014. 7, 178면.
52) Hoffmann-Riem, a.a.O., S.27 참조.

반면, 최근에는 법정책적 차원에서 논의되는 총론적 의미의 규제 개념, 즉 '국가의 개입적 작용전반'이라는 규제와 구분하여 행정법적인 의미의 규제는 보장행정의 작용형식을 의미하는 것으로 보아야 한다는 주장이 대두되고 있다.[54] 보장국가의 구체적인 전략으로서 규제의 방식을 검토하기 위해서는 이러한 주장의 타당성이 검토되어야 한다. 생각건대, 미국법에서 유래한 규제(Regulation) 개념이 지나치게 광범위한 적용범위를 갖는 문제점이 있는 것은 사실이지만 이 개념을 보장행정의 작용형식으로 한정하는 것도 문제라고 볼 수 있다. 위에서 살펴본 바와 같이 보장국가와 보장책임의 차원과 기능을 구분해서 본다면, 보장행정의 개념자체도 다양한 차원을 망라하면서 사실상 대부분의 대상을 규율범위로 삼을 수 있다고 할 수 있다. 만일, 보장행정의 대상을 망산업과 같이 私化와 관련하여 파악하게 된다면 이는 보다 광범위한 범위에서 규제개념을 활용해 온 우리 실정법의 태도와 용어례와 부합하지 않게 되고, 보장행정을 책임의 분배 차원에서 이해한다면 역시 개념의 포괄성을 피할 수 없게 되는 것이다. 후자의 차원에서는 보장행정의 다양한 수행방식과 전략을 포괄하는 의미에서 규율체계나 보장행정법이라는 용어를 사용하는 것이 더 적절할 수 있을 것이다. 독일에서도 반드시 규제개념이 보장행정에 한정되고 있는 것은 아니며, 미국의 독립규제행정청에 비견할만한 기관이 없다는 점에서 규제의 주체에 있어서 좀 더 넓게 보는 견해가 유력한 실정이다.[55]

---

53) 규제철폐가 아니라 규제방식의 전환이나 규제대안으로서 대체질서에 대하여 주장하는 김유환, 『행정법과 규제정책』, 2012, 134면, 221면 참조. 규제완화 자체가 규제의 질을 향상시키는 'better regulation'이 규제정책의 목표로 되었다는 설명으로는 이원우, 앞의 책, 137면 참조.

54) 계인국, "보장행정의 작용형식으로서 규제", 『공법연구』 제41집 제4호, 2013. 6, 175-177면 참조.

55) Berringer, a.a.O., S.234f. 참조.

규제개념의 포괄성에도 불구하고 이를 실정법화하여 법적인 개념으로 사용하는 것에는 일정한 실익이 있다고 보아야 한다. 즉, 기존 행정법학에서 개별 행위별로 작용형식론을 적용하는 것을 넘어서, 규제라는 일종의 결합개념을 활용함으로써 규제의 주체, 규제의 목적, 규제의 형식 등과 같이 전체적인 체계를 종합적으로 고려할 수 있게 되기 때문이다. 또 규제의 개념에 침익적 작용만을 포섭함으로써 유도행정적인 작용(Lenkung)을 구별해 낼 수도 있다. 그러나 이러한 유도작용을 포함하여 전체로서의 규율체계를 시스템적으로 사고하고 이를 다시 규제의 전략으로 제시하는 것이 타당할 것이다. 이런 관점에서 보았을 때 개념적으로는 규제라는 개념에는 행정부의 집행작용뿐만 아니라 입법자의 규범설정의 요소도 포함된다고 보아야 하며, 오히려 보장행정법이라는 측면에서 입법자의 역할이 강조되어야 한다.[56] 보장국가를 실현하기 위한 규제전략은 대부분 입법자의 법률을 통하여 나타날 것이기 때문이다.[57]

2) 기간시설 산업에서의 규제방식과 정도

최근 실무적으로나 경쟁법적인 입장에서 통신시장에서 가능한 사전규제를 폐지하고 이를 사후규제로 전환하여야 한다는 주장이

---

56) Franzius, *Gewährleistung im Recht*(각주 14), S.127; Voβkuhle, Gesetzgeberische Regelungsstrategien der Verantwortungsteilung zwischen öffentlichem und privatem Sektor, in: Schuppert (Hrsg.) *Jenseits von Privatisierung und „schlankem" Staat*, 1999, S.47 참조.

57) 통상 현대국가에서 국민의 생활을 규율하는 척도와 규칙은 반드시 법령으로 제정되므로, regulation은 '법령의 제정 행위' 또는 '법령의 내용'을 의미하고, 규제의 '집행'이 법령에 '근거'한 개별·구체적인 행정처분의 형식으로 된다고 설명하는 견해로는 김태오/이소정, "방송통신 분야에서의 규제 재량권 확보와 규제불확실성 해소방안", 『정보통신정책연구원 기본연구 14-06』, 2014. 11, 41-42면 참조.

지속적으로 제기되고 있다. 더불어 요금인가제와 같은 가격규제도 점차 폐지되어야 한다는 주장이 힘을 얻고 있는 실정이다[58] 이를 계기로 대표적으로 私化된 시장이라고 볼 수 있는 통신시장에서의 규제의 방식과 정도가 문제될 수 있다. 즉, 이러한 시장에서는 경쟁이 유효화됨에 따라서 규제가 추구하는 공익이 달성되므로, 규제라는 형식은 실효성을 잃게 되는 것이 아닌가 하는 의문이 제기되는 것이다. 반면, 보장행정의 작용형식으로 규제라는 측면에서 일반 경쟁법적 규제의 공동선을 구상을 넘어서서 생존배려관련적 급부제공의 망경제영역에서 경쟁을 처음 설립하는 것으로서 규제된 경쟁으로 이해하여야 한다는 입장에 따르면, 경쟁만으로는 이러한 공동선을 달성할 수 없을 것이다.[59] 그 결론을 일률적으로 도출할 수는 없겠으나 추상적으로는 규제방식의 정당성을 판단하는데 있어서 과잉금지원칙을 고려하면서 입법자의 형성의 자유가 인정된다는 점이 강조되어야 할 것이다.[60]

이 문제와 관련하여 우리의 경우 학원의 설립·운영 및 과외교습에 관한 법률에서 교습비등의 조정명령을 발할 수 있도록 규정하고 있다는 점은 매우 흥미로운 비교점으로 여겨진다. 동 법률에 따르면 교육감은 학원설립·운영자가 정한 교습비등이 과다하다고 인정하면 직접적인 가격인하로서 그 조정을 명할 수 있다(동법 제15조 제6항, 구 제15조 제4항). 이러한 제도가 헌재의 위헌성 심사를 통과할 것인지는 아직 예상하기 어렵지만,[61] 이른바 학원교습시장은 경쟁상황이

---

58) 이봉의, "전기통신사업법상 소매규제의 개편방안", 『경제규제와 법』 제1권 제2호, 2008. 11, 18면 이하 참조. 규제완화에 있어서 규제방식의 전환 및 대체적 법질서의 모색 등 공법적인 다양한 분석과 대응방안에 대하여 연구한 것으로는 김유환, 『행정법과 규제정책』, 139-140면 참조.
59) 계인국, "망규제법상 규제목적의 결합과 그 의의", 93-94면 참조.
60) Berringer, a.a.O., S.190f. 참조.
61) 서울행법 2010. 4. 29. 선고 2009구합55195 판결은 수강료 조정제도에 대하여

매우 높다는 점에서 사교육 방지라는 비경제적 목적에 의한 규제에
서는 입법자가 매우 직접적인 규제수단을 허용하고 있다고 보인다.
이와 비교할 때 통신 등 기간시설산업의 시장에서는 해당 기업이 일
종의 독과점적 지위를 유지하며 불완전한 경쟁을 함에도, 상대적으
로 간접적인 완화된 수단으로 규율되고 있는 셈이다. 물론 이는 규
제목적에서 오는 차이일 수 있다. 그러나 경쟁의 정도만을 가지고
비교해 본다면 오히려 통신시장이 보다 강화된 수단을 사용하는 것
도 시도해 볼 수 있을 것이다. 아무튼 실무적으로 기간시설산업에서
규제의 강도가 점차 약화되는 경향이 있고, 이것이 보장국가적 착안
과 연결되어 오해될 수 있는 가능성은 충분하다고 여겨진다.

3) 규제의 전략 ─ 규제된 자율규제 ─

보장국가에 관한 논의를 바탕으로 할 때 사인과의 협력이나 개인
의 자율성을 강화하고 그로 인한 성과를 보장하는 다양한 전략적 조
합이 규제의 방식으로 사용될 수 있을 것이다. 이하에서는 서론에서
언급한 단말기유통법과 관련하여 많은 문헌에서 보장행정의 대표적
인 규제전략으로 제시되는 '규제된 자율규제'(regulierte Selbstregulierung)
의 개념을 적용하는 것으로 논의를 한정한다.[62]

규제된 자율규제는 독일에서도 실정법적이거나 도그마틱적 개념
이 아니라고 한다. 따라서 그 내용을 기술적으로 서술하여 개념을

"위 제도로 인하여 제한되는 사익은 과다한 수강료를 받지 못하는 불이익
인 반면, 이를 통하여 추구하는 공익은 사교육비의 절감, 사교육기회의 차
별의 최소화, 교육자원의 합리적인 배분 등으로 그 법익의 균형성도 충족
하므로, 학원 수강료 조정제도를 규정한 위 법 제15조 제4항이 학원설립·
운영자 등의 재산권이나 직업수행의 자유를 침해하였다거나 시장경제의
원칙에 반하는 위헌적인 법률이라고 볼 수는 없다"고 판시하고 있다.
62) Schuppert, *The Ensuring State*, p.65-66. 참조.

설명하는 것이 일반적인데, 규제된 자율규제에서는 사인의 자기책임, 동기 및 혁신이 가능한 넓게 유지된 채로 있지만 동시에 국가는 공공복리사항을 보장하는 틀을 설정하게 된다. 이러한 틀은 목표설정과 절차규정으로 구성되며, 이 틀을 보장하기 위하여 사인에 대한 자질요구와 국가의 감독이 필요하다는 것이다.[63] 이러한 개념상의 특징으로 인해 사인을 활성화하여 급부를 제공하게 한 후 이에 대한 보장을 한다는 보장국가적 현상의 전형으로 여겨지게 되는 것이다. 이 관점에서 보았을 때 단말기유통법의 규율방식은 일종의 규제된 자율규제와 유사하게 파악할 수 있다. 동법은 지원금의 차별 지급 금지(제3조)와 지원금의 과다지급 제한 및 공시제한(제4조)을 중요한 규제내용으로 삼고 있다. 그런데 방송통신위원회 등의 규제기관이 직접 수많은 대리점과 판매점을 일일이 조사하여 규제내용을 강제하기에는 현실적인 어려움이 있다. 이러한 관점에서 동법은 이동통신사업자에게 공시의무(제4조 제3항)나 구분 고지(제7조) 등의 의무를 부여하는 동시에, 사실상 자율규제를 주도하는 주체로 삼고 있는 셈이다. 더불어 이용자에게는 이러한 공시내용을 확인하여 적극적으로 대응하게 하고, 손해배상청구의 권리도 부여하여 전체 규제체계에 협력하게 하는 구조를 갖는다고 평가할 수 있다.

다만, 현실적으로 이동통신사업자 사이의 과열경쟁이 일어날 경우 이러한 자율규제체계가 제대로 작동할 수 있을 것인지는 의문이다. 더 나아가 이러한 규율체계만으로 통신요금의 완화를 유도할 수 있는지도 장담할 수 없다. 이는 결국 규제목적과 수단 사이에 적절한 비례관계가 설정되었는지에 따라 위 자율규제체계의 적합성을 평가할 수밖에 없다. 규제기관은 동법의 목적은 차별을 배제하는 것이지 통신요금인하를 목적으로 삼지 않는다고 항변할 수 있다. 그러

---

63) Thoma, a.a.O., S.30f, 40f. 참조.

나 기존에 경쟁에 맡겨져 있던 보조금 및 단말기 가격에 대하여 이를 소비자들 사이에 동일하게 적용하도록 만드는 것이 정당한 입법목적인지가 다시 문제될 것이다.[64] 동일한 보조금을 기초로 하면 사실상 대리점이나 판매점은 사용할 수 있는 경쟁수단이 매우 제한되기 때문이다. 대리점 등의 경쟁없이 과점사업자인 이동통신사업자들 사이에 요금제만으로 적절한 경쟁을 유도하는 것은 매우 어려운 일이 될 것이다.

그럼에도 불구하고 단말기유통법이 이동통신사업자에게 일종의 완화된 규제수단을 제공하는 이유가 무엇인지 숙고될 필요가 있다. 조심스럽지만, 입법자는 망산업을 수행하는 사업자를 단순한 규제의 대상으로만 파악하는 것이 아니라 공적 임무수행에 참여하는 보다 성숙한 협력자로 본다고 가정해 볼 수 있다. 만일, 이동통신사업자가 이러한 공적 임무수행(자율규제)을 제대로 수행하지 않는다면, 보장책임의 구조는 적절한 규제수단을 투입하여 대응하여야 할 것이다.

5. 비판적 수용

보장국가론은 그동안의 외국 이론의 계수과정과 비교해 보았을 때 그 범위와 정도에 있어서 한국 행정법체계에 상당한 파급력을 가질 것으로 보인다. 이는 보장국가론이 私化의 과정을 분석하는 본래의 의미를 넘어서 전체 행정영역에서 임무수행의 방식을 변화하여 궁극적으로 행정법과 국가의 개조라는 기능을 스스로 떠안고 있기

---

64) 법률안 제정당시 심사보고서에 따르면, "이 법은 이러한 과도하고 불투명한 보조금 지급에 따른 문제점을 해소하고, 투명하고 합리적인 단말기 유통구조를 만들어 나감으로써 이용자의 편익을 증진한다"는 목적으로 제정되었다. 미래창조과학방송통신위원회, 『이동통신단말장치 유통구조 개선에 관한 법률안 심사보고서』, 201. 5. 참조.

때문이다. 그럼에도 불구하고 보장국가론의 논의와 그 구체적 함의로서의 규제전략을 그대로 받아들이기에는 여전히 의문시되는 점이 있는 것도 사실이다.

보장국가론은 그 개념의 차원과 기능에 있어서 다양한 층을 포괄하고 있다는 점에서, 먼저 그 층위를 구별하여 인식하는 것이 필요하다. 특히 보장국가론이 갖는 정치적 기능에 경도되어 함부로 기존 국가상과 행정법의 법리를 모두 대체하는 이념으로 제시하는 것은 조심스러울 수밖에 없다. 가령, 최근 제기되는 증세 및 복지논란이나 실업대책과 같은 분야에 있어서 구체적인 재정적인 상황이나 지금까지의 복지수준 등을 살펴서 복지국가와 급부행정의 문제를 개선하려 하지 않고 모든 문제를 일거에 해소하기 위한 (혹은 감추기 위한) 대안으로 보장국가론이 제시될 우려도 있는 것이다.

물론 현대 국가에서 발생하는 다양한 사인과의 협력과 책임의 분배현상을 보장국가의 틀로 분석하는 것은 매우 유용하다고 할 것이다. 거기에 현대국가의 만성적인 재정부족이나 정보나 지식의 부족 상황을 살펴볼 때 국가의 능력에 한계가 있다는 점을 인정하고, 위기를 극복하기 위하여 보장국가론이 제시하는 착안점을 수용하는 것은 스마트한 규제전략 수립에 상당한 도움이 될 것으로 보인다. 그러나 각각의 제도변화에는 항상 조세국가원칙에서 비롯된 소득의 재분배와 같은 별도의 고려사항들이 있는 만큼 각 제도의 합리성을 개별적으로 형량하는 것이 필수적으로 요구된다. 또한 각국이 처한 산업상황, 국민적 합의 및 정치과정의 차이로 인하여 제도의 적용모습도 현저히 달라진다는 점도 유념해야 한다. 이러한 측면에서 살펴보면 제도의 총합으로서의 보장국가론을 일종의 저장소로 보고, 보다 실질적이고 구체적인 지침을 한국의 문제상황에 맞추어 선택적으로 활용하는 지혜가 필요할 것이다.

제2절 철도산업에서의 국가책임

1. 문제의 제기

국민을 슬픔과 분노에 잠기게 했던 세월호 사태와 그 후속 과정에서 가장 많이 부각된 것은 '책임(Verantwortung)'이라는 단어이다. 정치권과 언론에서 주로 문제삼는 것은 "누가 이 사태에 책임질 것인가"라는 관점이라면, 행정법학적인 관심은 주로 "앞으로 어떻게 책임을 지는가"에 모아진다.[1] 두 개의 책임개념이 반드시 일치하는 것은 아니지만, 서로 영향을 미치며 밀접하게 관련된다고 하겠다. 최근 행정법학적으로는 사인과의 私化,[2] 임무의 분배 내지 협력적 임무수행이라는 관점에서 책임개념이 많이 논의되고 있지만,[3] 최근 국가적 위기상황에서 실제로는 민간도, 국가도, 그 협력적 조직도 제대로 책임지지 못했다는 냉정한 평가에 비추어 본다면, 다시금 "누가 어떻게 책임을 질 것인가"라는 문제가 국가행정조직을 넘어 헌법구조 내지 국가기능 전반에 걸친 개혁에 있어서 핵심적 과제가 될 것이다.

이러한 문제의식은 최근 행정법학에서 새롭게 도입되고 있는 보장국가(Gewährleistungsstaat)에 관한 논의에서도 매우 중요한 역할을 한다.[4] 공공복리의 실현에 있어서 국가가 직접 임무를 수행하는 대

---

1) 책임(Verantwortung)개념을 다양한 맥락에서 법학적으로 비교 검토한 것으로는, Peter Saladin, *Veantwortung als Staatsprinzip*, 1984, S.26ff.; Jan Henrik Klement, *Verantwortung*, 2006, S.29ff.; 제3장 제1절 2. (1) 참조.
2) 제6장 제2절에서는 私化라는 학문적 용어와 함께 철도민영화라는 시사적으로 고착화된 표현을 경우에 따라 구별하여 사용하기로 한다.
3) 책임개념이 법학에 도입된 연원, 목적과 기능 및 용례 등에 관하여 설명하는 것으로는 Reinhard Ruge, *Die Gewährleistungsverantwortung des Staates und der Regulatory State*, 2004, S.161ff. 참조.
4) 최근 김남진 교수의 소개로 우리 학계에서도 보장국가론에 대한 논의가

신 사인이 일정한 역할을 하고, 국가는 이러한 임무수행이 제대로 이루어지도록 보장하는 현대국가의 변화된 국가상을 지칭하는 개념으로 보장국가를 이해한다면,[5] 국가와 사인의 협력의 형태와 정도에 따라 다시 국가가 부담하는 책임의 형태와 정도가 정해질 것이다. 여기서 다루는 행정임무의 私化는 변화된 국가상을 나타내는 대표적인 현상이다. 국가가 이행하던 전통적인 생존배려적 임무는 私化를 통하여 제공방식과 형태가 변화되고, 이를 통해 私化 이후에 나타나는 문제를 어떻게 대응할 것인가라는 私化후속법(Privatisierungsfolgenrecht)의 논의가 바로 전형적인 보장책임의 문제영역이기 때문이다.[6]

대표적인 망산업의 하나인 철도산업에 있어서는 보장책임의 내용으로 기간시설책임(Infrastrukturverantwortung)이 포함된다는 주장이 유력하게 제기되고 있다. 기간시설책임이란 私化의 경향이 지배되는 우편, 통신, 철도 등의 망으로 연결된 인프라 영역에서의 책임형태를 보장책임의 일종으로 설명하려는 개념이다. 도로, 철도, 수로, 항로, 통신망, 전기 및 가스망 등은 인간, 재화, 정보의 거리(Entfernung)를 극복하는 데, 즉 이동·운송·전달에 기여한다는 특징이 있다. 이러한 망(Netz)은 공동체의 기본적 생존조건에 해당하는 것이므로, 모든 사람

본격적으로 시작되었다. 김남진, "자본주의 4.0과 보장국가론", 『법률신문』, 2011. 10. 17; 동인, "보장국가의 정착과 구현", 『법률신문』, 2012. 11. 15. 참조.
5) 보장국가개념의 일반적인 이해에 관하여는 Gunnar Folke Schuppert, Der Gewährleistungsstaat —modisches Label oder Leitbild sich wandelnder Staatlichkeit?, in: Schuppert(Hg.), Der Gewährleistungsstaat — Ein Leitbild auf dem Prüfstand, Baden-Baden 2005, S.11; Claudio Franzius, Vom Gewährleistungsstaat zum Gewährleistungsrecht —Kommentar—, in: Schuppert(Hg.), Der Gewährleistungsstaat, S.53; 계인국, "보장행정의 작용형식으로서 규제—보장국가의 구상과 규제 의미의 한정—", 『공법연구』 제41집 제4호, 2013. 6 참조.
6) Schulze-Fielitz, § 12 Grundmodi der Aufgabenwahrnehmung, in: Hoffmann-Riem/ Schmidt-Aβmann/Voβkuhle, Grundlagen des Verwaltungsrechts, 2.Auf. 2012, S.848 참조.

이 적절한 조건으로 접근할 수 있는 가능성이 보장되어야 한다. 경
제학적으로는 망의 공급이 자연적 독점에 해당하므로 경쟁에 의한
조절만으로는 적합하지 않고 국가의 개입이 필수적이라고 본다. 그
에 따라 국가는 사회적, 경제적, 정치적 통합의 형성이라는 망기간시
설의 기본기능을 유지하기 위하여 기간시설의 기본공급(Grund-
versorgung)을 충분하게 하는 기준을 보장하는 책임을 진다는 것이다.
이러한 견해는 기간시설책임의 구체적인 내용으로 망과 역무의 분
리, 1차망과 2차망의 구별, 규제를 통한 경쟁의 확립, 보편적서비스
(universalsienst)의 보장 등에 대하여 설명하고 있다.[7]

　본고에서 철도산업에서의 국가책임을 설명하는 핵심개념으로 사
용하는 것이 바로 보장책임으로서의 기간시설책임이다. 다만, 보장
책임 내지 기간시설책임의 구체적인 내용은 각 나라의 실정법적인
구조와 임수수행방식에 따라 정도와 형태가 달라지기 마련이다. 기
간시설책임을 주장하는 게오르크 헤르메스(Georg Hermes)도 국가가
제대로 기능하는 기간시설을 보장하는 방법으로서 국가가 직접 기
간시설을 운영하거나, 사인이 한정된 기간동안 입찰을 통하여 기간
시설을 운영하거나, 망과 역무를 분리하여 망의 접근을 보장하면서
역무에서는 경쟁하도로 하는 방식을 생각해 볼 수 있고, 이러한 구
조는 당연하게 전제되는 것이 아니라 결국 민주적으로 정당화되는
결단을 통해 질서틀을 형성함으로써 만들어진다고 설명하고 있다.[8]
결국 보장책임이라는 개념도 국가임무의 수행방식으로서 여러 책임
의 유형 중에 하나로서 다양한 스펙트럼을 갖는다고 본다면,[9] 철도
민영화의 형태나 구조가 다른 우리나라에서는 그에 상응하여 기간

---

7) Georg Hermes, Gewährleistungsverantwortung als Infrastrukturverantwortung, in:
　　Schuppert(Hg.), *Der Gewährleistungsstaat,* S.112ff. 참조.
8) Hermes, a.a.O., S.114-115, 120.
9) 제3장 제3절 1. 참조

시설책임의 구체적 내용도 다르게 파악하게 될 것이다. 더욱이 아직까지 철도산업에 私化나 경쟁체계가 도입되지 않은 우리의 상황에서는 막연히 독일의 보장책임론이 우리의 철도산업에 적용되어야 한다고 보기보다는 私化나 경쟁체계의 도입여부를 결정하는 현 단계에서 우리에게 실질적인 규범적 지침을 우리 헌법과 실정법 체계에서 찾으려는 노력을 다하여야 할 것이다.10) 이러한 관점에서 본고는 우선 철도민영화의 경과과정을 비교법적으로 검토하고, 그동안 문제되었던 2013년 정부의 철도산업 발전방향을 소개하면서, 여기서 나타나는 공법적 문제점을 국가책임이라는 관점에서 검토하려고 한다.

2. 철도민영화의 비교법적 고찰

1) 영국

1980년대에 들어 대처 정부는 대부분의 국영기업의 私化를 시도하였으나, 철도산업만은 私化가 어려운 분야로 여기고 있었다.11)

---

10) 독일에서도 최근 법학적으로 논의되는 책임개념에 대하여 문제발견적 (heuristisch)인 개념영역과 규범적(normativ)인 개념영역이 혼동되어, 서술적인 책임의 묘사로부터 법도그마틱적인 설명없이 법적 권한을 도출하게 된다는 비판이 있으나, 이에 대하여는 책임개념으로부터 바로 법효과를 도출하는 것이 아니라, 법질서 특히 헌법질서로부터 규범적인 지침을 도출함으로써 개념의 혼동을 피할 수 있다고 한다. 책임개념은 단지 법률관계를 구조화하는 기능을 한다는 것이다. Ruge, a.a.O., S.169, 171 참조.

11) 이하 영국의 私化과정에 대하여는 별도의 인용이 없는 한, Martin Lodge, *On Different Tracks -Designing Railway Regulation in Britain and Germany*, Westport CT 2002, p.121 이하와 Wikipedia, Privatisation of British Rail, 〈http://en.wikipedia.org/wiki/Privatisation_of_ British_Rail〉(2014. 7. 1.최종방문) 및 홍갑선, "민영화 이후의 철도정책방향", 교통개발연구원 정책연구, 2000, 19면 이하를 참조하

1990년에 존 메이저가 보수당의 리더로서 수상이 되고, 1992년 선거에서 철도민영화를 공약하여 승리하자, 1993년에는 철도법(Railways Act)을 개정하여 철도민영화를 추진하게 되었다. 당시 영국의 私化 추진배경에는 스웨덴의 사례나 1991년 유럽공동체 지침 91/440의 영향이 있었다. 이 지침의 목적은 철도기업의 경영상 독립성을 확보하고, 철도운영과 기간시설의 경영을 철도운송서비스 공급으로부터 분리하되 회계분리는 필수적으로 조직 및 제도적 분리는 선택적으로 하며, 기업의 재정구조를 증진하고, 회원국의 망에 대한 접근을 보장함으로써 철도를 단일시장의 수요에 적응시키고, 효율성을 증진하는 것이다.[12] 그러나 이보다는 주로 이전의 망산업에서의 私化의 추진 경험이 반영된 것이라고 한다.[13]

1994년 私化가 시행됨에 따라 영국철도산업 구조는 레일트랙(Railtrack)이라는 기간시설 관리회사를 중심으로 개편되었다. 당초 私化를 계획했던 1992년 백서 "New Opprtunities for the Railways"에 의하면, 私化 이후에 잔존하는 선로와 신호기 등의 자산은 망소유관리회사인 레일트랙에 속하지만, 레일트랙은 새롭게 브리티시 레일(British Rail)의 일부가 되고, 브리티시 레일이 매각시까지 서비스와 기간시설을 책임지는 두 자회사를 소유하도록 구상되었다. 그러나 이러한 구상은 브리티시 레일이 근본적으로 정부의 私化 계획을 반대한다는 이유로 거부되면서, 레일트랙은 브리티시 레일로부터 분리되어 1996년까지 유동화되는 것으로 하였다(실체적 私化).[14] 그에 따라 레일트랙은 선로, 신호기 및 역사의 소유권을 갖지만, 이 중 대부분의 역사는 여객운송사업자에게 대여하고, 그 운영비는 이들 사업자에게

여 정리한 것이다.

12) Article 1, Eu Directive 91/440 참조.

13) Lodge, op. cit., p.127 참조.

14) Lodge, op. cit., p.129 참조.

부과되는 사용료로 충당하였으며, 정부로부터의 보조금은 지급받지
않게 되었다.15) 철도시설의 유지와 보수는 영국철도시설서비스
(British Rail Infrastructure Services)에 외주를 통하여 처리되었다. 또한
브리티시 레일의 여객운송부분은 지역과 서비스형태에 따라 25개의
여객운송사업자(train operating company, 'TOC')로 분리되어 私化되었
다. 철도차량은 세 개의 임대회사('ROSCO')에서 소유하게 되었고, 화
물운송사업자는 6개로 분리되는 과정을 겪었다(망과 역무의 분리).

　한편, 私化된 철도산업에 대한 규제기능은 철도규제청(Office of
the Rail Regulator)의 장인 철도규제관(Rail Regulator)에게 부여되었다.
철도규제관은 철도시설의 사용계약에 대한 승인, 면허의 발급, 산업
표준의 감독 등을 담당한다. 이를 통하여 철도규제관은 레일트랙이
징수하는 시설사용료(access charge)에 대하여 검토하고, 사용자의 보
호와 경쟁법의 집행을 주요임무로 하였다. 이와는 별도로 당초 안전
규제에 대한 권한은 보건안전관리청(Health and Safety Executive)에게
부여되었으나, 2005년 법개정으로 철도규제청으로 이관되었다. 반면,
여객운송영업권(franchise)의 입찰과 판매를 담당하는 기관은 철도영
업권관리국(Offich of Passenger Rail Franchising, 'OPRAF')이 되었다. 영업
권관리국장(Franchising Director)의 지휘로 이 기관에서 영업권협약을
통하여 사업자의 최소 서비스조건을 정하고, 여객운임을 규제하게
되었다. 그에 따라 私化를 위한 최초의 경쟁입찰과정에서는 정해진
예산에서 최저의 보조금으로 운영하도록 입찰한 사업자에게 영업권
이 낙찰되었다.

　이러한 급격한 私化과정을 거친 후 1997년경에는 철도민영화에
반대하던 노동당 정부가 집권하면서 당초의 철도산업 체계에 변화
가 예견되게 되었다. 더욱이 2000년경 하트필드에서 대형 철도사고

---

15) 홍갑선, 앞의 책, 20면 참조.

가 발생하자, 그 원인으로 차량접촉으로 인한 선로피로(rolling contact fatigue)가 지적되었으며, 근본적으로는 레일트랙이 선로에 대한 유지보수를 선로보수업자에게 외주한 것이 문제로 부각되었다. 이에 따라 급박하게 속도제한과 보수가 실시되었고, 이로 인해 재정위기에 빠진 레일트랙은 2001년 파산하여 정부의 관리에 놓이게 되었다. 그후 노동당 정부는 2002년 주주가 없고 정부가 대출을 보증하는 보증유한책임회사(company limited by guarantee)의 형태로 네트워크레일(Network Rail)을 설립하여 레일트랙을 인수하게 하였다(사실상의 재국유화). 그 결과 규제기관인 철도규제청과 영업권관리국의 조직에도 변동이 생겼으며, 私化로 다수의 사업자로 분리되었던 여객운송 사업자의 수도 줄어들기에 이르렀다.

영국의 私化의 목표는 망과 서비스를 분리하여, 망에 대한 자유로운 접속을 보장함으로써 최대한의 경쟁과 효율성을 추구한 것으로 평가된다.[16] 그러나 私化된 이후의 체계가 너무 복잡하고 지나치게 많은 회사가 관여함으로써 책임의 혼란과 사고, 고비용 등의 문제가 나타난 것으로 지적된다.[17] 더 나아가 다른 국가에 비하여 영국철도는 서비스의 질과 투자가 부족한데, 이는 철도망시설이 私化됨으로써 투자가 저하되었기 때문이라는 견해가 유력하게 제기되고 있다.[18]

2) 독일

독일연방철도(Deutsche Bundesbahn)는 1950년대부터 도로교통에 비하여 철도교통의 비중이 줄어들면서 장기간 재정상태가 악화되고

---

16) Lodge, op. cit., p.136 참조.

17) Wikipedia, Privatisation of British Rail 중 Criticisms 부분 〈https://en.wikipedia.org/wiki/Privatisation_of_British_Rail〉 (2017. 9. 24. 최종방문) 참조.

18) Martin Weidauer, Bahnprivatisierung in Groβbritannier, in: Ernst Ulich von Weizäcker u.a. (Hg.), *Grenzen der Privatisierung*, Stuttgart 2004, S.91 참조.

있었고, 1990년 독일이 통일되자 동독지역에서 독점적 지위를 유지
하면서 시설과 인력이 열악해진 독일 제국철도(Deutsche Reichbahnz)
를 합병하면서 근본적인 개혁이 필요하게 되었다.[19] 그밖에 독일 철
도개혁은 행정관청이면서 동시에 기업으로서의 모순적 지위, 규제
체계의 복잡성, 근거리 여객수송에서의 지역화의 부족, 유럽경제공
동체 지침(91/440/EWG)의 영향 등이 배경으로 지적되었다.[20] 그에
따라 연방교통부는 1989년 연방철도에 관한 정부위원회(Regierungs-
kommission)를 설립하여 개혁안을 마련한 후 1992년부터 철도구조개
편법(Eisenbahnneuordnungsgesetz)을 비롯하여 일련의 헌법 및 법률개
정을 추진하게 되었다. 정부위원회는 당초 일본과 스웨덴의 철도민
영화 모델을 검토하였으나 영국처럼 망과 서비스의 분리라는 개념
을 채택하지 않고, 그 대신 국가의 생존배려임무와 철도의 기업적
임무를 분리하도록 구상하였다. 이를 위한 기초로서 1993년 12월 기
본법 제87조e가 개정되었고, 이어서 1994년부터 일련의 철도개혁조
치(Bahnreform)를 위한 법률이 시행되었다.

이후 독일 연방철도와 제국철도는 합병되어 국가의 고권적 임무
인 허가 및 감독기능은 연방철도재산기구(Bundeseisenbahnvermögen)에
게 귀속되고, 기업적 임무인 철도선로, 역사 및 열차의 운영은 도이
치반(Deutsche Bahn AG, 'DB AG')에게 맡겨지게 되었다. 이러한 私化
의 전제조치로서 도이치반이 私法적으로 조직된 기업으로 시장에서
경제적으로 활동하기 위하여 기존 채무는 면제되었다.[21] 이후 새롭

---

19) 이하 독일의 철도민영화 과정에 대하여는 별도의 인용이 없는 한, Lodge,
op. cit., pp.143 이하; Sina Stamm, *Eisenbahnverfassung und Bahnprivatisierung*, 2010,
S.66ff.; Wikipedia, Bahnreform (Deutschland), 〈http://de.wikipedia.org/wiki/Bahnre
form_(Deutschland)〉(2014. 7. 1. 최종방문); 홍갑선, 앞의 책, 23면 이하를 참
조하여 정리한 것이다.
20) Stamm, a.a.O., S.67ff. 참조.
21) Stamm, a.a.O., S.80 참조.

게 설립된 도이치반은 내부적으로 4개의 부분으로 조직되었는데,
1999년 2단계 개혁으로 지주회사로 변환된 후에는 5개의 자회사를
거느리게 되었다. 지주회사인 도이치반의 자회사에는 여객수송을
담당하는 DB Regio AG, 장거래여객수송의 DB Reise & Toristik AG(이후
DB Fernverkehr AG), 화물수송의 DB Cargo AG, 역사관리의 DB Station &
Service AG는 물론이고, 망과, 신호기 등을 관리하는 DB Netz AG가 포
함되었다. 이러한 일련의 조치는 일종의 형식적 私化로 평가될 수
있다.22) 다만, 이후 도이치반의 매각이 추진되더라도, 기본법 제87조e
제3항에 따라 망의 건설, 유지, 운영회사의 과반수 지분은 연방이 보
유하여야 한다는 제한이 따르게 되었다.

　독일 철도개혁의 또 다른 목표는 사기업인 철도기업을 위하여 철
도망에 대한 차별없는 접근이 보장되어야 한다는 것이다. 이러한 목
표를 위해서 규제관청인 연방철도청(Eisenbahnbundesamt)이 설립되어
사업면허의 발급, 선로시설의 계획, 건설, 보조금의 배분 등을 담당
하게 되었다.23) 다만, 경쟁법적인 문제에 대하여는 연방카르텔청과
철도청이 공동으로 권한을 행사한다고 한다.24) 그밖에 철도개혁의
내용으로 근거리 여객수송에 관한 권한을 주에게 이전하는 소위 지
역화(Regionalisierung)가 포함되었다.

　한편, 2004년경 슈뢰더 총리에 의하여 주식매각을 통한 부분적인
실체적 私化를 추진하는 계획이 발표되었다.25) 그 후 수년간의 논의
를 거쳐 2007년경에는 소위 주식보유모델(Holdingmodell)에 따라, 근거
리 여객수송, 장거리 여객수송, 화물 수송 등에 재무적 지주회사
(Finanzholding)가 설립되어, 그 회사의 지분이 부분적으로 私化되도록

22) Stamm, a.a.O., S.91 참조.
23) 홍갑선, 앞의 책, 24면 참조.
24) Lodge, op. cit., p.155 참조.
25) Stamm, a.a.O., S.139 참조.

계획되었다. 연방정부는 2008년경 야당의 요구를 반영하여 연방하원에 법률의 개정없이 부분적인 실체적 私化를 추진하는 방안을 제안하였다. 이에 의하면 24.9%의 도이치반의 지분이 민간자본에 매각되는바, 이를 위하여 화물운송회사, 장거리여객운송회사, 지역여객운송회사, 서비스회사가 설립되는 하나의 회사에 귀속되게 된다. 도이치반은 100% 연방재산에 남으면서 이 회사의 과반수 지분을 갖는다. 더불어 철도인프라회사('EIU')는 계속적으로 완전하게 도이치반에, 즉 연방에 남아있게 된다. 또 민간지분매각을 통한 수익은 철도교통의 개선프로그램, 도이치반의 자기자본증가 및 연방재정에 사용되는 것으로 하였다.[26) 이러한 私化 모델을 수행하기 위하여 도이치반은 2008년 2월 자회사인 DB Mobility Logistics AG('DB ML')를 설립하고, 도이치반에 속하는 장거리 및 근거리 여객수송 및 서비스를 담당하는 기존 자회사들을 이 회사에 귀속시켰다.[27) 그러나 곧바로 불어닥친 2008년 금융시장의 악화로 추가적인 私化는 추진이 중단되었다.[28)

이러한 독일의 철도민영화에 대하여는 긍정적 평가와 부정적 평가가 엇갈리고 있다.[29) 실제로 도이치반은 근거리 교통에서는 상당한 경쟁에 직면해 있지만, 장거리 교통에서는 사실상 독점상태에 있다고 한다.[30) 다만, 유력한 견해에 의하면 지주회사인 도이치반의 자회사로서 망운영회사와 서비스회사가 같이 있는 것이 경쟁에 있어서 차별적으로 작용하는 것이 문제가 된다고 한다.[31)

---

26) Stamm, a.a.O., S.219f. 참조.
27) Stamm, a.a.O., S.226f. 참조.
28) Stamm, a.a.O., S.234 참조.
29) Martin Weidauer/Ernst Ulrich von Weizsäcker, *Deutsche Bahnreform zwischen Zuschüssen und Marktwirtschft*, in: *Grenzen der Privatisierung*, S.92 참조.
30) Weidauer/Weizsäcker, a.a.O., S.94f. 참조.
31) Eckhard Bremer, Gewährleistungsverantwortung als Infrastrukturverantwortung am Beispiel der Eisenbahnreform in Deutschlan, in: Schuppert(Hg.), *Der Gewährleistungsstaat*, S.141 참조.

3. 철도산업 발전방향의 개요

우리나라의 철도산업은 지난 수십년간 국가가 망과 역무를 직접 운영하는 철도청 체제로 있다가, 2003년경 철도청을 시설부문과 운영부문을 분리하되 철도시설은 국가가 소유하면서 시설공단에서 관리하고, 철도운영은 철도공사를 설립하여 운영하는 방안이 도입되었다. 그에 따라 철도산업발전기본법, 한국철도공사법, 한국철도시설공단법이 제정되었는바, 구체적으로는 철도시설의 건설임무는 시설공단에서는 담당하지만, 유지보수임무는 철도공사에 위탁하여 처리하도록 정해지게 되었다.32) 현행 철도사업법 제5조는 민간사업자에게도 면허를 발급할 수 있도록 허용하고 있으나, 실제로는 인천국제공항철도가 철도공사에 인수됨으로써 사실상 철도공사의 독점체제가 유지되고 있는 형편이다.33) 이러한 법체계는 철도산업에 있어서 일종의 조직 私化(형식적 私化)를 통하여 기업적 방식을 일부 도입한 것으로 평가할 수는 있겠으나, 아직 실체적인 私化의 단계로 나아간 것은 아니며, 더욱이 독일의 보장책임 내지 기간시설책임론에서 언급하는 망과 역무의 분리가 이루어진 것이라고 볼 수도 없겠다. 이는 국가가 간접적 이행책임 내지 변형된 보장책임을 가진다고 분석할 수 있을 것이다.34)

2013년 정부는 철도공사는 간선철도 중심으로 여객운송사업을 영위하면서 지주회사 역할을 수행하는 구조로 전환한다는 개편방안을 제안하였다.35) 이에 의하면 2014년 1단계로 철도물류 자회사를 설

---

32) 박정수/박석희, "공기업 민영화 성과평가 및 향후과제", 『한국조세연구원 연구보고서』, 2011. 12, 332면; 철도산업발전기본법 제38조 단서 참조.
33) 위키백과, "코레일공항철도"(http://ko.wikipedia.org/wiki/코레일공항철도) (2014. 9. 16. 최종방문) 참조.
34) 제4장 제3절 2. 참조.
35) 국토교통부, 『철도산업 발전방안』, 2013. 6. 참조.

립하는 것을 시작으로, 2단계로 차량정비·임대부문 자회사 설립(2015년), 3단계로 시설유지보수 분리 및 간선중심 지주회사 전환(2017년)하기로 예정되어 있다. 이와 더불어 경쟁환경을 조성하기 위하여, 간선(장거리여객운송)은 철도공사 중심으로 운영하며 일부 노선에 대해 공공부문 내 경쟁을 도입하고, 지선의 경우 수요가 적어 철도공사가 운영하기 부적합한 노선은 개방하되, 신규노선이나 철도공사에서 운영을 포기하는 벽지노선 등은 공공서비스를 유지하기 위해 보조금 입찰제를 통해 운영자를 선정하며, 신규사업자 참여가 없는 경우 철도공사와 지방자치단체간 협업형태(제3섹터)로 운영하는 방안을 검토하기로 하였다. 이러한 경쟁환경 조성의 일환으로서 정부는 수서발 KTX 노선을 철도공사 출자회사로 운영하기로 하였는바, 2013. 12.경 자회사의 설립등기 및 사업면허를 발급하였다. 그 후 철도파업을 거치면서 국회 내 철도산업발전소위원회를 설치하여 관련 문제를 논의하기로 합의된바 있다.[36]

4. 철도민영화의 쟁점

1) '민영화' 개념논쟁

2013년 말 철도파업을 계기로 수서발 KTX를 운영하는 철도공사의 자회사(현 주식회사 에스알)를 설립하는 방안이 '민영화(私化)'를 추진하는 것인지가 논란이 되었다. 당초에는 私化의 개념에 속할 수 있는지가 논의되었으나 향후 자회사의 정관변경을 통하여 민간에

---

36) 현재 철도산업발전소위원회는 철도요금 조정 등을 내용으로 하는 보고서를 채택하고 활동을 종료하였다. "국토위, 철도소위 활동보고서 채택…요금인상 '동의'", 연합뉴스, 〈http://news.naver.com/main/read.nhn?mode=LSD&mid=sec&sid1=100&oid=001&aid=0006867600〉 (2014. 9. 16. 최종방문) 참조.

지분을 매각할 수 있으므로, 私化의 전단계에 해당한다는 노조측의 주장과 공적자금 유치시 민간에 매각하지 않는데 동의하는 공적자금만 참여토록 하고, 투자약정·정관에서 민간매각을 제한하도록 명시하므로 私化의 우려가 없다는 정부의 주장이 대립되었다.[37)]

우선 개념적으로 보았을 때, 정부가 철도사업의 일부를 공기업의 형태로 운영하기로 한다는 측면에서 이러한 조치가 아직 실체적 私化의 단계에 이르지는 않았다고 볼 수 있을 것이다. 그러나 私化를 광의로 파악하여 "공기업의 경영 내지 공임무의 수행에 있어서 사경제적 방식의 도입"으로 이해하는 견해 등에 따른다면 그 개념에 포섭하는 것도 가능할 것이다.[38)] 필자는 私化를 "사인에게 임무가 이전되거나 임무의 이행에 사인이 참여하여 국가의 책임단계가 변화하거나 책임이 분배되는 현상"을 통칭하는 것으로 정의하였는바, 수서발 KTX 자회사를 사인으로 이해할 수 있는지 의문이 될 수 있으나, 일응 사법적으로 활동하는 자를 포함한다고 본다면, 일종의 책임의 분배현상으로 포섭할 수 있을 것이다.[39)] 그러나 이러한 논쟁은 개념의 포섭여부보다는 오히려 자회사의 설립을 통하여 실제로 정부가 의도하는 바와 같은 공익을 달성할 수 있는지에 의미가 있다고 하겠다. 즉, 국가책임론의 관점에서 정부가 추진하는 자회사 설립을 통하여 철도산업영역에서 과연 국가가 실질적인 책임을 다할 수 있는지가 문제인 것이다. 이를 위해서는 유효경쟁여부, 부채의 부담, 교차보조의 허용여부 등과 같은 관련 쟁점을 종합적으로 검토할 필요가 있다.

---

37) 국토교통부, 『철도산업 발전방안 주요 질의 답변』, 2013. 6, 4면; "[취재X파일] 승자없는 철도파업, 민영화프레임 갇혀 '코레일 수술' 본질 묻어", 헤럴드경제, 2013. 12. 31, ⟨http:/news.heraldcorp.com/view.php?ud=20131231000019&md=20140103004000_BK⟩ (2014. 7. 1. 최종방문) 참조.
38) 이원우, 『경제규제법론』, 2010, 644면 참조.
39) 제3장 제4절 2. (1) 참조.

2) 私化 결정의 고려요소

먼저, 私化란 순전히 정치적인 결단의 문제이며 법학적으로는 이에 대한 아무런 실질적 지침도 제공될 수 없다는 비판이 문제될 수 있다. 이에 대하여는 독일의 오스터로(Osterloh) 교수를 원용하면서, "私化에 대한 정책적 요구·명령을 현행법과 장래 법에 대한 결정적 주도적 지침으로 주어진 것으로 이해하여, 이러한 요구 내지 명령의 내용과 목표를 구체적·개별적으로 차별화하고 비판적으로 검토하는 것이 법학의 임무"로 보는 입장이 참고가 될 것이다.[40] 이에 따르면 법적으로 私化가 가능한지의 문제는 어떠한 私化의 목적, 임무, 그 주체, 수단, 정도와 함께 私化 이후의 규제체계를 고려하여 개별적으로 답변되는 문제가 되는 것이다.[41] 마찬가지로 본고의 주제와 닿아 있는 보장국가론에 있어서도 이 논의가 결국 신자유주의적인 입장을 대변한다는 비판과 이에 대한 반박이 존재한다.[42] 그러나 망산업과 같이 자연적 독점이 문제되는 곳에서는 연속적이고 예방적인 (규제)도구를 사용하여 시장질서를 우선적으로 확립하고, 지속적으로 보장하는 것이 바로 보장국가의 책임이라고 이해한다면,[43] 보장국가론은 결국 망산업의 私化 상황에서 공공복리의 실현을 위한 적절한 틀을 설정하면서 이로부터 원하는 공익적 효과가 발생할 수 있는지를 검토하여 입법자의 결정에 적절한 지침을 마련해 주는 기능을 할

---

40) 이원우, 앞의 책, 666면 참조.
41) 이원우, 앞의 책, 676면 참조.
42) Schuppert, a.a.O., S.22 참조.
43) Hermes, a.a.O., S.114; 보장행정의 작용형식으로서 규제는 질서법적 위험방어에 한정되지 않고, 생존배려적 급부제공의 망경제영역에서 경쟁을 설립하며, 사인이 공공복리에 분업적으로 참여하기 위해서는 규범적인 보장규정을 마련하는 것이 중요하다는 견해로는 계인국, "망규제법상 규제목적의 결합과 그 의의", 『강원법학』 제39권, 2013. 6, 93-94면 참조.

수도 있을 것이다.[44] 이러한 지침은 다시 헌법 내지 실정법 체계로
부터 뒷받침되어야 할 것이다.[45]

 법학적인 私化론 및 보장국가론의 관점에서 보면, 국내 철도산업
의 私化 내지 경쟁도입의 결정에 있어서 우선적으로 고려할 요소는
"철도공사의 기존 부채를 누가, 어떻게 책임질 것인지"이다. 2003년
철도공사를 설립하면서 제정된 철도산업발전기본법에 입법배경을
살펴보면, 당시 철도청의 부채의 처리와 관련하여 노조는 이를 전액
국가에서 부담하여야 한다고 주장하였으나, 고속철도는 건설계획시
부터 수익자부담원칙(Nutznieβerprinzip)에 근거하여 35%는 국고에서,
65%는 철도청이 자체조달 및 재정융자로 건설된 것이므로 철도청의
부채는 고속철도 운영수입을 통해 상환하는 것이 타당하다고 검토
되었음을 알 수 있다. 그에 따라 운영자산과 직접 관련된 부채(2004
년 기준 약 4.3조원)는 철도공사에서 인수하고, 고속철도시설부채
(2004년 기준 약 6.8조원)는 철도시설공단이 인수하며, 기타 철도사업
특별회계의 부채(2002년 기준 1조5,000억원)는 정부가 인수하도록 하
여 마련된 것이 동법 제24조인 것이다.[46] 여기서 비록 설립당시 직접
철도공사가 승계한 채무는 철도청의 부채 중 일부에 불과하더라도,
시설공단이 인수한 고속철도시설부채도 철도시설사용료를 통하여
철도공사가 부담하게 될 것이다. 더 나아가 철도공사의 부담은 고속
철도이용객이 지불하는 운임으로 상환될 것이므로, 결국 당초 정부
가 인수한 부채를 제외하고는 고속철도의 운영 및 설치비용은 모두
철도사용자에게 전가되는 구조를 갖게 되는 것이다. 이는 정부가 수

---

44) 보장국가론을 주장하는 대표자 중 하나인 슈페르트는 보장국가론이 분석
  적 기능과 정치적 기능이 있다고 한다. 그러나 보장국가의 구체적인 私化
  의 형태나 산업구조가 확정되지 않은 상태에서는 분석적 기능이 중시되어
  야 할 것이다. Schuppert, *Der Gewährleistungsstaat*, S.13ff. 참조.
45) Ruge, a.a.O., S.171 참조.
46) 건설교통위원회, 『철도산업발전기본법안 심사보고서』, 2003. 6, 17면 참조.

서발 KTX 수익을 건설부채 원리금 상환에 충당하도록 계획하고 있다는 점에서도 뒷받침된다.[47] 이러한 조치는 철도민영화시 기존 부채를 면제해 준 영국과 독일의 상황과 비견하면 그 타당성이 의심된다고 하겠다.[48]

공기업 부채와 관련하여 많은 경우 언론에서는 이를 공기업의 방만 경영의 문제로 다루고 있다.[49] 그러나 공기업의 부채 문제를 이처럼 도식화하여 이해하는 것보다는 오히려 그 배경에 있는 조세국가원칙(Steuerstaatsprinzip)의 관점에서 공동부담(Gemeinlast)과 특별부담(Sonderlast)의 원리적 대립관계로 파악하는 것이 타당할 것이다. 현대국가는 자신의 재정수요를 원칙적으로 조세를 통하여 마련하는 조세국가에 해당하므로, 국가가 부담하는 임무가 일반적인 내용이라면 원칙적으로 조세를 통하여 충당되어야 한다. 그러나 그 임무가 특정한 범위의 국민을 위한 것이라면, 보상원리에 입각하여 수수료 등이 적합할 것이다.[50] 다시 말하자면, 망설치와 같은 임무수행에 있어서 그 비용을 공기업을 통하여 궁극적으로 전체 국민이 분담하는 구조를 갖는다면 이는 공동부담을 위하여 조세국가원칙을 따르는 것이지만, 반대로 그 비용을 모두 사용자에게 대가를 받고 회수하는 구조를 갖는다면, 이는 특별부담으로서 수익자부담의 원칙을 따르는 것이 된다.[51] 결국 어떠한 임무가 공동부담에 적절한지, 특별부담에

---

47) 국토교통부, 『철도산업 발전방안』 중 4. 기대효과 참조.
48) 박정수/박석희, 앞의 책, 445, 449면 참조.
49) "대형 공기업 중 첫 노사 합의 도출 … 부채 관리 강화 등 빠른 정상화 행보", 조선일보, 2014. 6. 30, 〈http://biz.chosun.com/site/data/html_dir/2014/06/29/2014062901569.html〉 (2014. 7. 2. 최종방문) 참조.
50) 박재윤, "전기간선시설 설치비용 문제에 나타난 공기업과 조세국가의 원리", 『행정법연구』 제28호, 2010. 12, 201면 이하 참조.
51) 전력사용에 있어서 환경부담에 대한 책임을 협력의 원칙과 수익자부담의 원칙 등을 기준으로 적절하게 분배하여야 한다는 논의로는 구지선, "전력사용에 따른 책임의 공정한 배분을 위한 법적 과제", 『공법연구』 제42집 제

적절한지가 일응의 입법적 지침이 되는 것이다.

이러한 관계를 철도공사의 부채처리에 적용하게 되면, 고속철도의 설치비용이 과연 공동체를 위한 일반적인 공익실현에 기여하는 것인지가 관건이 된다.[52] 이러한 문제의 해결에는 임무의 유형을 상대적으로 구별하여 접근하는 국가임무론적인 논의가 유용할 수 있다. 부채처리 등의 문제가 궁극적으로 실정법의 규정에 의하여 결정되는 것이고, 정치적 과정을 통하여 정당화되는 것이라고 보더라도, 실정법을 통한 私化의 결정시에는 위에서 살펴본 비용부담에 있어서의 공동부담 내지 특별부담의 대립원리에 대한 충분한 고려가 있어야 할 것이다. 공기업의 비용부담 문제에는 이미 조세국가적인 결단이 포함되어서 조세를 통한 국가전반의 소득재분배의 구조가 포함되어 있다고 본다면, 私化는 이러한 소득재분배의 구조를 근본적으로 변경하는 것이 되기 때문이다. 결국 공기업인 철도공사의 부채 문제는 철도에서 발생하는 이익을 단순히 재정적인 관점에서 철도 사용자의 개별적인 이익으로만 파악할 것인지 아니면 철도가 갖는 공동체의 통합형성에 기여하는 기능 및 전체 국민경제에 대한 기여 등을 고려할 것인지에 달려있다고 본다.

한편, 수서발 KTX의 자회사 설립에 있어서 실제로 정부가 의도하는 바와 같은 유효경쟁이 가능할 것인지가 문제된다. 정부는 이를 위하여 출자회사에 대한 철도공사의 경영권은 보장하되, 철도사업의 효율적인 운영을 제약하는 부당한 경영간섭은 배제하는 독립적 경영구조를 확립하겠다고 한다.[53] 이러한 방안은 공기업 내부의 경영

2호, 2013. 12, 363면 이하 참조.

52) 철도공사가 기업적 방식으로 운영되는 공기업이라고 하여 반드시 영리적인 방식으로 수익을 추구해야 한다고 볼 수는 없다. 이원우, 앞의 책, 650면; 박재윤, 「전기간선시설 설치비용 문제」, 200면 참조.

53) 국토교통부, 『철도산업 발전방안』 중 2. 경쟁환경 조성 방안 참조.

실적을 개선하기 위한 노력의 일환으로 독일과 같이 동일한 그룹에 속한 자회사 간의 경쟁제한적인 요소를 배제한다면 일정 부분 효과를 기대할 수 있을 것이다. 반면, 수서발 KTX의 운영에서 배제된 기존 철도공사의 입장에서는 KTX 수요가 분산되어 수익악화로 이어지고, 수서발 KTX의 수익도 건설부채의 상환으로 사용되어 결국 철도공사의 재무상황을 악화할 것이라는 우려가 있는 것이 사실이다.[54]

　　이러한 상황에서 수서발 KTX의 효과를 판단하는 것은 어려운 과제일 것이다. 이 문제는 단순히 경제적 효과가 있는지 보다는 궁극적으로 철도공사가 KTX의 운영에서 발생하는 수요를 적자노선을 운영하는데 사용하는 교차보조의 구조를 어떻게 평가할 것인가에 달려 있다. 많은 경우 입법자는 공익적인 목적에서 단순히 수익자 부담의 원칙을 넘어서는 의무를 독점사업자인 공기업에게 부여하는 경우가 있는바,[55] 이러한 의무부담은 일정 부분 의무자가 독점적 이익을 통하여 일종의 교차보조를 함으로써 가능하게 되는 것이다.[56] 결국 기간시설인 철도산업에 있어서 국가의 책임내용에는 경쟁이나 수익추구 이외에도 벽지노선운영과 같은 공익이 있다는 점을 고려하여 조화적으로 판단해야 할 것이다. 반면, 정부는 1단계의 구조개편방안으로 철도물류 자회사를 설립한다고 하는바, 운송적자의 120%가 물류부분에서 발생한다는 배경을 살펴볼 때 이를 비교적 긍정적으로 평가할 수 있다.[57] 현행 체제에서 기업의 수출에 대한 간접적

---

54) 정부는 수서발 KTX 개통초기에 서울-용산역발 수요의 일부가 수서로 이전될 가능성이 있으나, 향후 전체적인 철도수요 증가로 회복될 수 있다고 한다. 국토교통부, 『철도산업 발전방안 추가 질의 답변』, 〈https://www.molit.go.kr/USR/WPGE0201/m_35400/DTL.jsp〉(2017. 9. 24. 최종방문) 참조; 반면, 정부의 수요예측이 과장되었다는 비판도 있다. 한겨레, 2014. 1. 7, 〈http://www.hani.co.kr/arti/economy/economy_general/618823.html?_fr=sr23〉(2014. 7. 2. 최종방문) 참조.
55) 주택법 제28조 (간선시설의 설치 및 비용의 상환) 참조.
56) 헌재 2005. 2. 24, 2001헌바71 결정 참조.
57) 국토교통부, 『철도산업 발전방안』중 [단계별 추진방안] 참조.

인 국가지원이라는 공익을 인정하더라도 여객수송에 비하여 국가의 책임은 상대적으로 적어질 것이므로 교차보조의 필요성은 크지 않을 것이기 때문이다. 여기서는 공동부담보다는 수익자부담원칙에 따른 특별부담의 필요성이 큰 것이다.

3) 私化에 대한 통제

이제 철도민영화의 과정을 어떤 방식으로 통제할 수 있는지가 문제된다. 일응 私化의 문제는 입법자의 재량이 인정되는 영역이므로, 민주적인 정치과정을 통하여 결정되는 것으로 족하지 사법적인 통제는 불가능하다고 볼 여지도 있다.[58] 그러나 이러한 과정에 대하여도 헌법소원이나 행정소송을 통한 통제가 어느 정도 제한적으로 가능하다고 보아야 할 것이다.[59] 이러한 소송에서의 심사기준으로 주로 문제되는 것은 조직 내부 구성원의 공무담임권이나 근로권, 기존 급부를 제공받던 사용자의 권리와 사회적 기본권, 私化를 통한 지위 변동을 이유로 한 평등권 등이다.[60] 본고에서 다루는 보장책임이나 기간시설책임의 구체적 내용이 심사기준으로 사용될 수 있는지도 문제된다. 이러한 국가책임이 헌법적인 근거를 갖는다는 점을 인정할 수 있으나,[61] 이는 일종의 헌법원리로서 위헌심사의 기준보다는 입법의 지침으로 활용되어야 할 것이다.[62]

---

58) 독일에서는 시민에게 특정한 조직형태를 주장하거나, 재량의 하자가 없는 '올바른' 조직형태의 선택을 요구할 권리는 주어지지 않는다는 견해가 있다. Roman Loeser, *System des Verwaltungsrechts*, Bd.2 Verwaltungsorganisation, 1994, S.103. 참조.

59) 박재윤, "행정조직형태에 관한 법정책적 접근-독일 조종이론적 관점에서-", 『행정법연구』 제26호, 2010. 4, 277-278면 참조.

60) 헌재 2014. 4. 24, 2011헌마612; 2002. 6. 27, 2001헌마122 결정 참조.

61) Hermes, a.a.O., S.117ff. 참조

62) 박정훈, "행정법의 일반원칙과 헌법원리", 『한국공법학회·대법원 헌법연구

私化 과정의 통제를 위하여 주목해야 할 점은 오히려 법률유보 내지 의회유보의 관점이 될 것이다. 위에서 살펴본 바와 같이 私化 의 결정 내지 책임의 분배는 기존의 조세국가원칙을 기반으로 한 소득재분배구조에 중대한 영향을 미친다고 할 것이므로, 의회에서 결정되어야 할 본질적인 사항이라고 볼 수 있기 때문이다.[63] 이와 관련하여 정부는 현행 법률의 개정 없이도 철도산업 발전기본법 제31조, 철도사업법 제5조를 근거로 하여 철도공사가 출자한 회사는 철도사업법상 면허 발급 및 선로사용계약만으로 수서발 KTX 사업을 영위할 수 있다는 입장을 취하고 있다.[64] 그러나 철도산업발전기본법에는 철도공사와 철도시설공단이 각각 자산과 부채를 인수하여 단일한 공기업체제로 철도사업을 운영하기로 하는 입법자의 결단이 들어 있었다고 본다면,[65] KTX 자회사의 설립은 단순히 민간사업자가 사업면허를 받아 철도공사에 대한 보조적인 역할을 수행하는 것을 넘어서 이러한 입법자의 결단을 실질적으로 변경하게 될 것이다. 따라서 의회에서의 논의를 거쳐서 입법적으로 처리하는 것이 타당하다고 본다. 독일에서도, 최근 추진하는 지분보유방식에 의한 실체적 부분 私化에 있어서 연방철도망에 관한 자세한 사항을 연방법률로 정하도록 한 기본법 제87조의e 제4항 제2문에 위반되므로, 이를 추진하기 위해서는 법률의 근거가 필요하다는 견해가 주장되고 있다.[66]

회 공동학술대회 자료집』, 2014. 5, 10-11면 참조.

[63] 독일의 제도적 유보설의 취지에 따라 철도의 私化에 대한 문제를 국회에서 다루어야 한다는 견해로는 김남진, "법률유보이론의 재조명 – 특히 제도적 유보설과 관련하여 –", 『법제연구』, 2014. 6, 7면 이하 참조.

[64] 국토교통부, 『철도산업 발전방안 주요 질의 답변』, 6면 참조.

[65] 구 철도산업발전기본법(2003. 7. 29. 법률 제6955호로 제정된 것) 제23조, 제24조 참조.

[66] Stamm, a.a.O., S. 238면 참조.

4) 경쟁도입 이후의 국가책임의 수단

정부의 방안대로 철도공사와 수서발 KTX의 자회사 사이에 경쟁
체제가 도입된 이후에는, 일종의 보장책임의 관점에서 규제의 문제
가 발생하게 될 것이다. 이와 관련하여 요금규제, 사용자 보호, 입찰
방식, 보조금 등 공적자금의 투입 등에 대한 적절한 검토가 이루어
져야 할 것이다. 더불어 민간사업자가 참여할 경우에는 적절한 시설
투자의 확보방안 등에 대하여도 검토가 필요하다.

정부가 의도하는 2단계, 3단계 개편단계가 되면, 차량정비·임대부
분 및 시설유지보수 부분이 자회사로 분리될 것이다. 이 단계에서는
자회사의 비용산정 등에 있어서 비합리적이고 지나치게 높은 요율
을 설정하지 않도록 세밀한 규제가 필요할 것이다.[67] 한편, 정부는
철도공사와 자회사 사이에 면허조건과 선로사용계약을 통하여 요금,
선로사용료, 운행횟수 및 선로배분 등을 조절하여 인센티브를 부여
하는 방식으로 실질적 경쟁을 유도하는 계획을 가지고 있다. 즉, 철
도서비스 및 안전에 대한 주기적 평가를 실시하여 우수 운영자에게
Peak-time 운행 확대, 선로배분 추가, 선로사용료 할인 등을 인센티브
로 제공한다는 것이다.[68] 더불어 자회사의 요금에는 상한제를 두되,
운영 초기 기존 서울출발 KTX 대비 10% 낮은 수준으로 운영하도록
조건을 붙이는 것이다.[69] 이러한 방식이 일종의 유도행정을 통하여
경쟁을 조성하는 측면이 있는 것은 사실이나, 선로사용료 등의 조건
은 결국 요금으로 전가되어 철도사용자에게 영향을 미치므로 "공역

---

67) 영국에서는 철도소유회사(ROSCO)가 요구하는 바대로 임대료가 결정되고,
철도의 연령이 노후되더라도 이러한 임대료가 줄어들지 않은 문제점이 지
적되고 있다. Wikipedia, "Privatisation of British Rail" 중 Effects of privatisation 부
분 참조.
68) 국토교통부, 『철도산업 발전방안 주요 질의 답변』, 8면 참조.
69) 국토교통부, 『철도산업 발전방안』 중 3. 신규·적자노선 운영방안 참조.

무 앞에서의 평등"이라는 원칙을 고려할 때 공기업인 철도공사와 수서발 KTX 자회사 사이에 지나친 조건차이를 두기는 어려울 것이다.

5. 결론

아직까지 공기업의 私化와 같은 우리 사회에 심대한 영향을 미치는 정책문제에 있어서 법학의 실제적인 영향력은 사실 미미하다고 평가할 수 있을 것이다. 그러나 정책과정에서 활용되는 다른 학문분과에 있어서도 그 전제의 측면에서 다양한 반론이 가능한 만큼 단독으로 절대적인 기준을 제시하는 학문분과는 찾기 어려운 것도 사실이다. 보장책임으로 대표되는 행정책임과 임무에 관한 논의는 이러한 정책적 이슈에 대하여 새로운 방법론과 규범적인 기초를 제공한다는 점에서 그 의의를 찾을 수 있다. 따라서 철도산업과 같은 대표적인 기간시설의 문제를 접근함에 있어서는 기존의 행정법학의 도그마틱과 함께 새로운 방법론을 결합하고 다시 학제간의 공동연구를 통하여 대응하는 것이 필요하다고 것이다. 향후 관련된 정책의 진행상황에 맞추어 추가적인 연구가 계속되기를 기대한다.

참고문헌

1. 국내문헌

(1) 단행본

김동희, 『행정법 I 』, 박영사, 2008.
김유환, 『행정법과 규제정책』, 법문사, 2012.
김철수, 『헌법학개론』, 박영사, 2003.
박정훈, 『행정법의 체계와 방법론』, 박영사, 2005.
송석윤, 『헌법과 사회변동』, 경인문화사, 2007.
송석윤, 『헌법과 정치』, 경인문화사, 2007.
이근식/황경식 편, 『자유주의란 무엇인가』, 2001.
이원우, 『경제규제법론』, 홍문사, 2010.
이충진, 『이성과 권리 -칸트 법철학 연구-』, 철학과현실사, 2000.
정종섭, 『헌법학원론』, 박영사, 2007.
최송화, 『공익론 -공법적 탐구-』, 서울대학교 출판부, 2002.
최항순, 『복지행정론』, 신원문화사, 2000.
허 영, 『한국헌법론』, 박영사, 2003.
허 영, 『헌법이론과 헌법』, 박영사, 2009.

(2) 번역본

게오르그 옐리네크, 김효전 옮김, 『일반 국가학』, 법문사, 2005.
로버트 노직, 남경희 옮김, 『아나키에서 유토피아로-자유주의 국가의 철학
        적 기초』, 문학과지성사, 1983.
아리스토텔레스, 천병희 옮김, 『정치학』, 도서출판 숲, 2009.
콘라드 헷세, 계희열 옮김, 『통일 독일헌법원론』, 박영사, 2001.
클라우스 균터, 이상돈 옮김, 『대화이론과 법』, 법문사, 2003.
한스 켈젠, 민준기 옮김, 『일반 국가학』, 민음사, 1990.
G.W.F.헤겔, 임석진 옮김, 『법철학』, 한길사, 2008.

(3) 학위논문

박재윤, 「독일 공법상 국가임무론에 관한 연구-우리나라 전력산업과 관련하

여-」, 서울대학교 박사학위논문, 2010. 2.

이상덕, 「Ernst Forsthoff의 행정법학 방법론 연구-급부행정론과 제도적 방법론을 중심으로-」, 서울대학교 석사학위논문, 2003.

유근환, 「전력산업 구조개편에 관한 연구-한국전력을 중심으로」, 연세대학교 석사학위논문, 2003.

송하식, 「전력산업 구조개편의 경제적 효과 분석」, 연세대학교 석사학위논문, 2001.

(4) 논문

계인국, "망규제법상 규제목적의 결합과 그 의의-보장행정의 공동선실현 메커니즘-", 『강원법학』 제39권, 2013. 6

계인국, "보장행정의 작용형식으로서 규제", 『공법연구』 제41집 제4호, 2013. 6

구지선, "전력사용에 따른 책임의 공정한 배분을 위한 법적 과제", 『공법연구』 제42집 제2호, 2013. 12

권오승, "전력산업과 공정거래법", 『서울대학교 법학』 46권 1호, 2005. 3.

김남진, "'경제에 대한 국가의 역할'과 관련하여", 『공법연구』 제42집 제1호, 2013

김남진, "법률유보이론의 재조명」, 『법연』 vol.43, 2014. 6

김남진, "법률유보이론의 재조명-특히 제도적 유보설과 관련하여-", 『법제연구』, 2014. 6

김남진, "보장국가의 정착과 구현」, 『법률신문』, 2012. 11. 15

김남진, "사인에 의한 행정과제의 수행", 『월간고시』 21권 4호(243호), 1994. 3.

김남진, "자본주의 4.0과 보장국가론", 『법률신문』, 2011. 10. 17

김대인, "행정기능의 민영화와 관련된 행정계약: 민관협력계약과 민간위탁계약을 중심으로", 『행정법연구』 14호, 2005. 10.

김동은, "민관공동출자방식에 의한 민자유치사업의 절차와 문제점 : 민자유치촉진법상의 대상사업을 중심으로", 『법조』 46권 9호(통권492호), 1997. 9.

김민호, "공공서비스의 민간위탁과 공기업의 민영화", 『토지공법연구』 25집, 2005. 2.

김유환, "우리 민영교도소제도의 행정법적 문제", 『행정법연구』 제40호, 2014. 11

김현준, "행정개혁의 공법적 과제", 『공법연구』 제41집 제2호, 2012. 12

박노영, "전력산업 구조개편 및 사유화에 관한 비판적 고찰", 『한국사회학』 제37집 제5호, 2003.

박명호, "주요 EU국가의 전력산업 구조개편 방안 연구 : 영국과 프랑스를 중심으로", 『EU학연구』 제4권 제2호, 한국EU학회, 1999.

박재윤, "보장국가론의 비판적 수용과 규제법의 문제", 『행정법연구』 제41호, 2015. 2.

박재윤, "위임명령을 통한 행정의 통제와 조종", 『공법연구』 제41집 제3호, 2013. 2

박재윤, "전기간선시설 설치비용 문제에 나타난 공기업과 조세국가의 원리 - 대법원 2008. 09. 11 선고 2006다1732, 2006다1749 판결-", 『행정법연구』 제28호, 2010. 12

박재윤, "철도산업에서의 국가책임-철도민영화의 공법적 문제와 관련하여 -", 『행정법학』 제7호, 2014. 9

박재윤, "행정조직형태에 관한 법정책적 접근-독일 조종이론적 관점에서-", 『행정법연구』 제26호, 2010. 4

박정훈, "공·사법 구별의 방법론적 의의와 한계-프랑스와 독일에서의 발전과정을 참고하여-", 『공법연구』 제37집 제3호, 2009. 2.

박정훈, "행정법의 일반원칙과 헌법원리", 『한국공법학회·대법원 헌법연구회 공동학술대회 자료집』, 2014. 5

서원우, "행정과제 민간화의 법적문제-행정개혁논의와 관련하여-", 『고시계』 33권 7호(377호), 1988. 6.

선정원, "규제개혁과 정부책임-건설산업의 규제개혁실패와 공법학의 임무-", 『공법연구』 제30집 제1호, 2001.

유제민, "전력산업 경쟁력 제고를 위한 구조개편 방안-송전망의 분리와 규제제도 개선을 중심으로-", 『경제규제와 법』 제2권 제1호, 서울대학교 공익산업법센터, 2009. 5.

윤인하, "최근 미국 동부지역의 정전사태와 미국 전력산업의 문제점", 『월간 아태지역동향』 vol 140., 한양대학교 아태지역 연구센터, 2003.

이봉의, "전기통신사업법상 소매규제의 개편방안", 『경제규제와 법』 제1권 제2호, 2008. 11

이원우, "공기업 민영화 정책의 전략과 과제-법 및 법정책의 역할을 중심으로-", 『재정법연구』, 2008. 8.

이원우, 「공기업 민영화와 공공성 확보를 위한 제도개혁의 과제", 『공법연구』 제31집 제1호, 2002. 11.

이원우, "규제개혁과 규제완화-올바른 규제정책 실현을 위한 법정책의 모색-",
    『저스티스』 통권 제106호, 2008. 9.

이원우, "민영화에 대한 법적 논의의 기초", 『한림법학포럼』 7권, 1998.

이원우, "정부기능의 민영화를 위한 법적 수단에 대한 고찰-사인에 의한 공
    행정의 법적 수단에 대한 체계적 연구-", 『행정법연구』, 행정법이론
    실무학회, 1998. 하반기.

이원우, "컴퓨터프로그램 불법복제 단속활동에 있어서 민간참여를 위한 법
    제개선방안", 『행정법연구』 10호, 행정법이론실무학회, 2003. 10.

정남철, "민관협력(PPP)에 의한 공적과제수행의 법적 쟁점 : 독일 및 유럽연
    합(EU)에서의 논의를 중심으로", 『공법연구』 37집 2호, 2008.

조성규, "전파법상 무선국 허가·검사제도의 법적 문제", 『행정법연구』 제39호,
    2014. 7

조인성, "독일 지방자치행정에 있어서 지방임무의 민영화에 대한 법적 한계",
    『지방자치법연구』 5권 1호(통권제9호), 2005.

차민식, "기능사화와 국가책임에 관한 소고-독일에서의 논의를 중심으로-",
    『행정법연구』 제29호, 2011. 4

최송화, "한국에 있어서 민영화·규제완화와 행정법", 동아시아행정법학회 제
    6회 국제학술대회 자료집", 2002. 11., 1-18면.

홍석한, "보장국가론의 전개와 헌법적 의의", 헌법학연구 제15권 제1호, 2009. 3

(5) 보고서

건설교통위원회, 『철도산업발전기본법안 심사보고서』, 2003. 6.

국무총리실 외, 『제1차 국가에너지 기본계획-2008~2030-』, 2008. 8. 27.

국토교통부, 『철도산업 발전방안 주요 질의 답변』, 2013. 6.

국토교통부, 『철도산업 발전방안』, 2013. 6

김태오/이소정, 『방송통신 분야에서의 규제재량권 확보와 규제불확실성 해
    소방안』, 정보통신정책연구원 기본연구 14-06, 2014. 11.

남일총 외, 『전력산업 구조개편 이후 규제체계에 관한 연구』, 한국개발연구
    원, 2000. 12.

남일총, 『전력산업에 대한 경쟁정책』, KDI 연구보고서 2012-02, 2012. 10.

노사정위원회, 『노사정위원회 합리적인 전력망산업개혁방안 공동연구단 최
    종보고서 요지』, 2004. 6. 16.

박정수/박석희, 『공기업 민영하 성과평가 및 향후과제』, 한국조세연구원 연

구보고서, 2011. 12.

산업자원부 전기위원회 외, 『알기 쉬운 전기사업 해설서』, 2005. 9.

산업통상자원부, 『제2차 에너지기본계획』, 2014. 1.

손양훈, 『전력산업의 경쟁도입과 민영화』, 자유기업원, 2008. 2. 15.

이승훈 외(편), 『전력산업 경쟁도입의 어제와 오늘』, 한국전력거래소, 2006.

임원혁, 『전력산업구조개편: 주요 쟁점과 대안』, 한국개발연구원, 2004. 12.

홍갑선, 『민영화 이후의 철도정책방향』, 교통개발연구원 정책연구, 2000.

2. 외국문헌

(1) 단행본

Badura, Peter, *Das Verwaltungsrecht des liberalen Rechtsstaates. Methodische Überlegungen zur Entstehung des wissenschaftlichen Verwaltungsrechts,* 1967.

Badura, Peter, *Staatsrecht: Systematische Erläuterung des Grundgesetzes für die Bundesrepublik Deutschland,* 3.Aufl., 2003.

Badura, Peter, *Verwaltungsrecht im liberalen und im Sozialen Rechtsstaat,* 1966.

Berringer, Christia, *Regulierung als Erscheinungsform der Wirtschaftsaufsicht,* 2004.

Bull, Hans Peter, *Die Staatsaufgaben nach dem Grundgesetz,* 1.Aufl., 2.Aufl., 1973, 1977.

Burgi, Martin, *Funktionale Privatisierung und Verwaltungshilfe,* 1999.

Eifert, Martin, *Grundversorgung mit Telekommunikationsleistungen im Gewährleistungsstaat,* 1998.

Forsthoff, Ernst, *Die Verwaltung als Leistungsträger,* 1938.

Forsthoff, Ernst, *Lehrbuch des Verwaltungsrechts,* 10.Aufl., 1973.

Franzius, Claudio, *Gewährleistung im Recht,* 2009.

Gramm, Christof, *Privatisierung und notwendige Staatsaufgaben,* 2001.

Grim, Dieter (Hrsg.), *Staatsaufgaben,* 1996.

Hegel, G.W.F., *Grundlinien der Philosophie des Rechts,* 1986.

Hermes, Georg, *Staatliche Infrastrukturverantwortung,* 1998.

Hesse, *Grundzüge des Verfassungsrechts der Bundesrepublik Deutschland,* 20.Aufl., 1999.

Hill, Hermann(Hrsg.), *Aufgabenkritik, Privatisierung und neue Verwaltungssteuerung,* 2004.

Hoffmann-Riem, Wolfgang/Schmidt-Aβmann, Eberhard/Voβkuhle, Andreas (Hrsg.), *Grundlagen des Verwaltungsrechts Band I*, 2006.

Ipsen, Hans Peter, *Über das Grundgesetz*, 1950.

Isensee, Josef/Kirchhof, Paul (Hrsg.), *Handbuch des Staats Rechts IV Aufgaben des Staates*, 3. Aufl., 2006.

Jellinek, Georg, *Allgemeine Staatslehre*, 7.Neudruck der 3.Aufl. von 1913, 1960.

Kämmerer, Jörn Axel, *Privatisierung. Typologie - Determinanten - Rechtspraxis - Folgen*, 2001.

Klement, Jan Henrik, *Verantwortung*, 2006.

Krüger, Herbert, *Allgemeine Staatslehre*, 1966.

Lee, Won Woo, *Privatisierung als Rechtsproblem*, 1997.

Lodge, Martin, *On Different Tracks —Designing Railway Regulation in Britain and Germany*, 2002.

Loeser, Roman, *System des Verwaltungsrechts, Bd.2 Verwaltungsorganisation*, 1994.

Maurer, Hartmut, *Allgemeines Verwaltungsrecht*, 16.Aufl., 2006.

Mayer, Otto, *Deutsches Verwaltungsrecht 1.Bd.*, 3.Aufl., 1924.

Mayntz, Renate, *Soziologie der öffentlichen Verwaltung*, 4.Aufl. 1997.

Möllers, Christoph, *Der vermisste Leviathan*, 2008.

Nozick, Robert, *Anarchy, State, and Utopia*, 1974.

Pitschas, Rainer, *Verwaltungsverantwortung und Verwaltungsverfahren*, 1990.

Ruge, Reinhard, *Die Gewährleistungsverantwortung des Staates und der Regulatory State*, 2004.

Saladin, Peter, *Veantwortung als Staatsprinzip*, 1984.

Schachtschneider, Karl Alberecht, *Der Anspruch auf materiale Privatisierung*, 2005.

Schmidt-Aβmann, Eberhard, *Das allgemeine Verwaltungsrecht als Ordnungsidee*, 2.Aufl., 2006.

Schmidt-Aβmann, Eberhard/Hoffmann-Riem, Wolfgang (Hrsg.), *Verwaltungsorganisationsrecht als Steuerungsressource*, 1997.

Schuppert, Gunnar Folke (Hrsg.), *Jenseits von Privatisierung und „Schlankem" Staat: Verantwortungsteilung als Schlüsselbegriff eines sich verändernden Verhältnisses von öffentlichem und privatem Sektor*, 1999.

Schuppert, Gunnar Folke, *Der Gewährleistungsstaat — Ein Leitbild auf dem Prüfstand*, 2005.

Schuppert, Gunnar Folke, *Staatswissenschaft*, 2003.

Schuppert, Gunnar Folke, *Verwaltungswissenschaft*, 2000.

Sommermann, Karl-Peter, *Staatsziel und Staatszielbestimmungen*, 1997.

Stamm, Sina, *Eisenbahnverfassung und Bahnprivatisierung*, 2010.

Stober, Rolf, *Allgemeines Wirtschaftsverwaltungsrecht*, 15.Aufl., 2006.

Stober, Rolf, *Rückzug des Staates im Wirtschaftsverwaltungsrecht*, 1997.

Stolleis, Michael, *Geschichte des öffentlichen Rechts in Deutschland, Bd. I 1600-1800*, 1988.

Thoma, Anselm Christian, *Regulierte Selbstregulierung im Ordnungsverwaltungsrecht*, 2008.

Verkuil, Paul R., *Outsourcing Sovereignty*, 2007.

Weiss, Wolfgang, *Privatisierung und Staatsaufgaben: Privatisierungsentscheidungen im Lichte einer grundrechtlichen Staatsaufgabenlehre unter dem Grundgesetz*, 2002.

Wolff, Hans J./Bachof, Otto/Stober, Rolf, *Verwaltungsrecht Band 3*, 5.Aufl., 2004.

Wolff, Hans J./Kluth, Winfried, *Verwaltungsrecht I*, 12.Aufl., 2007.

(2) 논문

Bachof, Otto, Die Dogmatik des Verwaltungsrechts vor den Gegenwartaufgaben der Verwaltung, in: *VVDStRL H.30*, 1972.

Baer, Susamme, § 11 Verwaltungsaufgaben, in: Hoffmann-Riem/Schmidt-Aβmann/ Voβkuhle (Hrsg.), *Grundlagen des Verwaltungsrechts Band I*, 2006, S.717-759.

Baer, Susamme, Schlüsselbegriffe, Typen und Leitbilder als Erkenntnismittel und ihr Verhältnis zur Rechtsdogmatik, in: Schmidt-Aβmann/Hoffmann- Riem (Hrsg.), *Methoden der Verwaltungsrechtswissenschaft*, 2004.

Bauer, Hartmut, Privatisierung von Verwaltungsaufgaben, in: *VVDStRL H.54*, 1995, S.243-286.

Bremer, Eckhard, Gewährleistungsverantwortung als Infrastrukturverantwortung am Beispiel der Eisenbahnreform in Deutschlan, in: Schuppert(Hg.), *Der Gewährleistungsstaat − Ein Leitbild auf dem Prüfstand*, 2005.

Dingeldey, Irene, Welfare State Transformation between 'Workfare' and an 'Enabling' State. A Comparative Analysis, *TranState Working Papers No. 21*, 2005.

Ehmke, Horst, "Staat" und "Gesellschaft" als verfassungstheoretsches Problem, in:

Hesse/Reicke/Scheuner (Hrsg.), *Staatsverfassung und Kirchenordnung Festgabe für Rudolf Smend,* 1962.

Eifert, Martin, § 19 Regulierungsstrategien, in: Hoffmann-Riem/Schmidt-Aβmann/ Voβkuhle (Hrsg.), *Grundlagen des Verwaltungsrechts Bd. I,* 2006.

Franzius, Claudio, Vom Gewährleistungsstaat zum Gewährleistungsrecht -Kommentar-, in: Schuppert(Hg.), *Der Gewährleistungsstaat,- Ein Leitbild auf dem Prüfstand,* 2005.

Giddens, Anthony, A New Agenda for Social Domocracy, in: Giddens(ed.), *The Progressive Manifesto,* 2003.

Grimm, Dieter, Verfassungsrechtliche Anmerkungen zum Thema Prävention, *KritV,* 1986.

Grzeszick, Bernd, § 78 Hochheitskonzept-Wettbewerbskonzept, in: Isensee/ Kirchhof (Hrsg.), *Handbuch des Staatsrechts Bd. IV Aufgaben des Staates,* 3.Aufl., 2006.

Heintzen, Markus, Beteiligung Privater an öffentlichen Aufgaben und staatliche Verantwortung, *VVDStRL H.62,* 2003.

Hermes, Georg, Gewährleistungsverantwortung als Infrastrukturverantwortung, in: Schuppert(Hg.), *Der Gewährleistungsstaat − Ein Leitbild auf dem Prüfstand,* 2005.

Herzog, Roman, § 72 Ziele, Vorbehalte und Grenzen der Staatstätigkeit, in: Isensee/Kirchhof (Hrsg.), *Handbuch des Staats Rechts Bd. IV Aufgaben des Staates,* 3.Aufl., 2006.

Hoffmann-Riem, Wolfgang, Das Recht des Gewährleistungsstaates, in: Schuppert(Hg.), *Der Gewährleistungsstaat - Ein Leitbild auf dem Prüfstand,* 2005.

Hoffmann-Riem, Wolfgang, Effizienz als Herausforderung an das Verwaltungsrecht − Einleitende Problemskizze in: Hoffmann-Riem/ Schmidt-Aβmann (Hrsg.), *Effizienz als Herausforderung an das Verwaltungsrecht,* 1998.

Hoffmann-Riem, Wolfgang, Von der Erfüllungs- zur Gewährleistungsverantwortung − eine Chance für den überforderten Staat, in: der, *Mordernisierung von Recht und Justiz,* 2000.

Isensee, Josef, § 71 Gemeinwohl im Verfassungsstaat, in: Isensee/Kirchhof (Hrsg.), *Handbuch des Staats Rechts Bd. IV Aufgaben des Staates,* 3.Aufl., 2006. S.3-79.

Isensee, Josef, § 73 Staatsaufgaben, in: Isensee/Kirchhof (Hrsg.), *Handbuch des Staats Rechts Bd. IV Aufgaben des Staates,* 3.Aufl., 2006. S.117-160.

Jordana, Jacint/Fevi-Faur, David, The politics of regulation in the age of governance, in: Jordana/Fevi-Faur(ed.), *The Politics of Regulation,* 2004

Kaufmann, Franz-Xaver, Diskurse über Staatsaufgaben, in: Dieter Grimm (Hrsg.) *Staatsaufgaben,* 1994.

Laskowski, Silke Ruth, Duale Verantwortungsstrukturen in Umweltrecht und Umweltpolitik: Privatisierungstendenzen im Recht Anlagenüberwachung, in: Schuppert (Hrsg.), *Jenseits von Privatisierung und „Schlankem" Staat: Verantwortungsteilung als Schlüsselbegriff eines sich verändernden Verhältnisses von öffentlichem und privatem Sektor,* 1999.

Martin Weidauer, Bahnprivatisierung in Groβbritannier, in: Ernst Ulich von Weizäcker u.a. (Hg.), *Grenzen der Privatisierung,* 2004.

MEER, F.M. van der, Public sector reform in Western Europe and the rise of the enabling state: An approach to analysis, in: R.R. Marthur (ed.), *Glimpses of Civil Service Reform,* 2009.

Peters, Hans, Öffentliche und staatliche Aufgaben, in: *Festschrift Hans Carl Nipperdey, Bd.2,* 1965.

Ress, Georg, Staatszwecke im Verfassungsstaat – nach 40 Jahren Grundgesetz, in: *VVDStRL H.48,* 1990.

Rose, Richard, On the Priorities of Government, A Developmental Anlysis of Public Policies, *European Journal of Political Research 4,* 1976.

Schmidt-Aβmann, Eberhard, Verwaltungsverantwortung und Verwaltungsgerichtsbarkeit, in: *VVDStRL H.34,* 1976.

Schmidt-Preuβ, Matthiasm § 93 Energieversorgung, in: Isensee/Kirchhof (Hrsg.), *Handbuch des Staats Rechts IV Aufgaben des Staates,* 3.Aufl., 2006. S.921-956.

Scholz, Rupert, Verwaltungsverantwortung und Verwaltungsgerichtsbarkeit, in: *VVDStRL H.34,* 1976.

Schulze-Fielitz, Helmuth, § 12 Grundmodi der Aufgabenwahrnehmung, in: Hoffmann-Riem/Schmidt-Aβmann/Voβkuhle (Hrsg.), *Grundlagen des Verwaltungsrechts Band I,* 2006, S.761-838.

Schuppert, Gunnar Folke, § 16 Verwaltungsorganisation und Verwaltungsorganisationsrecht als Steuerungsfaktoren, in: Hoffmann-Riem/ Schmidt-Aβmann/Voβkuhle (Hrsg.), *Grundlagen des Verwaltungsrechts Band I,* 2006.

Schuppert, Gunnar Folke, Der Gewährleistungsstaat - modisches Label oder Leitbild sich wandelnder Staatlichkeit?, in: Schuppert (Hrsg.), *Der Gewährleistungsstaat – Ein Leitbild auf dem Prüfstand,* 2005.

Schuppert, Gunnar Folke, Die Erfüllung öffentliche Aufgaben durch die öffentlichen

Hand, private Anbieter und Organisation des Dritten Sektor, in: Jörn Ipsen(Hrsg.), *Privatisierung öffentlicher Aufgaben,* 1994, S.17-35.

Schuppert, Gunnar Folke, Die öffentliche Aufgabe als Schlüsselbegriff der Verwaltungswissenschaft, *VerwArch, 71.Band H.4,* 1980.

Schuppert, Gunnar Folke, Jenseits von Privatisierung und "schlankem" Staat: Vorüberlegungen zu einem Konzept von Staatsentlastung durch Verantwortungsteilung, in: Gusy (Hrsg.), *Privatisierung von Staatsaufgaben: Kriterien-Grenzen-Folgen,* 1998.

Schuppert, Gunnar Folke, The Ensuring State, in: Giddens(ed.), *The Progressive Manifesto,* 2003.

Trute, Hans-Heinrich, Verantwortungsteilung als Schlüsselbegriff einen sich verändernden Verhältnisses von öffentlichem und privatem Sektor, in: Schuppert (Hrsg.) *Jenseits von Privatisierung und „schlankem" Staat,* 1999.

Trute, Hans-Heinrich, Verzahnungen von öffentlichem und privatem Recht -anhand ausgewählter Beispiele- in: Hoffmann-Riem/Schmidt-Aβmann (Hrsg.), *Öffentliches Recht und Privatrecht als wechselseitige Auffangordnungen,* 1995.

Voβkuhle, Andreas, § 1 Neue Verwaltungsrechtswissenschaft, in: Hoffmann-Riem/ Schmidt-Aβmann/Voβkuhle (Hrsg.), *Grundlagen des Verwaltungsrechts Band I,* 2006.

Voβkuhle, Andreas, Beteiligung Privater an der Wahrnehmung öffentlicher Aufgaben und staatliche Verantwortung, in: *VVDStRL 62,* 2003.

Voβkuhle, Andreas, Gesetzgeberische Regelungsstrategien der Verantwortungsteilung zwischen öffentlichem und privatem Sektor, in: Schuppert (Hrsg.) *Jenseits von Privatisierung und „schlankem" Staat,* 1999.

Wahl, Rainer, Die Aufgabenabhängigkeit von Verwaltung und Verwaltungsrecht, in: Hoffmann-Riem/Schmidt-Aβmann/Schuppert (Hrsg.), *Reform des allgemeinen Verwaltungsrechts Grundfragen,* 1993.

Weidauer. Martin/von Weizsäcker, Ernst Ulrich, Deutsche Bahnreform zwischen Zuschüssen und Marktwirtschft, in: Ernst Ulich von Weizäcker u.a. (Hg.), *Grenzen der Privatisierung,* 2004.

[부록] 참고법령(발췌)

독일 기본법 (2009. 7. 29. 개정)

전문
신과 인류앞에 자신의 책임을 인식하면서, 하나가 된 유럽의 동등한 회원으로서 세계평화를 위해 기여하는 의지에 충만하여, 독일 국민은 자신의 헌법제정권력에 의하여 이 기본법을 제정하였다.

제1조
① 인간의 존엄은 불가침이다. 이를 존중하고 보호하는 것은 모든 국가권력의 의무이다.

제2조
① 누구나 다른 사람의 권리를 침해하지 않고 합헌적인 질서나 도덕률을 위반하지 않는 한 자신의 인격을 자유롭게 발현할 권리를 가진다.

제3조
② 남자와 여자는 동등하다. 국가는 남녀평등의 실질적 실현을 촉진하고 현존하는 불이익의 제거에 노력해야 한다.

제7조
④ 사립학교를 설립할 권리는 보장된다. 공립학교를 대신하는 사립학교는 국가의 인가를 필요로 하며 주법률에 따른다. 사립학교는 그 교육목적, 설비 및 교사의 학력에 있어 공립학교에

Grundgesetz
(Zuletzt geändert durch G v. 29.7.2009 I 2247)

Präambel
Im Bewuβtsein seiner Verantwortung vor Gott und den Menschen, von dem Willen beseelt, als gleichberechtigtes Glied in einem vereinten Europa dem Frieden der Welt zu dienen, hat sich das Deutsche Volk kraft seiner verfassungsgebenden Gewalt dieses Grundgesetz gegeben.

Artikel 1
(1) Die Würde des Menschen ist unantastbar. Sie zu achten und zu schützen ist Verpflichtung aller staatlichen Gewalt.

Artikel 2
(1) Jeder hat das Recht auf die freie Entfaltung seiner Persönlichkeit, soweit er nicht die Rechte anderer verletzt und nicht gegen die verfassungsmäβige Ordnung oder das Sittengesetz verstöβt.

Artikel 3
(2) Männer und Frauen sind gleich-berechtigt. Der Staat fördert die tatsächliche Durchsetzung der Gleichberechtigung von Frauen und Männern und wirkt auf die Beseitigung bestehender Nachteile hin.

Artikel 7
(4) Das Recht zur Errichtung von privaten Schulen wird gewährleistet. Private Schulen als Ersatz fur offentliche Schulen bedurfen der Genehmigung des Staates und unterstehen den Landesgesetzen. Die

뒤지지 않고 학부모의 자산상태에 따라 학생을 차별하지 않는 한 인가되어야 한다. 교사의 경제적 및 법적 지위가 충분히 보장되지 않을 때에는 인가가 거부되어야 한다.

Genehmigung ist zu erteilen, wenn die privaten Schulen in ihren Lehrzielen und Einrichtungen sowie in der wissenschaftlichen Ausbildung ihrer Lehrkrafte nicht hinter den offentlichen Schulen zuruckstehen und eine Sonderung der Schuler nach den Besitzverhaltnissen der Eltern nicht gefordert wird. Die Genehmigung ist zu versagen, wenn die wirtschaftliche und rechtliche Stellung der Lehrkrafte nicht genugend gesichert ist.

제8조
① 모든 독일인은 신고나 허가없이 평화롭게 그리고 무기를 소지하지 않고 집회할 권리를 갖는다.

Artikel 8
(1) Alle Deutschen haben das Recht, sich ohne Anmeldung oder Erlaubnis friedlich und ohne Waffen zu versammeln.

제9조
② 그 목적 내지 그 활동이 형사법률에 위반되거나 헌법적 질서 또는 국제소통의 사상에 반하는 단체는 금지된다.

Artikel 9
(2) Vereinigungen, deren Zwecke oder deren Tätigkeit den Strafgesetzen zuwiderlaufen oder die sich gegen die verfassungsmäβige Ordnung oder gegen den Gedanken der Völkerverständigung richten, sind verboten.

제12조의a
① 남자는 만 18세 이후에 군대나 연방국경수비대 혹은 민방위대에 복무할 의무를 부담할 수 있다.

Artikel 12a
(1) Männer können vom vollendeten achtzehnten Lebensjahr an zum Dienst in den Streitkräften, im Bundesgrenzschutz oder in einem Zivilschutzverband verpflichtet werden.

제14조
③ 수용은 공중의 복리를 위해서만 허용된다. 수용은 단지 보상의 종류와 범위를 정한 법률이나 법률의 근거하여서만 이루어진다. 보상은 공중의 이익과 관여자의 이익을 정당하게 형량하여 정해져야 한다. 보상액로 인하여 분쟁이 있는 경우에 정규법원에 소송

Artikel 14
(3) Eine Enteignung ist nur zum Wohle der Allgemeinheit zulässig. Sie darf nur durch Gesetz oder auf Grund eines Gesetzes erfolgen, das Art und Ausmaβ der Entschädigung regelt. Die Entschädigung ist unter gerechter Abwägung der Interessen der Allgemeinheit und der Beteiligten zu

을 제기할 수 있다.

bestimmen. Wegen der Höhe der Entschädigung steht im Streitfalle der Rechtsweg vor den ordentlichen Gerichten offen.

제18조
의사표현의 자유, 특히 언론의 자유(제5조 제1항), 강의의 자유(제5조 제3항), 집회의 자유(제8조), 결사의 자유(제9조), 서신, 우편 및 통신의 비밀(제10조), 재산권(제14조) 혹은 망명권(제16조의a)을 자유민주주의적 기본질서에 대한 투쟁을 위해 남용하는 자는 이러한 기본권을 상실한다. 상실 및 그 범위는 연방헌법재판소를 통하여 선고된다.

Artikel 18
Wer die Freiheit der Meinungsäuβerung, insbesondere die Pressefreiheit (Artikel 5 Absatz 1), die Lehrfreiheit (Artikel 5 Absatz 3), die Versammlungsfreiheit (Artikel 8), die Vereinigungsfreiheit (Artikel 9), das Brief-, Post- und Fernmeldegeheimnis (Artikel 10), das Eigentum (Artikel 14) oder das Asylrecht (Artikel 16a) zum Kampfe gegen die freiheitliche demokratische Grundordnung miβbraucht, verwirkt diese Grundrechte. Die Verwirkung und ihr Ausmaβ werden durch das Bundesverfassungsgericht ausgesprochen.

제19조
④ 공권력에 의하여 자신의 권리가 침해된 자는 재판을 청구할 수 있다. 다른 관할권이 있지 않는 한 통상적 재판청구권이 주어진다. 제10조 제2항 2문은 그대로 적용된다.

Artikel 19
(4) Wird jemand durch die öffentliche Gewalt in seinen Rechten verletzt, so steht ihm der Rechtsweg offen. Soweit eine andere Zuständigkeit nicht begründet ist, ist der ordentliche Rechtsweg gegeben. Artikel 10 Abs. 2 Satz 2 bleibt unberührt.

제20조
① 독일연방공화국은 민주적이고 사회적인 연방국가이다.
④ 이러한 질서를 제거하려고 시도하는 자에 대하여, 모든 독일인은 다른 구제책이 가능하지 않는다면 저항권을 갖는다.
제20조의a 국가는 미래세대를 위한 책임에서도 입법을 통한 헌법적인 질서의 범위내에서 그리고 집행권과 사법

Artikel 20
(1) Die Bundesrepublik Deutschland ist ein demokratischer und sozialer Bundesstaat.
(4) Gegen jeden, der es unternimmt, diese Ordnung zu beseitigen, haben alle Deutschen das Recht zum Widerstand, wenn andere Abhilfe nicht möglich ist.
Artikel 20a
Der Staat schützt auch in Verantwortung für die künftigen Generationen die natürlichen

을 통한 법률과 법의 기준에 따라서
자연의 삶의 기초와 동물을 보호한다.

Lebensgrundlagen und die Tiere im Rahmen der verfassungsmäßigen Ordnung durch die Gesetzgebung und nach Maßgabe von Gesetz und Recht durch die vollziehende Gewalt und die Rechtsprechung.

제21조
② 그 목표 혹은 그 추종자의 행동에 따라서 자유민주적 기본질서를 해치거나 제거하거나 혹은 독일연방공화국의 존속을 위태롭게 하려고 하는 정당은 위헌이다. 위헌의 문제는 연방헌법재판소가 결정한다.

Artikel 21
(2) Parteien, die nach ihren Zielen oder nach dem Verhalten ihrer Anhänger darauf ausgehen, die freiheitliche demokratische Grundordnung zu beeinträchtigen oder zu beseitigen oder den Bestand der Bundesrepublik Deutschland zu gefährden, sind verfassungswidrig. Über die Frage der Verfassungswidrigkeit entscheidet das Bundesverfassungsgericht.

제23조
① 통일된 유럽을 실현하기 위하여 독일연방공화국은, 민주적 법치국가적, 사회적 및 연방주의적 원칙과 보충성의 원칙에 대한 의무를 지고 기본법과 본질적으로 비교할만한 기본권보호를 보장하는 유럽연합의 발전에 협력한다. 연방은 이를 위해 법률에 의해 연방상원의 동의를 받아 고권을 이전할 수 있다. 유럽연합의 설립 내지 기본법이 그 내용에 따라 변경되거나 보충되는 혹은 그러한 변경 내지 보충을 가능하게 하는 조약상 기초의 변경과 유사한 규정들에 대하여 제79조 제2항, 제3항이 적용된다.

Artikel 23
(1) Zur Verwirklichung eines vereinten Europas wirkt die Bundesrepublik Deutschland bei der Entwicklung der Europäischen Union mit, die demokratischen, rechtsstaatlichen, sozialen und föderativen Grundsätzen und dem Grundsatz der Subsidiarität verpflichtet ist und einen diesem Grundgesetz im wesentlichen vergleichbaren Grundrechtsschutz gewährleistet. Der Bund kann hierzu durch Gesetz mit Zustimmung des Bundesrates Hoheitsrechte übertragen. Für die Begründung der Europäischen Union sowie für Änderungen ihrer vertraglichen Grundlagen und vergleichbare Regelungen, durch die dieses Grundgesetz seinem Inhalt nach geändert oder ergänzt wird oder solche Änderungen oder Ergänzungen ermöglicht werden, gilt Artikel 79 Abs. 2 und 3.

제24조
② 연방은 평화의 유지를 위하여 상호
집단안전보장체제에 가입할 수 있다.
연방은 여기서 유럽과 세계각국 사이
의 평화롭고 지속적인 질서를 가져오
고 보장하는 고권적 권한의 제한에 동
의할 것이다.

제26조
① 국민 간의 평화로운 공동생활을 방
해하기에 적합하고 그런 의도에서 행
해진 활동들, 특히 침략전쟁의 수행을
준비하는 것은 위헌이다. 이러한 활동
들은 처벌될 수 있다.

제28조
① 주에서의 헌법적 질서는 기본법에
서 규정하고 있는 공화적, 민주적 및
사회적 법치국가에 부합해야 한다.
주, 각종 지방자치단체에서 주민은 일
반, 직접, 자유, 평등 및 비밀선거로
배출된 대표를 가져야 한다. 각종 지
방자치단체의 선거에서 유럽공동체의
회원국적을 가진 사람도 유럽공동체
법에 따라서 선거권과 피선거권을 가
진다. 기초지방자치단체에서는 선출
된 단체를 지방의회가 대신할 수 있다.

Artikel 24
(2) Der Bund kann sich zur Wahrung des
Friedens einem System gegenseitiger
kollektiver Sicherheit einordnen; er wird
hierbei in die Beschränkungen seiner
Hoheitsrechte einwilligen, die eine
friedliche und dauerhafte Ordnung in
Europa und zwischen den Völkern der Welt
herbeiführen und sichern.

Artikel 26
(1) Handlungen, die geeignet sind und in
der Absicht vorgenommen werden, das
friedliche Zusammenleben der Völker zu
stören, insbesondere die Führung eines
Angriffskrieges vorzubereiten, sind
verfassungswidrig. Sie sind unter Strafe zu
stellen.

Artikel 28
(1) Die verfassungsmäßige Ordnung in den
Ländern muß den Grundsätzen des
republikanischen, demokratischen und
sozialen Rechtsstaates im Sinne dieses
Grundgesetzes entsprechen. In den
Ländern, Kreisen und Gemeinden muß das
Volk eine Vertretung haben, die aus
allgemeinen, unmittelbaren, freien, gleichen
und geheimen Wahlen hervorgegangen ist.
Bei Wahlen in Kreisen und Gemeinden
sind auch Personen, die die
Staatsangehörigkeit eines Mitgliedstaates der
Europäischen Gemeinschaft besitzen, nach
Maßgabe von Recht der Europäischen
Gemeinschaft wahlberechtigt und wählbar.
In Gemeinden kann an die Stelle einer
gewählten Körperschaft die
Gemeindeversammlung treten.

제30조
국가의 권한행사와 국가임무의 이행
은 기본법이 다른 규율을 하거나 허용
하지 않는 한 주의 사무이다.

Artikel 30
Die Ausübung der staatlichen Befugnisse
und die Erfüllung der staatlichen Aufgaben
ist Sache der Länder, soweit dieses
Grundgesetz keine andere Regelung trifft
oder zuläβt.

제33조
④ 고권적인 권한의 행사는 보통 공법
상의 근무관계와 충성관계에 있는 공
직종사자에게 계속적 과제로서 위임
되어야 한다.

Artikel 33
(4) Die Ausübung hoheitsrechtlicher
Befugnisse ist als ständige Aufgabe in der
Regel Angehörigen des öffentlichen
Dienstes zu übertragen, die in einem
öffentlich-rechtlichen Dienst- und
Treueverhältnis stehen.

제65조의a
연방국방부장관은 군대에 대한 명령
및 지휘권을 갖는다.

Artikel 65a
Der Bundesminister für Verteidigung hat
die Befehls- und Kommandogewalt über
die Streitkräfte.

제70조
① 주는 기본법이 연방에 입법권을 주
지 않는 한 입법권을 갖는다.

② 연방과 주 사이의 관할권의 획정은
배타적 및 경합적 입법에 관한 기본법
의 규정에 따라 정해진다.

Artikel 70
(1) Die Länder haben das Recht der
Gesetzgebung, soweit dieses Grundgesetz
nicht dem Bunde Gesetzgebungsbefugnisse
verleiht.
(2) Die Abgrenzung der Zuständigkeit
zwischen Bund und Ländern bemiβt sich
nach den Vorschriften dieses Grundgesetzes
über die ausschlieβliche und die
konkurrierende Gesetzgebung.

제72조
① 경합적 입법의 영역에서는 연방이
자신의 입법권한을 법률을 통해 사용
하지 않는 한 주가 입법권을 갖는다.

Artikel 72
(1) Im Bereich der konkurrierenden
Gesetzgebung haben die Länder die
Befugnis zur Gesetzgebung, solange und
soweit der Bund von seiner
Gesetzgebungszuständigkeit nicht durch
Gesetz Gebrauch gemacht hat.

제73조
① 연방은 다음 사항에 대하여 배타적

Artikel 73
(1) Der Bund hat die ausschlieβliche

인 입법권을 갖는다.

1. 외교에 관한 사항 내지 민간인을 포함한 국방.

제74조

① 경합적인 입법권은 다음의 영역에 미친다.

1. 민법, 형법, 법원조직, 재판절차 (미결구금에 대한 법 제외), 변호사, 공증인 및 법률상담

11. 폐점, 음식점, 도박장, 인력전람회, 박람회, 전시회 및 시장에 관한 법을 제외한 경제에 관한 법 (광업, 공업, 에너지산업, 수공업, 영업, 상업, 은행 및 주식제도, 사법상의 보험제도)

12. 경영구조, 근로보호 및 직업소개를 포함한 노동법과 실업보험을 포함한 사회보험

13. 직업교육의 지원에 관한 규율과 학문적 연구의 진흥

16. 경제적 지위의 남용에 관한 예방

17. 농업 및 입업 생산의 진흥 (경지정리에 관한 법을 제외하고), 식량의 확보, 농업 및 임업 생산물의 수출입, 원양어업, 연안어업, 해안보호

24. 폐기물산업, 공기정화 및 소음방지 (행동과 관련된 소음에 대한 보호를 제외하고)

Gesetzgebung über:

1. die auswärtigen Angelegenheiten sowie die Verteidigung einschlieβlich des Schutzes der Zivilbevölkerung;

Artikel 74

(1) Die konkurrierende Gesetzgebung erstreckt sich auf folgende Gebiete:

1. das bürgerliche Recht, das Strafrecht, die Gerichtsverfassung, das gerichtliche Verfahren (ohne das Recht des Untersuchungshaftvollzugs), die Rechtsanwaltschaft, das Notariat und die Rechtsberatung;

11. das Recht der Wirtschaft (Bergbau, Industrie, Energiewirtschaft, Handwerk, Gewerbe, Handel, Bank- und Börsenwesen, privatrechtliches Versicherungswesen) ohne das Recht des Ladenschlusses, der Gaststätten, der Spielhallen, der Schaustellung von Personen, der Messen, der Ausstellungen und der Märkte;

12. das Arbeitsrecht einschlieβlich der Betriebsverfassung, des Arbeitsschutzes und der Arbeitsvermittlung sowie die Sozialversicherung einschlieβlich der Arbeitslosenversicherung;

13. die Regelung der Ausbildungsbeihilfen und die Förderung der wissenschaftlichen Forschung;

16. die Verhütung des Miβbrauchs wirtschaftlicher Machtstellung;

17. die Förderung der land- und forstwirtschaftlichen Erzeugung (ohne das Recht der Flurbereinigung), die Sicherung der Ernährung, die Ein- und Ausfuhr land- und forstwirtschaftlicher Erzeugnisse, die

Hochsee- und Küstenfischerei und den Küstenschutz;

24. die Abfallwirtschaft, die Luftreinhaltung und die Lärmbekämpfung (ohne Schutz vor verhaltensbezogenem Lärm);

제80조

① 법률에 의하여 연방정부, 연방장관 혹은 주정부는 법규명령을 공포할 권한을 위임받을 수 있다. 거기서 법률에 부여된 수권의 내용, 목적 및 규모가 정해져야 한다. 법적 근거는 명령에서 명시되어야 한다. 법률을 통하여 권한이 재위임될 수 있다고 정해져 있다면, 권한의 재위임을 위하여 법규명령이 필요하다.

Artikel 80

(1) Durch Gesetz können die Bundesregierung, ein Bundesminister oder die Landesregierungen ermächtigt werden, Rechtsverordnungen zu erlassen. Dabei müssen Inhalt, Zweck und Ausmaß der erteilten Ermächtigung im Gesetze bestimmt werden. Die Rechtsgrundlage ist in der Verordnung anzugeben. Ist durch Gesetz vorgesehen, daß eine Ermächtigung weiter übertragen werden kann, so bedarf es zur Übertragung der Ermächtigung einer Rechtsverordnung.

제83조

주는 기본법이 다르게 정하거나 허용하지 않는 한 연방법률을 고유사무로서 집행한다.

Artikel 83

Die Länder führen die Bundesgesetze als eigene Angelegenheit aus, soweit dieses Grundgesetz nichts anderes bestimmt oder zuläßt.

제87조의a

① 연방은 방위를 위한 군대를 편성한다. 군대의 병력수와 조직의 개요는 예산안에 나타나야만 한다.

Artikel 87a

(1) Der Bund stellt Streitkräfte zur Verteidigung auf. Ihre zahlenmäßige Stärke und die Grundzüge ihrer Organisation müssen sich aus dem Haushaltsplan ergeben.

제87조의b

① 연방국방행정은 자신의 행정하부구조를 가진 연방고유행정으로 수행된다. 연방국방행정은 인사와 군대의 물적 필요에 관한 직접적 충족의 임무에 사용된다. 상이자의 원호와 건축의 임무는 연방상원의 동의를 필요로 하

Artikel 87b

(1) Die Bundeswehrverwaltung wird in bundeseigener Verwaltung mit eigenem Verwaltungsunterbau geführt. Sie dient den Aufgaben des Personalwesens und der unmittelbaren Deckung des Sachbedarfs der Streitkräfte. Aufgaben der

는 연방법률을 통해서만 연방국방행
정에 이전될 수 있다. 더 나아가 법률
이 연방국방행정에 제3자의 권리를 침
해할 권한을 위임하는 경우 연방상원
의 동의를 필요로 한다. 이는 인사영
역에 대한 법률에는 적용되지 않는다.

Beschädigtenversorgung und des
Bauwesens können der Bundes-
wehrverwaltung nur durch Bundesgesetz,
das der Zustimmung des Bundesrates
bedarf, übertragen werden. Der
Zustimmung des Bundesrates bedürfen
ferner Gesetze, soweit sie die
Bundeswehrverwaltung zu Eingriffen in
Rechte Dritter ermächtigen; das gilt nicht
für Gesetze auf dem Gebiete des
Personalwesens.

제87조의d
① 항공교통행정은 연방고유행정으로
수행된다. 공법상의 혹은 사법상의 조
직형태여부는 연방법률로 정해진다.
② 연방상원의 동의를 필요로 하는 연
방법률에 의하여 항공교통행정의 임무
는 주에 위임사무로서 이전될 수 있다.

Artikel 87d
(1) Die Luftverkehrsverwaltung wird in
bundeseigener Verwaltung geführt. Über
die öffentlich-rechtliche oder privat-
rechtliche Organisationsform wird durch
Bundesgesetz entschieden.
(2) Durch Bundesgesetz, das der
Zustimmung des Bundesrates bedarf,
können Aufgaben der Luftverkehrs-
verwaltung den Ländern als Auftrags-
verwaltung übertragen werden.

제87조의e
① 연방철도를 위한 철도교통행정은
연방고유행정으로 수행된다. 연방법
률에 의하여 연방교통행정의 임무는
주의 고유사무로 이전될 수 있다.
④ 연방은, 연방철도노선망의 확장과
유지 및 이 노선망에서의 교통공급이
근거리 여객교통과 관련되지 않는 한,
공중의 복리, 특히 교통수요가 고려되
도록 보장하여야 한다. 자세한 사항은
연방법률로 정한다

Artikel 87e
(1) Die Eisenbahnverkehrsverwaltung für
Eisenbahnen des Bundes wird in
bundeseigener Verwaltung geführt. Durch
Bundesgesetz können Aufgaben der
Eisenbahnverkehrsverwaltung den Ländern
als eigene Angelegenheit übertragen
werden.
(4) Der Bund gewährleistet, daβ dem
Wohl der Allgemeinheit, insbesondere den
Verkehrsbedürfnissen, beim Ausbau und
Erhalt des Schienennetzes der Eisenbahnen
des Bundes sowie bei deren
Verkehrsangeboten auf diesem

Schienennetz, soweit diese nicht den
Schienenpersonennahverkehr betreffen,
Rechnung getragen wird. Das Nähere wird
durch Bundesgesetz geregelt.

제87조의f

연방상원의 동의를 필요로 하는 연방
법률에 따라서 연방은 우편제도와 통
신의 영역에서 전반적으로 적절하고
충분한 역무를 보장한다.

Artikel 87f

(1) Nach Maßgabe eines Bundesgesetzes,
das der Zustimmung des Bundesrates
bedarf, gewährleistet der Bund im Bereich
des Postwesens und der
Telekommunikation flächendeckend
angemessene und ausreichende Dienst-
leistungen.

제88조

연방은 연방은행으로서 통화은행을
설립한다. 그 임무와 권한은 유럽연합
의 틀에서 독립적이고 물가안정의 보
호라는 우선적 목표에 대한 책무가 있
는 유럽중앙은행에 이전될 수 있다.

Artikel 88

Der Bund errichtet eine Währungs- und
Notenbank als Bundesbank. Ihre Aufgaben
und Befugnisse können im Rahmen der
Europäischen Union der Europäischen
Zentralbank übertragen werden, die
unabhängig ist und dem vorrangigen Ziel
der Sicherung der Preisstabilität verpflichtet.

제91조

① 연방 혹은 주의 존속이나 자유민주
적 기본질서를 위협하는 위험의 방지
를 위하여 주는 다른 주의 경찰력 내
지 다른 행정청 및 연방국격수비대의
인력과 설비를 요청할 수 있다.

Artikel 91

(1) Zur Abwehr einer drohenden Gefahr für
den Bestand oder die freiheitliche
demokratische Grundordnung des Bundes
oder eines Landes kann ein Land
Polizeikräfte anderer Länder sowie Kräfte
und Einrichtungen anderer Verwaltungen
und des Bundesgrenzschutzes anfordern.

제92조

사법권은 판사에게 맡겨진다. 사법권
은 연방헌법재판소, 기본법에 의해 예
정된 연방재판소 및 주법원에 의하여
행사된다.

Artikel 92

Die rechtsprechende Gewalt ist den
Richtern anvertraut; sie wird durch das
Bundesverfassungsgericht, durch die in
diesem Grundgesetze vorgesehenen
Bundesgerichte und durch die Gerichte der
Länder ausgeübt.

제109조
② 연방과 주는 공동으로 예산규율을
유지하기 위한 유럽공동체조약 제104
조에 근거하여 유럽공동체의 법률적
행위로부터 나온 독일의 의무를 이행
하고, 이러한 틀에서 전체 경제의 균
형요청을 고려한다.

제115조
① 장래의 회계년도에 있어서 지출이
될 수 있는 신용차입 및 보증계약, 보
증 혹은 보장의 인수는 연방법률에 의
하여 그 최고액이 결정되어 있거나 결
정될 수 있는 연방법률에 의한 수권을
필요로 한다. 신용차입으로부터의 수
입은 예산안 중의 계상된 투자지출 총
액을 넘을 수 없다. 경제 전체의 균형
의 장해를 방지하기 위해서만 예외가
허용된다. 상세한 내용은 연방법률로
정한다.

행정절차법 (2009. 8. 14. 개정)

제58조 제3자 및 관청의 동의
① 제3자의 권리를 침해하는 공법상의
계약은 제3자가 서면으로 동의해야
유효하게 된다.

Artikel 109
(2) Bund und Länder erfüllen gemeinsam die Verpflichtungen der Bundesrepublik Deutschland aus Rechtsakten der Europäischen Gemeinschaft auf Grund des Artikels 104 des Vertrags zur Gründung der Europäischen Gemeinschaft zur Einhaltung der Haushaltsdisziplin und tragen in diesem Rahmen den Erfordernissen des gesamtwirtschaftlichen Gleichgewichts Rechnung.

Artikel 115
(1) Die Aufnahme von Krediten sowie die Übernahme von Bürgschaften, Garantien oder sonstigen Gewährleistungen, die zu Ausgaben in künftigen Rechnungsjahren führen können, bedürfen einer der Höhe nach bestimmten oder bestimmbaren Ermächtigung durch Bundesgesetz.

Verwaltungsverfahrensgesetz
(Zuletzt geändert durch Art. 2 Abs. 1 G v. 14.8.2009 I 2827)

§ 58 Zustimmung von Dritten und Behörden
(1) Ein öffentlich-rechtlicher Vertrag, der in Rechte eines Dritten eingreift, wird erst wirksam, wenn der Dritte schriftlich zustimmt.

찾아보기

■ 박재윤

서울대학교 사법학과 졸업
서울대학교 법학과 법학석사(행정법)
서울대학교 법학과 법학박사(행정법)

제39회 사법시험 합격
사법연수원 제29기 수료
법무법인 세종 변호사
헌법재판소 헌법재판연구원 교수
충북대학교 조교수, 부교수
현 한국외국어대학교 부교수

〈주요 저서〉
변호사시험 공법-사례형-(공저), 법문사, 2016.
행정법의 이론과 실무-행정구제법-, 진원사, 2016.

독일 공법상 국가임무론과 보장국가론

초판 1쇄 발행 | 2018년 04월 18일
초판 2쇄 발행 | 2019년 12월 02일

지 은 이   박재윤

발 행 인   한정희
발 행 처   경인문화사
편   집   유지혜 김지선 박지현 한명진 한주연
마 케 팅   전병관 하재일 유인순
출판번호   제406-1973-000003호
주   소   경기도 파주시 회동길 445-1 경인빌딩 B동 4층
전   화   031-955-9300 팩   스   031-955-9310
홈 페 이 지   www.kyunginp.co.kr
이 메 일   kyungin@kyunginp.co.kr

ISBN   978-89-499-4729-7 93360
값 25,000원